中學生跟我這樣讀

古典散文

陳銘磻——編著

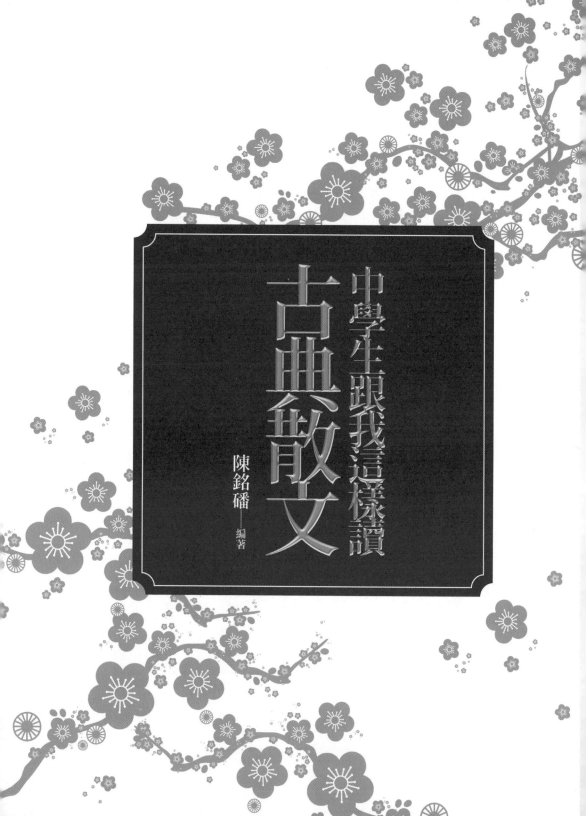

〔序說〕

古典散文的文學宗師

陳銘磻

身處中學的青少年時代，對於國文課本上面選錄的古文，每每如臨大敵般的感到頭疼不已。雖不至於到深惡痛絕的地步，可只要一翻開課文，那些全篇寫著之乎則也的文言文，彷若與我不相識，根本無從對話；尤其面臨課前預習時，眼睛和腦筋常被那些不知云何的文字攪亂成一團迷霧，更不必說對古人的作品產生興趣，一旦沒興趣學習，連帶影響背誦的興致，這種被古文「打敗」的心情，自然易於使考試成績落敗。

古人啊，古人，你為什麼非得使用那麼多奇怪的文字寫作？古文啊，古文，我又與你有何不共戴天之仇，非得把你充滿古靈精怪的長篇大論，填滿整個腦袋，然後在課堂上支吾其詞的背誦給老師聽？《呂氏春秋》的「相其谷而得其鈇」怎麼解釋？〈諫逐客書〉的「而駿馬駃騠，不實外廄」又是什麼意思？不懂，真的不懂。還記得為了王粲〈登樓賦〉一文中「遭紛濁而遷逝兮，漫逾紀以迄今。情眷眷而懷歸兮，孰憂思之可任？憑軒檻以遙望兮，向北風而開襟。」的譯文，我竟在試卷上寫了一堆「兮來兮去」的文字，真不知古人為什麼老喜歡用這個「兮」字。答非所問的結果，國文老師竟在試卷上回我：

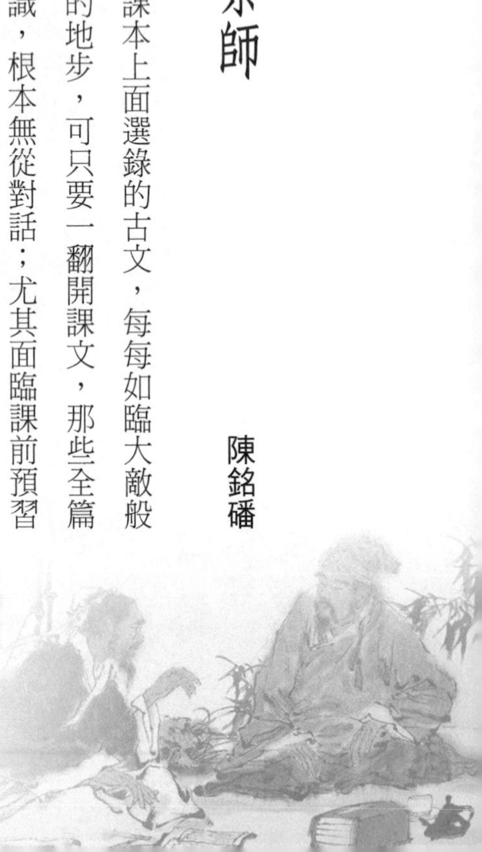

「不背書兮，不知所云，成績零兮」讓我哭笑不得。

原本對古文不知云何的恐懼態度，直到接觸陶淵明的〈桃花源記〉、諸葛亮的〈出師表〉、韓愈的〈進學解〉、李密的〈陳情表〉、劉禹錫的〈陋室銘〉等，才猝然醒悟起古典散文的優雅之美，以及作者不凡的文學造詣所成就的，足堪列為千錘百鍊的文學創作技法。

日後，閱讀榮獲諾貝爾文學獎的日本文學家川端康成的小說，始知自創「新感覺派」，以西洋文學創作精神為依歸的川端，竟在深入吸引日本古典文學作品《源氏物語》、《枕草子》、《伊勢物語》和《古今和歌集》等書的精義後，覓尋到他心目中的「日本精神的文學」。這該是一個文學創作者最令人感到折服的學習態度吧！

如今，我忝為作文老師，成天為學生講授寫作技巧，即便秉持用文學創作的精緻方式，不以作文框架模式，要學生從古典文學中獲取語文能力最大、最多、最厚實的基石；我讓學生從古典詩詞、古典散文的背誦與理解中，汲取寫作最有效用的資材，並善加運用。

或許古典散文難懂難通、難理難解，設若先用老掉牙的方法，循前人方式依樣畫葫蘆的背誦、推敲，再理解，最後必將發現，古典散文不失為古文中最具文采的文學宗師。

辭
靖節先生
兮田園將蕪胡不歸既自以心為形役奚惆悵而獨悲悟已往
不諫知來者之可追實迷途其未遠覺今是而昨非舟搖以輕颺風
飄而吹衣問征夫以前路恨晨光之熹微乃瞻衡宇載欣載奔僮僕歡
迎稚子候門三徑就荒松菊猶存攜幼入室有酒盈樽引壺觴以自酌
眄庭柯以怡顏倚南窗以寄傲審容膝之易安園日涉以成趣門雖設
而常關策扶老以流憩時矯首而遐觀雲無心以出岫鳥倦飛而知還
景翳以將入撫孤松而盤植桓歸去來兮請息交以絕游世與我而相
違復駕言兮焉求悅親戚之情話樂琴書以消憂農人告余以春及將
有事于西疇或命巾車或棹孤舟既窈窕以尋壑亦崎嶇而經丘木欣
以向榮泉涓而始流善萬物之得時感吾生之行休已矣乎寓形宇內
復幾時曷不委心任去留胡為乎遑欲何之富貴非吾願帝鄉不可期
懷良辰以孤往或植杖而耘耔登東皋以舒嘯臨清流而賦詩聊乘化
天命復奚疑

【第一部】

中學國文教科本選錄的古典散文

除了耳熟能詳的唐詩、宋詞、元明清小品和小說之外，古典散文是中國古文精華的最大宗，這些起自周朝、秦漢、魏晉南北朝、唐朝、宋朝，直到元明清等六個時期的文言文，在國中和高中國文教科本中占有份量極重的比例；學生透過背誦方式，學習從古典散文和歷史發展的角度，認識和理解古代文學作品的特質和價值，並從中吸取人文智慧。然而，從現實的層面而言，大多數學生學習古典散文無非僅針對國文考試，反而錯失這些經典篇章所傳達的美妙文字，以及其中蘊涵的處世哲學。

藉由閱讀古典文學作品，體會文字的語感與美感，甚至感受古典散文作品的形象性語言與哲理性語言，都能從中獲取最多學識。讀莊子的散文，其鮮明的藝術形象闡明哲學道理，想像奇特瑰麗，極富強烈的抒情色彩，形諸語言，詞彙豐富，氣勢磅礡。讀司馬遷的史事文章，操縱起落，俱挾浩氣流行，如怒馬奔馳，不可羈勒，惟恐傾吐不盡，讀之使人唏噓欲絕。讀田園詩人陶淵明的散文，既有儒家幻想的上古之世的淳樸風格，更有老子小國寡民模式的燦然影像，其中關於描繪鄉村景象的神韻，又與作者的田園詩意境相似，他把體現自然界自生自化、充足自由的靈韻形象，表現得令人折服不已。至於名列「唐宋八大家」之一的柳宗元，他的散文藝術成就，在於節奏明快而富於變化的文字，這是他汲取駢文之長所形成的山水散文特色，這種散文語言簡樸生動，運用虛實結合、夾敘夾議的樣

陶淵明雕像

式謀篇佈局，使得文章意趣橫生。再說，同列「唐宋八大家」之一的蘇軾，他的散文種類凡多，特別是史議政的論文，包括奏議、進策、史論等，大都是跟他的政治生活有密切聯繫的作品。其中除部分帶有濃厚的制科氣外，確實有不少頗具識見的優秀篇章。蘇式風格的散文，見解新穎，不落窠臼，雄辯滔滔，筆勢縱橫，善於騰挪變化，引人拍案叫絕。

南宋謝枋得在《文章軌範》引安子順之說，提及：「讀〈出師表〉不哭者不忠，讀〈陳情表〉不哭者不孝，讀〈祭十二郎文〉不哭者不慈。」這三篇被並稱為古典散文中抒情佳構的經典作品，不僅傳誦千古，更是國文教科本必選的作品。

中學生閱讀中國古典散文，透過鑑賞方式，與古代先賢智者，藉由山水描繪、人物報導、情理並被、歷史掌故與曼妙辭采作精神交流，並於潛移默化中，開啟無限寬廣的應世智慧與語文能量。

李密〈陳情表〉傳達孝心

〔春秋〕晏子使楚

晏嬰

晏子使楚。楚人以晏子短，為小門於大門之側而延晏子。晏子不入，曰：「使狗國者，從狗門入。今臣使楚，不當從此門入。」儐者更道，從大門入。

見楚王。王曰：「齊無人耶，使子為使？」晏子對曰：「齊之臨淄三百閭，張袂成陰，揮汗成雨，比肩繼踵而在，何為無人！」王曰：「然則何為使子？」晏子對曰：「齊命使，各有所主。其賢者使使賢主，不肖者使使不肖主。嬰最不肖，故宜使楚矣！」

【作者】

〈晏子使楚〉選自《晏子春秋》。晏嬰（前578～前500），字仲，諡平，習慣上多稱平仲，又稱晏子，夷維人（今山東萊州）。春秋後期一位重要的政治家、思想家、外交家。晏嬰是齊國上大夫晏弱之子。以生活節儉，謙恭下士著稱。據說晏嬰身材不高，其貌不揚。齊靈公二十六年（前556）晏弱病死，晏嬰繼任為上大夫。

【注釋】

1.使：出使，被派遣前往別國。後面的兩個使字，一個作名詞即使者，一個作動詞即委派。

2.短：長短，這裡是人的身材矮小的意思。

3.延：作動詞用，就是請的意思。

4.儐者：儐，音ㄅㄧㄣ。儐者，專門辦理迎接招待賓客的人。

5.臨淄：淄，音ㄗ。臨淄，地名，古代齊國的都城，在現今山東省。

6.閭：音ㄌㄩˊ。古代的社會組織單位，二十五戶人家編為一閭。三百閭，表示人口眾多。

7.袂：音ㄇㄟˋ。衣裳的袖子。

8.踵：人的腳後跟。

9.命：命令，這裡是委任、派遣的意思。

10.主：主張，這裡是規矩、章程的意思。後面的主字，是指主人、國君。

11.不肖：就是不賢，沒有德才的人。

【譯文】

晏子出使到楚國去。楚國的君臣想耍笑晏子，顯顯楚國的威風。他們知道晏子是矮個子，就在大門旁邊開了一個小洞，讓晏子從這個小洞進城去。晏子走到小洞前，看了看，說：「這是狗洞，不是城門。出使狗國的人，才從狗洞進。今天，我是出使楚國，不是出使狗國。請問我是來到了狗國呀，還是來到了楚國？」楚人無話可對，只好打開城門，迎接晏子進去。

晏子見到楚王，楚王笑嘻嘻地說：「怎麼，齊國就沒有人了嗎？」晏子知道楚王是在諷刺他，就不動聲色地回答說：「您這是什麼話！單是我們齊國首都臨淄，就有七八千戶人家。街上的行人要是張開衣袖，就可以遮天蔽日；要是甩一下汗水，就可以彙集成一場大雨，人擠得肩膀挨著肩膀，腳尖碰著腳跟。大王，您怎麼說齊國沒有人呢？」楚王說：「既然有這麼多人，為什麼要派你這樣的人來出使呢？」晏子不慌不忙地回答：「噢！這您就不知道了。我們齊國派遣使臣有個規矩：要是對方是個上等國家，就派一個有本事、有德行的人去；要是對方是個下等的國家，就派一個碌碌無能的人去。因為我是最沒出息的人，所以才把我派到你們楚國來。」

晏子使楚繪圖

【賞析】

這個故事表現了晏子的機智敏捷、能言善辯的才幹。通過這個故事，我們應該懂得：人不可貌相，海水不可斗量。

〔戰國〕呂氏春秋

呂不韋

呂氏春秋．齊王好射

齊宣王好射，說人之謂己能用彊弓也。其嘗所用不過三石，以示左右。左右皆試引之，中關而止，皆曰：「此不下九石，非王，其孰能用是？」

宣王之情，所用不過三石，而終身自以為用九石，豈不悲哉？

【作者】

呂不韋出生衛國濮陽，在韓國陽翟經商，因「販賤賣貴」而「家累千金」。呂不韋在趙國邯鄲經商時，偶然結識秦國交給趙國的王室人質嬴異人，認為「奇貨可居」，決定幫助嬴異人返回秦國，又將趙姬送給嬴異人，生下一子嬴政，並資助嬴異人千金，將他遣返秦國。又以五百金購珍寶獻與華陽夫人，華陽夫人勸安國君嬴柱立異人為嫡嗣，改名子楚。

西元前251年，秦昭襄王嬴稷薨，太子安國君繼位，為秦孝文王，立一年而卒，嬴異人繼位，即秦莊襄王，以呂不韋為丞相，封文信侯，食河南洛陽十萬戶。

呂不韋畫像

三年後秦莊襄王病卒，十三歲的嬴政繼位，即後來的秦始皇，尊呂不韋為「仲父」。呂不韋常與太后私通，後以「大陰人」嫪毐偽裝成宦者而進獻給太后。深得太后專寵。嬴政發現母親趙氏與呂不韋、嫪毐有姦情，並傳出嬴政為呂不韋之子，先誅嫪毐，後將呂不韋遷蜀，呂不韋不能自安，飲鴆自殺。

呂不韋生前「招致天下遊士」，有食客三千人。使其門客編撰《呂氏春秋》，寫成八覽、六論、十二紀，共二十萬言。書成之後，呂不韋曾把它公佈於咸陽城門，如果有人能提出一個錯字，賞金一千兩。

【注釋】

1. 好射：好，音ㄏㄠˋ。愛好射箭。
2. 說：音ㄩㄝˋ。通「悅」，喜歡。
3. 彊弓：彊，音ㄑㄧㄤˊ。強有力的弓箭。
4. 嘗：通「常」，平常、經常。
5. 左右：指身邊的臣子。
6. 中關：把弓拉到一半。

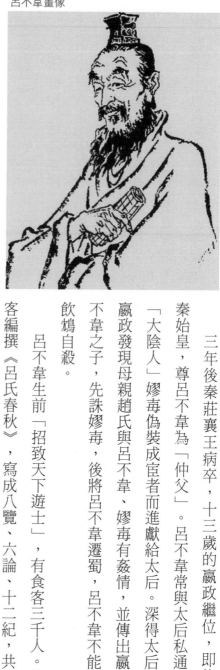

7.不下：不止、不少於。
8.孰能：誰能。
9.是：此，指超過九石的弓。
10.情：實際情況。

【譯文】

齊宣王是一個很喜歡射箭的人，常向人說自己能使用很強勁的弓。不過他用的弓實際上才三石重而已，拿給身邊的臣子看，他們都試著拉開弓，但是都只拉到一半就停住了，大家都說：「這比九石的弓還重，如果不是大王，誰拉得開啊？」

像宣王這樣的情形，只拉得起三石的弓，卻一輩子都自以為自己真的能拉開九石的弓，這不是很可悲嗎？

【賞析】

〈齊王好射〉藉由齊宣王的虛榮心再加上身邊圍繞的群臣們仰體上意，曲意奉承來迎合齊宣王，竟然在「君臣合作」之下，導致齊宣王終其一生，都自以為使用的是九石硬弓。在好大喜功的心態下，自願被蒙蔽一輩子，真是給人相當大的警惕。

呂氏春秋・亡鈇意鄰

人有亡鈇者，意其鄰之子。視其行步，竊鈇也；顏色，竊鈇也；言語，竊鈇也；動作、態度，無為而不竊鈇也。

相其谷而得其鈇。他日復見其鄰之子，動作、態度，無似竊鈇者。其鄰之子非變也，己則變矣。變也者無他，有所尤也。

【注釋】

1. 亡鈇：鈇，音ㄈㄨ，斧頭。遺失斧頭。
2. 意：猜測，懷疑。
3. 行步：走路。
4. 顏色：臉上的表情。
5. 言語：說話。
6. 相：察看。
7. 他日：後來。
8. 尤：過失，錯誤。

齊國博物館

【譯文】

有一個人弄丟了斧頭，他覺得是鄰居的小孩偷走的。觀察那小孩的步伐，活像偷了斧頭的樣子；看他的表情，就是偷了斧頭似的；他講的話，好像偷斧頭的人說的話；他的動作、態度，所有的言行舉止沒有不像是偷了斧頭的人。

後來他在山谷中找到了他的斧頭。有天再看到鄰居的兒子時，他的動作、態度，卻一點也不像偷斧頭的人了。鄰居的兒子沒有什麼改變的，是他自己變了。而改變的不是別的，是一顆責怪懷疑別人的心罷了。

【賞析】

這個故事告訴我們完全憑自己的主觀想法看問題，往往會產生錯覺、出現錯誤。毫無根據的懷疑人，只會傷害人，下判斷前，一定要客觀的觀察，而不是主觀的猜想。

〔戰國〕諫逐客書

李斯

秦宗室大臣皆言秦王曰：「諸侯人來事秦者，祇為其主遊間秦耳，請一切逐客。」李斯議亦在逐中。

斯乃上書曰：「臣聞吏議逐客，竊以為過矣。昔穆公求士，西取由余於戎，東得百里奚於宛，迎蹇叔於宋，求丕豹，公孫支於晉。此五子者，不產於秦，而穆公用之，并國二十，遂霸西戎。孝公用商鞅之法，移風易俗，民以殷盛，國以富彊，百姓樂用，諸侯親服，獲楚、魏之師，舉地千里，至今治強。惠王用張儀之計，拔三川之地，西并巴蜀，北收上郡，南取漢中，包九夷，制鄢郢，東據成皋之險，割膏腴之壤，遂散六國之從，使之西面事秦，功施到今。昭王得范雎，廢穰侯，逐華陽，彊公室，杜私門，蠶食諸侯，使秦成帝業。此四君者，皆以客之功。由此觀之，客何負於秦哉！向使四君卻客而不內，疏士而不用，是使國無富利之實，而秦無彊大之名也。」

「今陛下致昆山之玉，有隨和之寶，垂明月之珠，服太阿之劍，乘纖離之馬，建翠鳳之旗，樹靈鼉之鼓。此數寶者，秦不生一焉，而陛下說之，何也？必秦國之所生然後可，則是夜光之璧，不飾朝廷；犀象之器，不為玩好；鄭衛之女，不充後宮；而駿馬駃騠，不實外廄；江南金錫不為用；西蜀丹青不為采。所以飾後宮、充下陳、娛心意、說耳目者，必出於秦然後可，則是宛珠之簪、傅璣之珥、阿縞之衣、錦繡之飾，不進於前，而隨俗雅化，佳冶窈窕，趙女不立於側也。夫擊甕叩缶，彈箏搏髀，而歌呼嗚嗚快耳者，真秦之聲也；鄭衛桑間，韶虞武象者，異國之樂也。今棄擊甕而就鄭衛，退彈箏而取韶虞，若是者何也？快意當前，適觀而已矣！今取人則不然，不問可否，不論曲直，非秦者去，為客者逐。然則是所重者在乎色樂珠玉，而所輕者在乎民人也。此非所以跨海內，致諸侯之術也。」

「臣聞地廣者粟多，國大者人眾，兵彊則士勇。是以泰山不讓土壤，故能成其大；河海不擇細流，故能就其深；王者不卻眾庶，故能明其德。是以地無四方，民無異國，四時充美，鬼神降福。此五帝三王之所以無敵也。今乃棄黔首以資敵國，卻賓客以業諸侯，使天下之士，退而不敢西向，裹足不入秦，此所謂藉寇兵而齎盜糧者也。」

「夫物不產於秦，可寶者多；士不產於秦，而願忠者眾。今逐客以資敵國，損民以益讎，內自虛而外樹怨於諸侯，求國無危，不可得也。」

秦王乃除逐客之令，復李斯官。

【作者】

李斯（前280～前208），楚國上蔡（今河南省上蔡縣西南方）人，是秦朝著名的政治家、文學家和書法家。在諸子百家中，李斯和韓非師從荀子學習帝王之術，後來都成為法家學說的代表人物。司馬遷著《史記》，將李斯和趙高併寫於《李斯列傳》。

【注釋】

1. 宗室：帝王的家族。

2. 遊間：遊說離間。

3. 一切：一律，一概。

4. 穆公：即秦穆公，春秋五霸之一，秦國霸業的開創者。

5. 由余：春秋時晉人，西戎王派他出使秦國，秦穆公用計使他歸秦，並採納他的計謀，統一了西戎各個部落。

6. 百里奚：本虞大夫，虞亡被俘，逃入楚被捉。穆公用五張羊皮贖回，任為大夫。

7. 宛：楚地，今河南南陽市。

8. 蹇叔：蹇，音ㄐㄧㄢˇ。經百里奚推薦，任上大夫。

9. 丕豹：晉人，其父被殺，奔秦，穆公用為將。

10. 公孫支：秦國謀臣。

11. 商鞅：鞅，音ㄧㄤ。戰國法家代表，助秦孝公變法，使秦很快強盛，孝公死後，被車裂而死。

12. 獲楚、魏之師：西元前340年，商鞅攻魏，俘獲魏軍主將，佔領河西。同年秦軍又南侵楚。

13. 惠王：即秦惠王。張儀：魏人，縱橫家代表，曾任秦相，用連橫之計削弱東方六國，使秦更強盛。

14. 三川：指今河南洛陽一帶，因境內有黃河、伊水、洛陽三條河，故稱「三川」。

15. 上郡：本魏地，今陝西榆林。魏因戰敗求和，獻上郡予秦。
16. 九夷：泛指當時楚魏境內夷族地區。
17. 鄢：音ㄧㄢ。楚舊都。
18. 郢：音ㄧㄥˇ。楚國都。
19. 成皋：皋，音ㄍㄠ。今河南滎陽縣虎牢關。
20. 昭王：即秦昭襄王。
21. 範睢：魏人，秦昭王時用為相。
22. 穰侯：穰，音ㄖㄤˊ。魏冉的封號，封於穰。曾為秦相，專朝政三十年。
23. 華陽：即華陽君，封於華陽。
24. 向使：假使。
25. 卻：推卻，拒絕。
26. 內：同「納」。
27. 昆山：今新疆和田縣，產玉著名。
28. 隨、和之寶：指隨侯之珠與和氏之璧。
29. 明月之珠：即夜光珠。
30. 太阿之劍：即太阿劍，相傳是春秋時吳國巧匠鑄造。
31. 纖離：駿馬名。

32. 鼉：音ㄊㄨㄛˊ。鱷魚類動物。
33. 駃騠：駃騠，音ㄐㄩㄝˊ　ㄊㄧˊ。古代北方名馬。
34. 丹青：顏料。
35. 宛珠：宛地產的珠。
36. 阿：齊國東阿。
37. 佳冶：冶，音ㄧㄝˇ。美好豔麗。
38. 窈窕：文靜美好。
39. 甕：音ㄨㄥˋ。裝汲水的瓦器。
40. 缶：音ㄈㄡˇ。瓦缽。秦國把這兩種樂器當作打擊樂器。
41. 箏：秦國的絃樂器。
42. 髀：音ㄅㄧˋ。大腿。
43. 鄭、衛：指鄭國、衛國的民間音樂。
44. 桑間：在衛國濮水邊上。相傳那裡的音樂很有名。
45. 韶虞：相傳是歌頌虞舜的樂舞。
46. 武象：周初的一種樂舞。
47. 跨：淩駕，比喻統一。
48. 術：策略、手段。

49. 讓：捨棄，拒絕。
50. 無：不分，不論。
51. 黔首：秦稱百姓為黔首。黔，音ㄑㄧㄢˊ，黑色。
52. 業：使……建立功業。
53. 藉：借給，供給。
54. 齎：音ㄐㄧ。送給。

【譯文】

秦國的宗室大臣都對秦王說：「各諸侯國來侍奉秦國的人，大都是替他們的君主來游說、作間諜，請驅逐所有的客卿。」李斯在他們商議時也列在被驅逐的對象之中。

於是李斯向秦王上書說：「我聽說官吏們商議驅逐所有客卿，臣以為這是錯誤的。從前秦穆公招募賢士，從西戎得到了由余，從東宛得到了百里奚，從宋迎來了蹇叔，從晉求來了丕豹、公孫支。這五個人都不是秦國人，而穆公任用他們，結果兼併了二十個諸侯國，成了西戎地區的霸主。孝公用了商鞅的新法，移風易俗，人民因此富足，國家也因而富強，老百姓都樂於為國家出力，各諸侯國都對秦國親近服從，戰勝了楚國、魏國的軍隊，攻取了千里之廣的土地，直到現在仍然安定強盛。惠王用了張儀的計策，攻取了三川的土地，西面兼併了巴蜀，北面攻佔了上郡，南面取得了漢中，吞併了楚國境內的許多少數民族，控制了楚國的鄢、郢二城，東邊據有成皋的險塞，割取了肥沃富饒的土地，於是離散了六國的合縱，使他們都尊崇、侍奉秦國，這功勞一直延續到如今。昭王得到了范睢，廢掉穰侯，驅逐華陽君，強化了朝廷的權力，限制了私人的勢力，漸漸地吞併諸侯各國，使秦國成就了帝業。這四位君主都憑藉了客卿的功勞。由此看來，客卿哪裡辜負了秦國呢！假設這四位君主拒絕而不接納客卿，疏遠賢士而不任用，這就是使國家沒有富足的實力，而秦國也沒有強大的名聲了。」

「現在陛下得到了昆山的美玉，擁有隨侯珠、和氏璧，垂掛著明月珠，佩帶著太阿劍，騎乘著纖離馬，豎立著翠鳳旗，擺設著靈鼉鼓。這幾種寶物沒有一種出產於秦國，而陛下卻喜愛它們，這是為什麼呢？如果一定要秦國出產的才可以用，那麼這種夜光璧就不能裝飾在朝廷；犀牛角和象牙製的物器就不能做您的玩物；鄭國、衛國的美女就不能納入您的後宮；而且駿馬駃騠不能養在您的馬廄；江南的金錫不能用來做器具；西蜀的丹青不能用來做顏料。用來裝飾後宮的珠寶、台階下的姬妾、娛樂心意的器物、悅耳目的音樂圖畫等，一定要秦國出產才可以，那麼這些鑲著宛珠的簪子、嵌著珠子的耳環、東阿白絹做成的衣服、錦繡的飾物，不能進獻到您面前，而且打扮時髦、艷麗苗條的趙國女子也不能

侍立在您的身邊了。叩打甕、缶，彈奏竹箏，拍腿打拍子，唱著嗚嗚的歌曲來娛人耳目的，才真正是秦國的音樂。鄭、衛、桑間的音樂，以及韶虞、武象，是別國的音樂呢！現在您不要聽敲甕而要聽鄭、衛的音樂，不要聽彈箏而要聽韶虞的樂曲，這樣做的原因是什麼呢？還不是為了使心情愉快、看得舒服罷了。現在您用人就不是這樣，不問是非，不論曲直，凡不是秦國人都趕走，凡是客卿都驅逐。這樣做就是重視美女、音樂、珍珠、寶玉，而輕視人才了。這不是用來統一天下、征服諸侯的方法啊！」

「我聽說土地廣大的糧食才富足，國家強大的人民才眾多，武器精銳的戰士才勇猛。因此，泰山不捨棄土壤，所以能形成它的高大；河海不挑細流，所以能形成它的深廣；君主不排斥庶民，所以能顯示他的德厚。因此地方不分東西南北，人民不分本國別國，春夏秋冬都很美好，鬼神都來降福，這就是五帝三王所以無敵於天下的原因。現在您竟然拋棄百姓以資助敵國，拒絕賓客以成就別國諸侯的事業，使天下的賢士，退避不敢向西邊來，裹足不肯進入秦國，這就叫借武器給敵人而送糧食給盜賊啊！」

「物品不產於秦國的，值得珍貴的很多；賢士不出於秦國的，而願效忠秦國的也不少。現在驅逐客卿以資助敵國，損害人民而有益仇人，對內自損國力，對外又結怨於諸侯，想要國家沒有危險，是不可能的啊！」

秦王於是就撤銷逐客的命令，恢復李斯的官職。

【賞析】

李斯〈諫逐客書〉一文，旨在陳述用客之利，逐客之害，期盼秦王廢除逐客之令。作者採取「說以利害」的策略，上諫秦王，由於理由正當中肯，很有說服力，最後秦王撤銷逐客之令。

秦國在呂不韋免相後，門下賓客驟失憑依，適值秦國內部又為鄭國渠的事鬧得滿城風雨。於是秦的宗室大臣都主張「逐客」，使得秦王下逐客令。這時李斯上書諫言，強調秦國帝業多由六國客卿佐助有成的事例，以見逐客之過。秦王見書讚嘆，遂除逐客之令，復任李斯為長史，極其寵信。大體而言，這篇諫書，所採取的策略是「說以利害」。

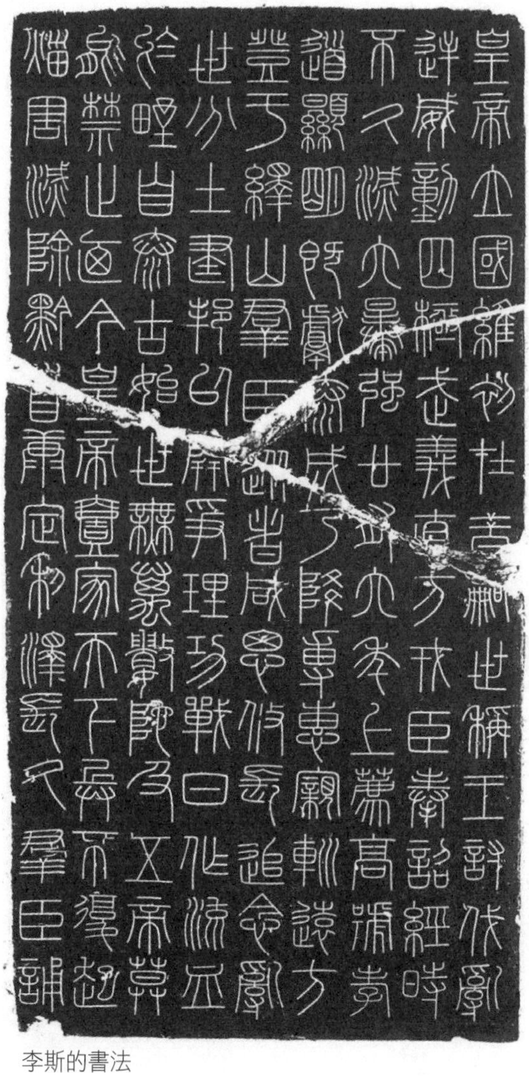

李斯的書法

〔漢朝〕過秦論

賈誼

秦孝公據肴函之固，擁雍州之地，君臣固守，以窺周室；有席卷天下，包舉宇內，囊括四海之意，并吞八荒之心。當是時，商君佐之，內立法度，務耕織，修守戰之備，外連衡而斗諸侯。於是秦人拱手而取西河之外。

孝公既沒，惠文、武、昭襄，蒙故業。因遺策，南取漢中，西舉巴蜀，東割膏腴之地，收要害之郡。諸侯恐懼，會盟而謀弱秦，不愛珍器重寶肥饒之地，以致天下之士，合從締交，相與為一。當此之時，齊有孟嘗，趙有平原，楚有春申，魏有信陵；此四君者，皆明智而忠信，寬厚而愛人，尊賢重士，約從離橫，兼韓、魏、燕、趙、齊、楚、宋、衛、中山之眾。於是六國之士，有寧越、徐尚、蘇秦、杜赫之屬為之謀，齊明、周最、陳軫、昭滑、樓緩、翟景、蘇厲、樂毅之徒通其意，吳起、孫臏、帶佗、兒良、王廖、田忌、廉頗、趙奢之倫制其兵。嘗以十倍之地，百萬之眾，叩關而攻秦。秦人開關延敵，九國師，逡巡遁逃而不敢進。秦無亡矢遺鏃之費，而天下諸侯已困矣。於是從散，爭割地而賂秦。秦有餘力而制其敝，追亡逐北，伏尸百萬，流血漂櫓；因利乘便，宰割天下，分裂河山，強國請服，弱國入朝。施及孝文王、莊襄王，享國日淺，國家無事。

及至始皇，奮六世之餘烈，振長策而馭宇內，吞二周而亡諸侯，履至尊而制六合，執搥拊以鞭笞天下，威振四海，南取百越之地以為桂林、象郡；百越之君，首系頸，委命下吏；乃使蒙恬北長城而守藩籬，卻匈奴七百餘里；胡人不敢南下而牧馬，士不敢彎而報怨。於是廢先王之道，焚百家之言，以愚黔首；墮名城，殺豪俊，收天下之兵，聚之咸陽，銷鋒，鑄以為金人十二，以弱天下之民。然後踐華為城，因河為池，據億丈之城，臨不測之淵以固。良將勁弩，守要害之處；信臣精卒，陳兵而誰何？天下已定，秦王之心，自以為關中之固，金城千里，子孫帝王萬世之業也。

始皇既沒，餘威震於殊俗。然而陳涉，牖繩樞之子，隸之人，而遷徙之徒也，才能不及中人，非有仲尼、墨翟之賢，陶朱、猗頓之富，躡足行伍之間，而倔起阡陌之中，率罷散之卒，將數百之眾，轉而攻秦；斬木為兵，揭竿為旗，天下云集而響應，贏糧而景從，山東豪俊，遂并起而亡秦族矣。

且夫天下非小弱也，雍州之地，肴函之固，自若也；陳涉之位，非尊於齊、楚、燕、趙、韓、魏、宋、衛、中山之君也；鋤棘矜，非於鉤戟長鎩也；謫戍之眾，非沆於九國之師也；深謀遠慮，行軍用兵之道，非及曩時之士也；然而成敗異變，功業相反也。試使山東之國，與陳涉度長大，比權量力，則不可同年而語矣；然秦以區區之地，致萬乘之權，招八州而朝同列，百有餘年矣；然後以六合為家，肴函為宮，一夫作難而七廟墮，身死人手，為天下笑者，何也？仁義不施，而攻守之勢異也。

【作者】

賈誼（前200~前168），洛陽人，西漢初期著名的辭賦家、政論家，年輕時有才名，二十多歲即被漢文帝召為博士，不久升任太中大夫。由於他在朝廷上力主革除政治弊端，觸犯了當時權貴們的利益，遂被貶為長沙王太傅。四年後，又被召為梁懷王太傅。懷王墜馬身亡，賈誼自慚失職，鬱鬱而死。賈誼在政治上主張削弱藩王的勢力，加強中央政府的權力；對外主張以全力抗擊匈奴，對內主張發展農業，增強國力。他的政論文如〈論積貯疏〉、〈治安策〉、〈過秦論〉等，分析形勢，切中時弊，有深刻獨到的見解，被魯迅評為「西漢鴻文」，「疏直激切，盡所欲言」（《漢文學史綱要》）。他的辭賦也很有名，以〈鵩鳥賦〉、〈弔屈原賦〉為代表。後人輯其文為《賈長沙集》。又著有《新書》十卷。

【注釋】

1. 秦孝公：名渠梁，西元前361～前338年在位。他支持變法，使秦國開始走上了國富兵強的道路。
2. 殽函：殽，音ㄧㄠˊ。殽山和函谷關。殽山在今河南洛寧縣北，函谷關在今河南靈寶縣，東至殽山，西至潼津。
3. 雍州：古九州之一，其地域約相當於今陝西中部和北部、甘肅全部和青海部分地區。
4. 周室：指衰弱的東周王朝。
5. 八荒：即八方。古人把東南西北稱作四方，把東南、東北、西南、西北稱作四隅，合稱八方。此泛指荒遠的地方。

6.商君：即商鞅，原是衛國的庶公子，稱衛鞅，好刑名之學。入秦後佐秦孝公主持變法，以功封于商（今陝西商縣），號曰商君。
7.連衡：即連橫。古人以東西為橫，以南北為縱。地處西方的秦和處於東方的齊、楚等國聯合起來以攻打別國，叫連橫；東方各國北自燕，南至楚聯合起來抗秦，叫合縱。
8.拱手：兩手合抱，喻很輕鬆的樣子。
9.西河之外：指魏國在黃河以西的地區。秦孝公二十二年（前340），秦國派商鞅討伐魏國，大破魏軍，並俘虜了公子卬。魏國割河西之地給秦國。
10.惠文、武、昭：《漢書》此處作「惠文、武、昭襄」，《史記》作「惠王、武王」。今從《文選》。
11.遺冊：冊一作「策」，指秦孝公記載政治計畫的簡冊。
12.漢中：今陝西南部一帶。
13.巴蜀：皆古國名。巴，在今四川東部；蜀，在今四川西部。
14.東據膏腴之地，收要害之郡：秦武王四年，秦攻取韓國的宜陽；昭襄王二十年，魏國獻出河東故都安邑；即所謂「膏腴之地」和「要害之郡」。
15.合從：即「合縱」。
16.孟嘗：孟嘗君田文。
17.平原：平原君趙勝。

18. 春申：春申君黃歇。

19. 信陵：信陵君魏無忌。以上四人是戰國時著名的四公子，以招賢納士著稱。

20. 約從離衡：即山東各國相約「合縱」，以離散秦「連橫」之策。

21. 以上所列數人，包括了政治、軍事、外交等各方面的人材，有些人事蹟已不詳。

22. 九國：指上文列舉的韓、魏等。

23. 逡巡：逡，音ㄑㄩㄣ。遲疑徘徊，欲行又止。此段所記為西元前318年楚、趙、魏、韓、燕五國攻秦之事。

24. 鏃：音ㄗㄨˊ。箭頭。

25. 亡：逃亡。北：敗走。

26. 鹵：《文選》作「櫓」，大的盾牌。

27. 彊：通「強」。

28. 享國日淺：孝文王在位僅數日，莊襄王在位也不過三年。

29. 秦王：指秦始皇嬴政。《文選》作「始皇」。

30. 六世：指秦孝公以下六王。

31. 二周：東周末年赧王時，東西周分治，西周都王城，東周都鞏。秦昭襄王五十一年滅西周，莊襄王元年滅東周。

32. 六合：天、地和四方。

33. 棰：杖。拊：音ㄈㄨˇ。大棒。

34. 百越：古代越族散居在今浙江、福建、廣東、廣西一帶，因其種類繁多，故稱百越。

35. 桂林、象郡：桂林郡地處今廣西北部及東部地區，象郡地處今廣西南部地區，兩郡均為秦始皇新置。

36. 俛：同「俯」。系頸：以帶系頸，表示投降。

37. 蒙恬：秦名將。秦統一六國後，蒙恬率兵三十萬擊退匈奴，並主持修築長城。後為秦二世所逼，自殺。

38. 藩籬：籬笆，這裡引伸為邊疆。

39. 廢先王之道，焚百家之言：秦始皇三十四年（前213），博士淳于越反對郡縣制，實行分封制。丞相李斯竭力駁斥。秦始皇遂下令焚燒《秦記》以外的各國史記和《詩》、《書》。次年又將四百六十多名方士和儒生坑死在咸陽。史稱「焚書坑儒」。

40. 黔首：百姓。黔，黑色。

41. 隳：音ㄏㄨㄟ。毀壞。

42. 鋒：兵器。鐻：音ㄐㄩˋ。鐘鼓的架子。據〈秦始皇本紀〉載，秦始皇二十六年，「收天下兵，聚之咸陽，鑄以為鐘鐻，金人十二，重各千石（二十四萬斤）。」

43. 斬華為城：斬一作「踐」，是。踐華為城，即據守華山以為帝都的東城。

44. 因河為津：以黃河作為帝都咸陽的護城河。

45. 誰何：關塞上的衛兵盤問來往行人。何，呵問。
46. 殊俗：風俗異於漢族的地區。
47. 陳涉：秦末農民起義的領袖。
48. 甕：音ㄨㄥˋ。陶制器皿。
49. 牖：音ㄧㄡˇ。窗。甕牖即用破甕砌成的窗。
50. 繩樞：用繩子系住門板。樞，門上的軸。
51. 甿：古「氓」字。隸：低賤的人。
52. 遷徙之徒：謫罰去邊地戍守的士卒。
53. 仲尼：孔子名丘，字仲尼。
54. 墨翟：翟，音ㄉㄧˊ。墨子名翟。
55. 陶朱：范蠡輔佐越王勾踐滅吳後，棄官出走，在陶（今山東曹縣）經商，號陶朱公。
56. 猗頓：猗，音ㄧ。魯人，靠經營鹽業致富。
57. 行伍：行，音ㄏㄤˊ。都是軍隊下層組織的名稱。
58. 什伯：軍隊中的下級軍官。
59. 罷：同「疲」。
60. 贏：擔負。
61. 景：同「影」。

62.鉏：同「鋤」。
63.櫌：音ㄧㄡ。古農具，形似榔頭，平整土地用。棘矜棘木做的矛柄。
64.銛：音ㄒㄧㄢ。鋒利。
65.句戟：即鉤戟。
66.鎩：音ㄕㄚ。長矛類兵器。
67.適戍：被謫徵發戍守邊地。適，同「謫」。
68.抗：同「亢」，高出，超過。
69.鄉：通「向」。
70.度長絜大：比量長短大小。絜，音ㄒㄧㄝˊ。度量物體的粗細。
71.千乘之權：擁有千輛戰車的國家，即中等實力之國。
72.八州：九州中除雍州以外的八州。
73.七廟：古代天子設七廟供奉七代祖先。

【譯文】

秦孝公憑著殽山和函谷關的險固，坐擁雍州肥沃的土地，君臣上下一同伺機謀奪周朝的政權；有奪取天下，征服各國，統一四海的志向，併吞八方的野心。在這個時候，商鞅輔佐他，在內政上，建立法律制度，全力發展農耕和紡織，整修攻守的裝備；在外交上，採用連橫政策，使諸侯自相格鬥。

於是，秦人輕易的取得了西河以外的土地。

秦孝公死後，惠文王、武王、昭襄王，繼承故舊的基業，遵照前人的策略，向南兼併了漢中，向西攻佔巴蜀，東邊割取了肥沃的土地，北邊占有險要的州郡。諸侯們都感到恐懼，會商聯盟，準備削弱秦國。不惜用珍奇的器物、貴重的財寶和肥美的土地，來招攬天下賢才，締結合縱的盟約，合成一體，聯合抗秦。這時候，齊國有孟嘗君，趙國有平原君，楚國有春申君，魏有信陵君；這四位公子，都是聰明睿智、忠誠信實、寬容厚道而且愛護人民，又能尊敬賢士，他們約定合縱，來拆散連橫，會同韓、魏、燕、趙、齊、楚、宋、衛、中山九國的軍隊。那時，六國的賢士，有寧越、徐尚、蘇秦、杜赫這些人替各國謀劃；有齊明、周最、陳軫、昭滑、樓緩、翟景、蘇厲、樂毅這些人溝通各國的意見；有吳起、孫臏、帶佗、兒良、王廖、田忌、廉頗、趙奢這些人統率各國的軍隊。曾經以十倍於秦的土地，上百萬的兵力，進擊函谷關，攻打秦國。秦國的軍隊開門迎戰，九國的軍隊，都疑懼退卻，爭相逃亡而不敢前進。秦國沒有耗費一矢一鏃，天下的諸侯卻已經疲勞困頓了。於是合縱的盟約解散了，各國爭相割地來賄賂秦國。秦國因此而有餘力制服疲憊的諸侯們，追逐那些逃亡敗北的軍隊，橫在地上的死屍多到百萬，流的血可以漂起盾牌。秦國藉著這有利的形勢、良好的時機，宰割天下諸侯，分裂諸侯的土地，於是強國請求降服，弱國入朝稱臣，傳到孝文王、莊襄王，在位當權的日子短，國家沒有什麼大事。

到了秦始皇，發揮了六世累積下來的功業，揮動長鞭以駕御天下，併吞東西二周，滅亡各國諸侯，登上皇帝的寶座，控制了上下四方，拿著刀杖，奴役天下人民，威風震動四海。向南占領百越的土地，改為桂林、象郡。百越的君主都俯首稱臣，投降請罪，把生命交給獄吏處置。又派蒙恬到北方修築長城，防衛邊疆，擊退匈奴七百多里，讓胡人不敢南下來侵略，胡兵也不敢拉弓放箭來報仇。於是廢除先王的聖道，燒毀百家的書籍，來實施愚民政策。毀壞名城，殺戮天下英雄豪傑，沒收天下的兵器，聚集在咸陽，溶化刀矛箭頭，鑄造成十二個金人，以削弱民間的武力。然後以華山做城墎，把黃河當做護城河，憑據這樣的億丈高城，臨靠如此不測的深水，作為堅固的屏障。再加上優秀的將帥，強勁的弓弩，防守在險要的地方；親信的臣子，精銳的士卒，擺出鋒利的武器，又有誰敢怎麼樣呢？天下已經平定，秦始皇的心中，自以為關中的堅固，真像圍繞千里的金城，可以作為子孫萬世做皇帝的基業了。

秦始皇死後，遺留的聲威還可以使遠方的蠻夷震懼。然而陳涉，只不過是一個用破甕作窗、用草繩繫門軸的窮苦弟子，是個替人種田的僕役，是個被配發充軍的人，才能還比不上中等之人，沒有孔子、墨子的賢能，也沒有陶朱、猗頓的富裕。置身在軍隊之間，興起於田野之中，率領著疲憊散亂的士卒，帶領著數百人馬，反過來攻打秦國。砍伐樹木做兵器，高舉竹竿做旗幟，天下人像雲一樣聚集，應聲而起，挑著糧食，如影隨形般跟著他，殽山以東的英雄豪傑，就一齊起來將秦國消滅了。

再說秦國的天下，既不小，也不弱。雍州肥沃的土地，殽山、函谷關的險固，還是和以前一樣。陳涉的地位，沒有比從前齊、楚、燕、趙、韓、魏、宋、衛、中山各國國君尊貴；鋤柄木杖，比不上鉤戟長矛的銳利；被流放充軍的士兵，也比不上九國的正規軍隊；深謀遠慮，行軍用兵的方法，也比不上昔日那些謀士將領。但是成敗不同，功業恰恰相反。假使把從前殽山之東的各國，來和陳涉比較長短大小，較量權勢力量，那簡直不可相提並論了。想當年秦國以小小的地方，千乘之國的力量，取得天下八州，使同等地位諸侯都向他稱臣，經過一百多年，然後才能把天下合併為一家，把殽山函谷關當作宮室；不料只有一個人起來發難，竟然宗廟被毀，君主死在敵人手中，為天下人所譏笑，這是什麼緣故呢？只因為今秦以武力取得天下，亦欲以武力治天下，而不施行仁義，不知天下和守天下的形勢是完全不同的啊！

【賞析】

賈誼寫作此文，目的在於為漢文帝提供政治上的鑒戒。文章使用了前後對照的手法，鋪陳排比，有一洩千里之勢。在中國古典散文史上，〈過秦論〉首創了「史論」這一體裁，對漢以後的散文創作產生了重要影響。由於作者偏重文章豪邁的氣勢，文中列舉的論據與史實有出入的地方。

賈誼作為士大夫，固然站在封建統治階級立場為漢王朝出謀劃策；但他卻能認識到農民起義的力量，認識到秦王朝滅亡的關鍵在於失掉民心和過分迷信武力，封建統治者野心大而虐待人民，終於被人民滅亡。有了這個認識，統治階級才開始考慮如何緩和社會矛盾，以鞏固自己的統治政權。這才說明農民起義真正推動了歷史前進的車輪。有了賈誼這一番描繪，漢朝的皇帝才能真正總結秦代由盛而衰、由強而弱的經驗教訓。

〔漢朝〕古詩十九首

佚名

古詩十九首之一・行行重行行

行行重行行，與君生別離，相去萬餘里，各在天一涯。道路阻且長，會面安可知。胡馬依北風，越鳥巢南枝。相去日已遠，衣帶日已緩。浮雲蔽白日，遊子不顧反。思君令人老，歲月忽已晚，棄捐勿復道，努力加餐飯。

【作者】

漢朝無名氏作（其中有八首《玉台新詠》題為漢枚乘作，後人多疑其不確）。非一時一人所為，一般認為大都出於東漢末年。南朝梁蕭統合為一組，收入《文選》。內容乃一些逐臣、棄妻、與友傷別等感傷，離愁別緒和士人的徬徨失意之作，有些作品表現出追求富貴和及時行樂的思想。語言樸素自然，描寫生動真切，在五言詩的發展上有重要地位。

最早載於南朝梁蕭統之《昭明文選》，是中國第一本詩歌散文選集。歷來對成於何時爭議頗多，但以漢末較為可信。《文心雕龍》稱其為「五言之冠冕」，鍾嶸之《詩品》讚其「文溫以麗，意悲而遠，驚心動魄，可謂幾乎一字千金。」也有人說它是繼《詩經》、《楚辭》後，中國詩史的再一經典作品。南朝梁昭明太子蕭統曾在烏鎮築館讀書，館名叫「昭明書院」。

【注釋】

1. 重行行：行了又行，走個不停。
2. 胡馬：意指北方的馬。古時稱北方少數民族為胡。
3. 越鳥：南方的鳥。越指南方百越。
4. 緩：寬鬆。衣帶日已緩：表示人因為相思一天比一天瘦。
5. 浮雲蔽白日：想像遊子在外被人所惑。

【譯文】

走了一程又一程，和你生離死別，此去相距千萬里遠，彼此各在不同邊際，路途那麼艱險又那麼遙遠，誰知哪天能再相見？到南方來的胡馬還依戀北風，飛往北方的越鳥也在朝南的樹枝作巢棲息。我們分別已久，我的衣帶一天比一天寬鬆，也許你是被人所迷惑而不想返回故鄉。唉！思念你使我衰老得更快，轉眼間已到了年末。心中還有許多話，但我不再說了，希望您保重莫受到飢寒。

蕭統的昭明書院

【賞析】

〈行行重行行〉是《古詩十九首》的第一首，寫的是思婦的離愁別恨。一個婦女懷念離家遠行的丈夫，詠嘆別離的痛苦、相隔的遙遠和見面艱難，把自己刻骨的相思和丈夫一去不復返相對照，但還是自我寬解，只希望遠行的人自己保重。全詩長於抒情，韻味深長，語言樸素自然又精煉生動，風格接近民歌。

古詩十九首之十五・生年不滿百

生年不滿百，常懷千歲憂。晝短苦夜長，何不秉燭遊？為樂當及時，何能待來茲？愚者愛惜費，但為後世嗤。仙人王子喬，難可與等期。

【注釋】

1. 秉：執、拿。
2. 及時：把握時光。
3. 來茲：來年。茲，年，本指新生的草。

4. 費：費用、錢財。
5. 但：只。
6. 為：被。
7. 嗤：譏笑。
8. 王子喬：傳說中的仙人，是周靈王的長子，以吹笙以模擬鳳聲，後被浮丘公接至嵩山，成為神仙。
9. 等：同，指同樣成為仙人。
10. 期：期待。

【譯文】

人的壽命不足百歲，卻常懷著千年的憂慮。既然苦於晝短夜長，何不秉燭夜遊呢？縱情享樂應該及時，那能等到未來的日子呢？愚昧的人愛惜財物，不能盡情享樂，只會被後世人譏笑。像王子喬得道成仙，長命百歲，一般人是很難同樣期待的呀！

【賞析】

人生不滿百年，卻總要想到千年之後的事豈不太過？我只苦

《古詩十九首》的〈生年不滿百〉

於白天短黑夜長，不能盡興遊賞取樂。為什麼不拿著蠟燭，在夜色中繼續我們的遊賞呢？這是嘆人生苦短，不能及時行樂，所以要以夜晚來彌補白天的不足。是一種較為頹廢的思想。

古詩十九首之十八·客從遠方來

客從遠方來，遺我一端綺。相去萬餘里，故人心尚爾！文彩雙鴛鴦，裁為合歡被。著以長相思，緣以結不解。以膠投漆中，誰能別離此？

【注釋】

1. 端：猶「疋」。古人以二丈為一「端」，二端為一「疋」。
2. 故人：古時習用於朋友，此指久別的「丈夫」。
3. 爾：如此。這兩句是說儘管相隔萬里，丈夫的心仍然一如既往。
4. 鴛鴦：疋鳥。古詩文中常用以比夫婦。這句是說綺上織有雙鴛鴦的圖案。
5. 合歡被：被上繡有合歡的圖案。合歡被取「同歡」的意思。
6. 著：往衣被中填裝絲綿叫「著」。綿為「長絲」，「絲」諧音「思」，故云「著以長相思」。

7.緣：飾邊，鑲邊。這句是說被的四邊綴以絲縷，使連而不解。緣與「姻緣」的「緣」音、義並同，故云「緣以結不解」。

8.別離：分開。這兩句是說，我們的愛情猶如膠和漆黏在一起，任誰也無法將我們拆散。

【譯文】

客人風塵僕僕，從遠方送來了織有文彩的素緞。並且鄭重其事地說，這是我夫君特意從萬里之外託人捎來的。這絲絲縷縷，該包含著夫君對我的無盡關切和惦念之情！綺緞上面織有文彩的鴛鴦雙棲的形彩，夫君特意選擇彩織鴛鴦之綺送我，將它裁作棉被面，做條溫暖的合歡被，床被內須充實以絲綿，被緣要以絲縷綴邊，絲綿使我聯想到男女相思的綿長無盡，緣結暗示我夫妻之情永結同心，絲綿再長，終究有窮盡之時，緣結不解，終究有鬆散之日，惟有膠與漆，黏合固結，再難分離，那麼就讓我與夫君像膠漆一樣投合、固結吧！看誰還能將我們分隔。

【賞析】

本詩為思婦之詩，全詩圍繞得綺作被一事。由「同心而離居」的情感。表現堅定不移的伉儷深情。或以為見朋友不以遠近易心。或謂繫美合志以止離心。全詩共分三部，首四句從客來寄綺敘起，就路遠心誠深致感激。中四句因綺文想到裁被、著綿、緣邊，嵌入合歡、長相思、結不解等雙關語。末二句寄望同眠此被，膠漆交融，永不相離之樂，以表堅定不移伉儷深情。

史記

司馬遷

史記・張釋之執法

釋之為廷尉。上行出中渭橋，有一人從橋下走出，乘輿馬驚。於是使騎捕，屬之廷尉。釋之治問。

曰：「縣人來，聞蹕，匿橋下。久之，以為行已過，即出，見乘輿車騎即走耳。」廷尉奏當，一人犯蹕，當罰金。

文帝怒曰：「此人親驚吾馬，吾馬賴柔和，令他馬，固不敗傷我乎？而廷尉乃當之罰金！」

釋之曰：「法者天子所與天下公共也。今法如此而更重之，是法不信於民也。且方其時，上使立誅之則已。今既下廷尉，廷尉，天下之平也，一傾而天下用法皆為輕重，民安所錯其手足？唯陛下察之。」

良久，上曰：「廷尉當是也。」

【作者】

司馬遷（前145或前135～前86），字子長，左馮翊夏陽（今陝西韓城）人，是中國古代偉大的史學家和文學家。他撰寫的《史記》被認為是中國史書的典範，因此被後世尊稱為史遷、太史公。

《太史公書》後世通稱《史記》，是中國西漢時期的歷史學家司馬遷編寫的一本歷史著作。《史記》是中國古代最著名的典籍之一，與後來的《漢書》、《後漢書》、《三國志》合稱「前四史」。

《史記》最初無固定書名，或稱《太史公書》，或稱《太史公記》、《太史公傳》，也省稱《太史記》、《太史公》。《史記》本來是古代史書的通稱，從三國時期開始，《史記》由史書的通稱逐漸成為《太史公書》的專稱。

《史記》記載了上自中國上古傳說中的黃帝時代，下至漢武帝元狩元年，共三千多年的歷史。全書包括十二本紀、三十世家、七十列傳、十表、八書，共一百三十篇，五十二萬六千五百餘字。

作者司馬遷以其「究天人之際，通古今之變，成一家之言」的史識，使《史記》成為中國第一部，也是最出名的記傳體通史。

【注釋】

1. 中：到中間。
2. 渭橋：在長安城北。

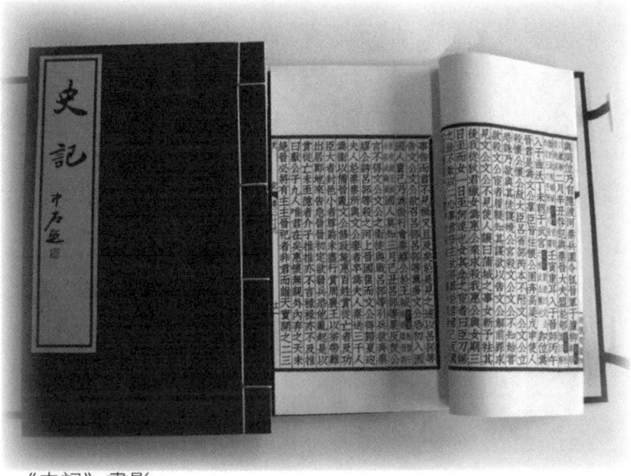

《史記》書影

3. 走：跑。
4. 乘輿：皇帝所乘坐的車。
5. 屬：音ㄓㄨˇ。交付。
6. 廷尉：官職名，九卿之一，執掌刑獄。
7. 治問：審問。
8. 縣人：外縣人，鄉下人。
9. 蹕：古代帝王出行時要先清道禁止他人通行。
10. 賴：幸虧。
11. 柔和：柔順溫和。
12. 當：判決，判處。
13. 更：變更，改變。
14. 傾：傾斜，喻執法不公，有偏，有誤。
15. 措：置放。

【譯文】

張釋之擔任廷尉。漢文帝出巡經過中渭橋，有一個人從橋下跑出來，驚動文帝的車馬。文帝便派遣騎

太史公祠

兵加以逮捕，把他交給廷尉，由張釋之審問犯人。

犯人說：「我是從長安縣來的人，聽說皇帝經過，就躲到橋下去。過了很久，以為隊伍已過去，剛出來，見皇帝的車馬就趕快跑走。」張釋之向文帝報告判決結果，一個人違反了管制交通的命令，判罰金。

文帝生氣的說：「這個人驚動我的車馬，幸虧我的馬溫訓柔和，假使是其他的馬，豈不就摔傷我了嗎？而廷尉竟然只有判他罰金！」

張釋之說：「法令，是天子和天下所有人民共同遵守的。現在法令規定如此，而皇上卻要加重他的罪，這樣法律便不能取信於民。再說那時，如果皇上立刻殺了他便罷。現在既然交給廷尉處理，廷尉是天下執行法律的標準，一有偏差，天下執法的官員就會因此不知輕重，這樣人民要如何做才好呢？希望皇上明察。」

過了很久，文帝才說：「廷尉判決是對的。」

【賞析】

全文透過生動的對話，把審問、呈奏的實情簡要報導出來，避免平鋪直敘、單調呆板的毛病，更將人物性格特色充分刻畫出來。作者為了凸顯張釋之的操守，只簡明的敘述史實，不加任何評論，使張釋之客觀公正、嚴守法律的精神更客觀、明確的展現出來。張釋之身為廷尉，忠於法律，不隨皇帝的意志定罪，用「理直氣壯、不卑不亢」的語氣提醒皇上，這種據理力爭、守法守紀的精神值得稱道。而作者透過張釋之的對話，揭示「法者，天子所與天下公共也」和「廷尉，天下之平也」的法治觀念，頗能發人深省。

原先盛怒的文帝，尚稱是一位賢明的君王，對於張釋之的這番逆耳忠言，經過良久的思索，終於承認他的判決是對的，也為自己留下了一個「察納雅言」、「知過能改」的美名。

史記・鴻門宴

楚軍夜擊阬秦卒二十餘萬人新安城南。行略定秦地。函谷關有兵守關，不得入。又聞沛公已破咸陽，項羽大怒，使當陽君等擊關。項羽遂入，至于戲西。沛公軍霸上，未得與項羽相見。沛公左司馬曹無傷使人言於項羽曰：「沛公欲王關中，使子嬰為相，珍寶盡有之。」項羽大怒，曰：「旦日饗士卒，為擊破沛公軍！」當是時，項羽兵四十萬，在新豐鴻門，沛公兵十萬，在霸上。范增說項羽曰：「沛公居山東時，貪於財貨，好美姬。今入關，財物無所取，婦女無所幸，此其志不在小。吾令人望其氣，皆為龍虎，成五采，此天子氣也。急擊勿失。」

楚左尹項伯者，項羽季父也，素善留侯張良。張良是時從沛公，項伯乃夜馳之沛公軍，私見張良，具告以事，欲呼張良與俱去。曰：「毋從俱死也。」張良曰：「臣為韓王送沛公，沛公今事有急，亡去不義，不可不語。」良乃入，具告沛公。沛公大驚，曰：「為之奈何？」張良曰：「誰為大王為此計者？」曰：「鯫生說我曰『距關，毋內諸侯，秦地可盡王也。』故聽之。」良曰：「料大王士卒足以當項王乎？」沛公默然，曰：「固不如也，且為之奈何？」張良曰：「請往謂項伯，言沛公不敢背項王也。」沛公曰：「君安與項伯有故？」張良曰：「秦時與臣游，項伯殺人，臣活之。今事有急，故幸來告良。」沛公曰「孰與君少長？」良曰：「長於臣。」沛公曰：「君為我呼入，吾得兄事之。」張良出，要項伯。項伯即入見沛公。沛公奉卮酒為壽，約為婚姻，曰：「吾入關，秋豪不敢有所近，籍吏民，封府庫，而待將軍。所以遣將守關者，備他盜之出入與非常也。日夜望將軍至，豈敢反乎！願伯具言臣之不敢倍德也。」項伯許諾。謂沛公曰：「旦日不可不蚤自來謝項王。」沛公曰：「諾。」於是項伯復夜去，至軍中，具以沛公言報項王。因言曰：「沛公不先破關中，公豈敢入乎？今人有大功而擊之，不義也，不如因善遇之。」項王許諾。

沛公旦日從百餘騎來見項王，至鴻門，謝曰：「臣與將軍戮力而攻秦，將軍戰河北，臣戰河南，然不自意能先入關破秦，得復見將軍於此。今者有小人之言，令將軍與臣有郤。」項王曰：「此沛公左司馬曹無傷言之；不然，籍何以至此。」項王即日因留沛公與飲。項王、項伯東嚮坐。亞父南嚮坐。亞父者，范增也。沛公北嚮坐，張良西嚮侍。范增數目項王，舉所佩玉玦以示之者三，項王默然不應。范增起，出召項莊，謂曰：「君王為人不忍，若入前為壽，壽畢，請以劍舞，因擊沛公於坐，殺之。不者，若屬皆且為所虜。」莊則入為壽，壽畢，曰：「君王與沛公飲，軍中無以為樂，請以劍舞。」項王曰：「諾。」項莊拔劍起舞，項伯亦拔劍起舞，常以身翼蔽沛公，莊不得擊。於是張良至軍門，見樊噲。樊噲曰：

「今日之事何如？」良曰：「甚急。今者項莊拔劍舞，其意常在沛公也。」噲曰：「此迫矣，臣請入，與之同命。」噲即帶劍擁盾入軍門。交戟之衛士欲止不內，樊噲側其盾以撞，衛士仆地，噲遂入，披帷西嚮立，瞋目視項王，頭髮上指，目眥盡裂。項王按劍而跽曰：「客何為者？」張良曰：「沛公之參乘樊噲者也。」項王曰：「壯士，賜之卮酒。」則與斗卮酒。噲拜謝，起，立而飲之。項王曰：「賜之彘肩。」則與一生彘肩。樊噲覆其盾於地，加彘肩上，拔劍切而啗之。項王曰：「壯士，能復飲乎？」樊噲曰：「臣死且不避，卮酒安足辭！夫秦王有虎狼之心，殺人如不能舉，刑人如恐不勝，天下皆叛之。懷王與諸將約曰：『先破秦入咸陽者王之』。今沛公先破秦入咸陽，豪毛不敢有所近，封閉宮室，還軍霸上，以待大王來。故遣將守關者，備他盜出入與非常也。勞苦而功高如此，未有封侯之賞，而聽細說，欲誅有功之人。此亡秦之續耳，竊為大王不取也。」項王未有以應，曰：「坐。」樊噲從良坐。坐須臾，沛公起如廁，因招樊噲出。

沛公已出，項王使都尉陳平召沛公。沛公曰：「今者出，未辭也，為之奈何？」樊噲曰：「大行不顧細謹，大禮不辭小讓。如今人方為刀俎，我為魚肉，何辭為。」於是遂去。乃令張良留謝。良問曰：「大王來何操？」曰：「我持白璧一雙，欲獻項王，玉斗一雙，欲與亞父，會其怒，不敢獻。公為我獻之」張良曰：「謹諾。」當是時，項王軍在鴻門下，沛公軍在霸上，相去四十里。沛公則置車騎，脫身獨騎，與樊噲、夏侯嬰、靳彊、紀信等四人持劍盾步走，從酈山下，道芷陽閒行。沛公謂張良曰：「從此道至吾軍，不過二十里耳。度我至軍中，公乃入。」沛公已去，閒至軍中，張良入謝，曰：「沛公不勝桮杓，不能辭。謹使臣良奉白璧一雙，再拜獻大王足下；玉斗一雙，再拜奉大將軍足下。」項王曰：「沛公安在？」良曰：「聞大王有意督過之，脫身獨去，已至軍矣。」項王則受璧，置之坐上。亞父受玉斗，置之地，拔劍撞而破之，曰：「唉！豎子不足與謀。奪項王天下者，必沛公也，吾屬今為之虜矣。」沛公至軍，立誅殺曹無傷。

【注釋】

1. 鴻門：山坡名，位於新豐（今陝西省臨潼縣），今名項王營。
2. 楚軍：指項羽軍隊。
3. 坑：活埋。
4. 秦卒二十餘萬人新安城南：時項羽擊敗秦軍，秦將章邯率眾降，羽恐士卒未能真心順服，遂坑殺秦兵二十餘萬人於新安城南。新安，漢縣名，故城在今河南省新安縣南。
5. 鉅鹿之戰：秦朝末年（前207），秦軍與起義軍項羽部隊在鉅鹿（古縣名，現在河北平鄉西南）展開的一場決戰，最後項羽獲勝。這是秦末戰爭中消滅秦軍主力的一次決定性戰役，也是歷史上著名的以少勝多的戰役之一。
6. 破釜沈舟：鉅鹿之戰中楚軍數量遠遠少於秦軍，項羽先派英布率兩萬楚軍渡河，救援鉅鹿，獲得幾場小勝。十二月，項羽隨後親自率軍渡河，並下令將炊具打破，將船隻鑿沉，每人只帶三天的乾糧，以表明拚死一戰的決心。
7. 行：前進。又有一說：將要。
8. 略定：攻取平定。略，通「掠」，掠奪、強取。
9. 沛公：劉邦，漢軍主帥，起兵於沛（今江蘇省沛縣），自立為沛公。
10. 項羽：名籍，字羽，楚軍主帥，滅秦之後，自稱西楚霸王。
11. 當陽君：指英布，起義反秦時號當陽君，為項羽部將。

12. 英布：秦時因坐法黥面，囚驪山，亦稱黥布。後歸順劉邦，封九江王，因背叛漢朝而被殺。

13. 關：指函谷關。

14. 戲：水名。北流入渭，今陝西省臨潼縣。

15. 軍霸上：駐軍於霸上。霸上，亦作灞上，在今陝西省長安市。軍，此處做動詞。

16. 左司馬：司馬，為統兵官，分左右，掌管軍政。

17. 子嬰：秦始皇太子扶蘇之子。趙高殺二世（胡亥），立子嬰為秦王。在位四十六天，沛公兵至，子嬰降，後為項羽所殺。

18. 旦日：明晨。

19. 饗：音ㄒㄧㄤˇ。用酒食款待，此指犒勞。

20. 范增：楚軍上將軍，為項羽謀士，好奇計，項羽尊稱為亞（ㄧㄚˋ）父。居鄛（ㄔㄠˊ）人，今安徽省巢湖市居巢區。

21. 幸：臨幸，受君主親近、寵愛。

22. 望其氣：觀測劉邦頭頂上的雲氣。望氣，古代方士的一種占候術，觀察雲氣以推斷成敗、吉凶、地位、命運等。

23. 龍虎：呈現龍虎的形狀。龍虎象徵天子，古人以為五彩雲出，則天子隨之而出。

24. 左尹項伯：左尹，楚官名，輔佐令尹執政。項伯，名纏，字伯，項羽堂叔，曾任楚國左尹。張良對其有救命之恩，兩人交情深厚。項羽敗後，劉邦封為射陽侯，賜姓劉。

25. 季父：叔父。
26. 張良：字子房。起兵反秦，初擁立韓王，後奉韓王命隨劉邦入武關，遂為劉邦謀臣。
27. 臣為韓王送沛公：我為韓王護送沛公入關。此為張良自述往事，說明他和劉邦的關係。張良曾擁立韓公子橫陽君為韓王，收復韓故土；後韓王命張良隨劉邦入武關，擊破秦軍。臣，此為自稱的謙詞。
28. 亡去不義：臨難逃走，不合道義。亡去，逃走。
29. 鯫生：古代罵人之語，本指身材短小，此指見識淺薄愚陋的人。鯫，音ㄗㄡ。小魚。
30. 距：通「拒」，防備抗拒，閉關據守。
31. 有故：舊交情。
32. 孰與君少長：即「與君比，孰少孰長」之意。言項伯和你相比，年齡誰小誰大？
33. 奉卮酒為壽：舉杯敬酒，祝福對方健康長壽。奉，通「捧」，進獻。卮，音ㄓ。酒杯（圓形無足，肚大口圓的酒杯）。為壽，表示祝福。凡言為壽，謂進爵於尊者，而獻無疆之壽。
34. 約為婚姻：約做兒女親家。
35. 籍吏民：謂調查戶口，登記在簿籍上。籍，簿冊，此做動詞，登記。
36. 非常：突如其來的變故。
37. 不敢倍德：言不敢忘恩負義。由於劉邦曾得項梁援助成軍，且由於項羽擊敗秦軍主力，劉邦才得趁虛襲取關中，是項氏有恩德於劉邦。倍，通「背」。

38. 蚤：通「早」。
39. 謝：謝罪、道歉。此指為距關之事，來向項羽道歉。
40. 遇：對待。
41. 郤：音ㄒㄧˋ。通「隙」，嫌隙。
42. 數目：多次以眼神示意。數，音ㄕㄨㄛˋ。屢次。目，以眼神示意，當動詞用。
43. 玦：音ㄐㄩㄝˊ。古時佩帶的玉器，環形，有缺口。常用作表示決斷、決絕的象徵物。
44. 項莊：項羽堂弟
45. 若屬：你們。屬，類、輩、徒。
46. 翼蔽：同義複詞，遮蔽掩護。
47. 樊噲：劉邦妻呂雉之妹夫。以屠狗為業，後從劉邦起義，因功封舞陽侯。噲，音ㄎㄨㄞˋ。
48. 與之同命：與沛公同生死。此為雙關語，意謂與項羽等人拼命。
49. 交戟之衛士：持戟交叉守在軍門的衛兵。戟，音ㄐㄧˇ。古代一種戈矛合一的兵器。
50. 披帷：揭開帳幕。帷，音ㄨㄟˊ。帳幕
51. 瞋目：張大眼睛，怒目而視。
52. 目眥盡裂：眼眶都睜得快裂開了，形容十分憤怒的樣子。眥，音ㄗˋ。亦作「眦」，眼眶。
53. 跽：音ㄐㄧˋ。長跪。古人席地而坐，兩膝著地，臀部落在足後跟上為坐，挺腰聳身為跽。「按劍而跽」是一種準備行動的警戒姿勢。

54. 何為者：幹什麼的，問身分。
55. 參乘：音ㄘㄢ　ㄕㄥˋ。古時乘車，坐在車右，擔任警衛工作的人，多半具有勇力。古代乘車，主者居左，御者居中，陪乘居右；若兵車，則將帥居中，御者居左，陪乘居右。
56. 斗卮酒：一大杯酒。斗，指酒杯的容量，當時一斗約當今兩公升。
57. 彘肩：豬肘子，豬前腳的上半部。下句「生彘肩」，指沒有煮熟的豬肘子，用以試樊噲。
58. 啗：音ㄉㄢˋ。吃。
59. 殺人如不能舉刑人如恐不勝：指殺人唯恐不能殺光，施刑於人唯恐不能用盡酷刑。舉，窮盡。勝，音ㄕㄥ。盡。
60. 細說：指小人的讒言。
61. 都尉：當時軍中參謀之類的官員。
62. 陳平：陽武（今河南省陽武縣）人，貌如冠玉，好奇計。此時為項羽謀臣，後離楚歸漢，因功封曲逆侯，官至丞相。
63. 大行不顧細謹：指做大事不須拘泥小節。大行，大作為。細謹，指小節。
64. 大禮不辭小讓：指行大禮不須講究小禮讓。不辭，不講求、不計較。
65. 人為刀俎，我為魚肉：言別人正像是刀和砧（ㄓㄣ）板，我們像魚肉般任人宰割。俎，音ㄗㄨˇ。砧板、刀俎，皆為宰割之器，後用以比喻主宰、支配的人。
66. 操：攜帶。

67. 玉斗：玉製的酒器。

68. 會：恰逢。

69. 置：拋棄。

70. 夏侯嬰：沛人，為劉邦未發跡時之友，從沛公擊項羽有功，封汝陰侯。

71. 靳彊、紀信：靳彊，音ㄐㄧㄣˋ ㄑㄧㄤˊ。時為沛公的部將。曲沃（今山西省曲沃縣）人，封汾陽侯。紀信，沛公的將軍，後於滎陽之圍，假扮劉邦出城投降，被項羽燒死。

72. 步走：徒步快跑。步，跑。說文解字：「走，趨也。」釋名：「徐行曰步，疾行曰趨，疾趨曰走。」

73. 酈山：即驪（ㄌㄧˊ）山，在今陝西省臨潼縣東二里。酈，音ㄌㄧˋ。

74. 道芷陽閒行：言經由芷陽，抄小路行走。道，經過。芷陽，秦縣名，在今陝西省西安市。閒行，抄小路走。閒，音ㄐㄧㄢˋ。

75. 不勝桮杓：謂酒量小，不能多飲。勝，音ㄕㄥ。勝任、承受。桮杓，音ㄅㄟ ㄕㄠˊ。飲酒器具。桮，同「杯」。

76. 再拜：拜而又拜，為古代一種隆重的禮節。

77. 督過：責備、責難。過，責備。

78. 豎子：猶言小子，罵人的話。這裡明指項莊，暗責項羽不用其謀。

《史記》裡的〈鴻門宴〉

【譯文】

楚軍趁著夜晚，在新安城的南方擊殺二十餘萬名秦兵。即將攻下秦國的領地。行至函谷關，有士兵把守關口，無法進入。又聽說沛公已經攻破咸陽，項羽大怒，派當陽君等人攻打函谷關。項羽於是入關，到達戲水西岸。沛公的軍隊駐紮在霸上，沒有能跟項羽相見。劉邦的左司馬曹無傷就派人去告訴項羽說：「劉邦想占領關中稱王，讓子嬰做他的國相，所有的珍珠寶器都歸為自己所有。」項羽聽了非常生氣地說：「明天用酒肉犒勞士兵，要打敗劉邦的軍隊。」在這時，項羽的軍隊有四十萬人，駐紮在新豐縣鴻門；劉邦的軍隊有十萬人，駐紮在霸上。范增勸告項羽說：「劉邦在山東時，貪圖財物，愛好美女。現在進入關中，財物一點都不要，婦女一個也不親近，他的志向不小。我叫人去看過他那裡的雲氣，都是龍虎形狀，成為五彩的顏色，這是天子的雲氣啊。趕快攻打他，不要失掉時機！」

楚國的左尹項伯，是項羽的叔叔，平時和留侯張良友好。張良這時候跟隨著劉邦。項伯就連夜騎馬趕到劉邦軍中，私下會見張良，把事情詳細告訴他，想叫張良和他一起離開劉邦，說：「不跟我走將會被殺。」張良說：「我替韓王護送沛公入關，沛公現在有急難，我逃跑離開是不講道義的，我不能不告訴他。」張良就進去把情況詳細告訴劉邦，劉邦大吃一驚，說：「怎樣應付這件事呢？」張良說：「誰替大王獻出這個計策的？」劉邦回答說：「淺陋無知的人勸我說：『把守住函谷關，不要讓諸侯進來，秦國所有的地盤都可以由你稱王了。』所以我聽信了他的話。」張良說：「估計大王的軍隊能夠抵擋住項王的軍隊嗎？」劉邦沉默一會兒說：「本來不如人家，將怎麼辦呢？」張良說：「請讓我去告訴項伯，說沛公不敢背叛項王。」劉邦說：「你怎麼和項伯有交情的？」張良說：「在秦朝的時候，項伯和我有交往，項伯殺了人，我救了他；現在有了緊急的情況，所以幸虧他來告訴我。」劉邦說：「他和你的年齡，誰大誰小？」張良說：「他比我大。」劉邦說：「你替我把他請進來，我得用對待兄長的禮節待他。」張良出去，邀請項伯。項伯立即進來見劉邦。劉邦就奉上一杯酒為項伯祝福，並約定為親家，說：「我進入關中，極小的財物都不敢沾染，登記官吏、人民，封閉了收藏財物的府庫，以等待將軍的到來。所以派遣官兵去把守函谷關的原因，是為了防備其它盜賊的進出和意外變故。日日夜夜盼望著將軍的到來，怎麼敢反叛呢！希望你能對項王詳細地說明，我是不敢忘恩負義的。」項伯答應了，跟劉邦說：「明天你不能不早些來親自向項王謝罪。」劉邦說：「好。」於是項伯又連夜離開，回到項羽軍營裡，詳細地把劉邦的話報告項王。就趁機說：「劉邦不先攻破關中，您怎麼敢進來呢？現在人家有大功，你卻要打人家，這是不仁義的。不如就趁機友好地款待他。」項王答應了。

劉邦第二天帶領一百多人馬來見項羽，到達鴻門，謝罪說：「我和將軍合力攻打秦國，將軍在黃河以北作戰。我在黃河以南作戰，然而自己沒有料想到能夠先入關攻破秦國，能夠在這裡再看到將軍。現在有小人的流言，使將軍和我有了隔閡……」項羽說：「這是你左司馬曹無傷說的。不然的話，我怎麼會這樣呢？」項羽當天就留劉邦同他飲酒。項羽、項伯面向東坐；亞父面向南坐——亞父這個人，就是范增；劉邦面向北坐；張良面向西陪坐。范增多次使眼色給項羽，舉起他所佩帶的玉玦向項羽示意多次，項羽默默地沒有反應。范增站起來，出去召來項莊，對項莊說：「君王的為人心腸太軟，不忍下手。你進去上前祝酒，祝酒完了，請求舞劍助興，順便把劉邦擊倒在座位上，殺掉他。不然的話，你們都將被他所俘虜！」項莊就進去祝酒。祝酒完了，說：「君王和沛公飲酒，軍營裡沒有什麼可以用來娛樂，請讓我舞劍助興吧。」項羽說：「好。」項莊就拔出劍舞起來。項伯也拔出劍舞起來，並常常用自己的身體，掩護劉邦，項莊始終得不到機會刺殺劉邦。於是張良到軍門外去見樊噲。樊噲說：「今天的事情怎樣？」張良說：「非常危急！現在項莊拔劍起舞，他的用意當在沛公身上。」樊噲說：「這太緊迫了！請讓我進去，和他們拚命。」樊噲就帶著劍拿著盾牌進入軍門。拿戟交叉著守衛軍門的士兵想要阻止不讓他進去。樊噲側舉盾牌一撞，衛士跌倒在地。樊噲就進去了，揭開帷幕面向西站立，瞪眼看著項羽，頭髮直豎起來，眼眶都要裂開了。項羽手握劍柄跪直身子說：「客人是幹什麼的？」張良說：「他是沛公的衛士樊噲。」項羽說：「壯士！賞他一杯酒。」左右的人就給他一大杯酒。樊噲拜謝，站起，一口氣把酒喝了。項羽說：「賞給他一隻豬腿。」就給了他一隻半生的豬腿。樊噲把盾牌反扣在地上，把豬腿放在盾牌上，拔出劍切著吃起來。項羽說：「壯士！能再喝嗎？」樊噲說：「我死尚且不怕，一杯酒又哪裡值得推辭！秦王有虎狼一樣凶狠的心腸，殺人惟恐不能殺盡，處罰人惟恐不能用盡酷刑，因此天下老百姓都背叛了他。懷王曾經和諸將領約定：先打敗秦軍進入咸陽，一絲一毫都不敢佔有動用，封閉了官室，退軍駐紮在霸上，以等待大王到來，特意派遣將士把守函谷關，是為了防備其它盜賊的出入和發生意外事變。像這樣勞苦功高，沒有封侯的賞賜，反而聽信小人讒言，要殺有功勞的人，這是滅亡的秦國的後續者啊！我認為大王不應該採取這樣的做法。」項羽無話可答，說：「坐吧。」樊噲便挨著張良坐下。坐了一會兒，劉邦起身上廁所，順便招呼樊噲出去。

劉邦已經出去，項羽派都尉陳平去召呼劉邦回來。劉邦對樊噲說：「剛才出來沒有告辭，這怎麼辦呢？」樊噲說：「做大事情不必顧慮細枝末節，講大禮不必講究小的禮讓。現在人家正像切肉的刀和砧板，我們是魚和肉，為什麼還要告辭呢？」於是就走了。就叫張良留下向項羽辭謝。張良問道：「大王來時帶些什麼禮物？」劉邦說：「我拿一對白玉璧，準備獻給項王，一對玉酒杯，要送給范增。正趕上他們發怒，不敢獻上去，你替我獻給吧。」張良說：「遵命。」在這個時候，項羽的軍隊駐紮在鴻門，劉邦的軍隊駐紮在霸上，相隔四十里。劉邦丟下隨從的車馬，離開這兒，獨自一人騎馬，同持劍拿盾徒步跑著的樊噲、夏侯嬰、靳強、紀信等四人一起，順著驪山腳下，取道芷陽，抄小路逃走。劉邦對張良說：「從這條路到我軍營不過二十里罷了。請你估計我到了軍營，你再進去見項王。」劉邦已經走了，抄小道回到軍中，張良進去辭謝，說：「沛公不能多喝酒，已經醉了，不能前來告辭。謹叫我奉上白玉璧一對，敬獻給大王；玉杯一對，敬獻給大將軍。」項羽說：「沛公在哪裡？」張良說：「聽說大王有意責備他，他脫身獨自離開鴻門，已經回到軍中。」項羽就接受了白玉璧，放到座位上。范增接受玉杯，丟在地上，拔出劍砍碎了它，說：「唉！這小子不值得和他共謀大業！奪走項王天下的一定是沛公。我們這些人就要被他俘虜了！」劉邦回到軍營，立即殺掉曹無傷。

【賞析】

「鴻門宴」是一場鬥智謀、耍權術的政治搏鬥。在這場搏鬥中，敵對陣營中的智囊人物張良和范增得到了細緻的刻畫，顯示了各自的特點。他們都看到了劉邦、項羽之爭的性質、趨勢和可能出現的後果。張良的才能是在使劉邦集團化被動為主的過程中顯示出來的。范增的深謀遠慮則更多表現在事先定策，席間暗算和事後斷言等方面。在「鴻門宴」這場尖銳複雜的鬥智中，張良全局在胸、從容沉著的特點以及范增驕狂浮躁、心地狹窄的缺點也得到了充分的表現。

〔漢朝〕戰國策

劉向

戰國策・鄒忌諷齊王納諫

鄒忌脩八尺有餘，而形貌昳麗。朝服衣冠，窺鏡，謂其妻曰：「我孰與城北徐公美？」其妻曰：「君美甚，徐公何能及君也！」城北徐公，齊國之美麗者也。忌不自信，而復問其妾曰：「吾孰與徐公美？」妾曰：「徐公何能及君也！」旦日，客從外來，與坐談，問之客曰：「吾與徐公孰美？」客曰：「徐公不若君之美也。」明日，徐公來，孰視之，自以為不如；窺鏡而自視，又弗如遠甚。暮寢而思之，曰：「吾妻之美我者，私我也；妾之美我者，畏我也；客之美我者，欲有求於我也。」

【作者】

劉向（約前77～前6）原名更生，字子政，沛縣（今屬江蘇）人。西漢經學家、目錄學家、文學家。劉向的散文敘事簡約，理論暢達、舒緩平易是其主要特色。

《戰國策》版本

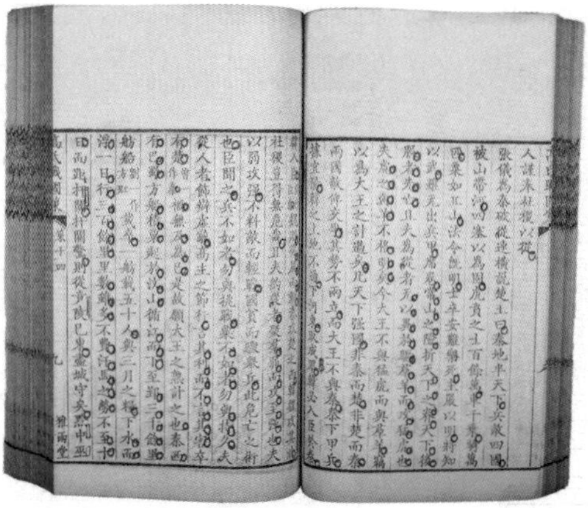

西漢末年，劉向校錄群書時在皇家藏書中發現了六種記錄縱橫家的寫本，但是內容混亂，文字殘缺，於是劉向按照國別編訂了《戰國策》。因此，戰國策顯然不是一時一人所作，劉向只是戰國策的校訂者和編訂者。其書所紀錄的多是東周後期時諸國混戰，縱橫家為其所輔之國的政治主張和外交策略，因此劉向把這本書名為《戰國策》，而該時期亦因此被史家稱為戰國時代。《戰國策》主要記述戰國時期縱橫家的政治主張和言行策略，也可說是縱橫家的實戰演習手冊。本書展示了戰國時代的歷史特點和社會風貌，是研究戰國歷史的重要典籍。全書按東周、西周、秦國、齊國、楚國、趙國、魏國、韓國、燕國、宋國、衛國、中山國依次分國編寫，共三十三卷，約十二萬字。

【注釋】

1. 脩：通「修」，長，這裡指身高。
2. 八尺：相當於現在一百八十公分左右。戰國時一尺約二十三公分。
3. 映麗：神采煥發，容貌美麗。
4. 朝服衣冠：穿好禮服。服：做動詞用，穿戴。
5. 窺鏡：照鏡子。窺：本義是偷看，引申為照、看。

6. 孰與：常用於反詰句，表示比較抉擇，「與……比」，「哪一個……」的意思。
7. 及：比得上。
8. 忌不自信：鄒忌自己不相信。
9. 妾：小妻，即正妻以外的妻子，地位比正妻低。
10. 旦日：第二天。
11. 孰視：仔細看。孰，通「熟」，仔細，反覆。
12. 美我：誇讚我美麗。美，做動詞用，讚美。
13. 私我：偏愛我。私，做動詞用，偏心。

【譯文】

鄒忌身高八尺多，風度翩翩，十分瀟灑。一天早上，他穿好衣帽，照著鏡子，對妻子說：「我與城北徐公相比，誰較英俊？」他的妻子答道：「你英俊得多，徐公怎比得上你呢？」城北徐公是齊國著名的美男子，鄒忌不信自己比徐公英俊，又問他的妾侍：「我與徐公相比，誰較英俊？」妾侍說：「徐公怎比得上你呢？」日間從外來了一位客人，鄒忌跟他坐著閒聊時問：「我與徐公相比，誰較英俊？」客人說：「徐公不及你英俊。」翌日，徐公來了，鄒忌注視他，覺得自己不及他英俊。他又對著鏡子自照，更覺得遠遠比不上徐公。晚上，鄒忌睡覺時想著這件事：「我的妻子說我英俊，是因為她偏愛我；妾侍說我英俊，是因為她敬畏我；客人說我英俊，是因為他有求於我。」

【賞析】

作者善於透過對話刻畫人物。例如，鄒忌和妻、妾、客的對話，所問相同，所答卻有些微的差別，語氣與人物身分切合。雖說妻與妾讚美徐公的言辭大體相同，但妻多一句「君美甚」，關切之情溢於言表；妾則無此三字，她的讚美已略顯勉強。客人說：「徐公不若君之美也」，與妾的「徐公何能及君也」相比，語氣更加勉強，無非是違心敷衍之言。三問三答，栩栩如生地刻畫出了「私我」者、「畏我」者、「有求於我」者三種人物的不同情態。

作著還捕捉了一些動作細節，生動地反映人物的心理。例如鄒忌，朝服衣冠「窺鏡」，然後是問妻、問妾、問客，由此可見，他對自己的容貌非常在意。見到徐公，他「孰視之」，再「窺鏡而自視」，反映出他發現事實時的複雜心情。最後「寢而思」，則表現了鄒忌頭腦冷靜敏銳，善於觀察分析事理的政治家形象。

文末借鄒忌省悟之言，發覺妻、妾、客奉承、討好自己，根源在於「私」、「畏」、「有求」，可謂一語道破，是全篇點睛之筆。文中以鄒忌與徐公比美為核心情節，彷彿沒有緊扣題目，其實，鄒忌進諫，就是以此現身說法，說明君主易於受蒙蔽的情況。君主身邊的人，或有偏私，或因懼怕，或有所求，很多時候都不會說真話，他必須小心辨別，才知真相。

戰國策・馮諼客孟嘗君

齊人有馮諼者，貧乏不能自存，使人屬孟嘗君，願寄食門下。孟嘗君曰：「客何好？」曰：「客無好也。」曰：「客何能？」曰：「客無能也。」孟嘗君笑而受之，曰：「諾！」左右以君賤之也，食以草具。

居有頃，倚柱彈其劍，歌曰：「長鋏歸來乎！食無魚！」左右以告。孟嘗君曰：「食之，比門下之客。」居有頃，復彈其鋏，歌曰：「長鋏歸來乎！出無車！」左右皆笑之，以告。孟嘗君曰：「為之駕，比門下之車客。」於是，乘其車，揭其劍，過其友，曰：「孟嘗君客我！」後有頃，復彈其劍鋏，歌曰：「長鋏歸來乎！無以為家！」左右皆惡之，以為貪而不知足。孟嘗君問：「馮公有親乎？」對曰：「有老母！」孟嘗君使人給其食用，無使乏。於是馮諼不復歌。

後，孟嘗君出記，問門下諸客：「誰習計會能為文收責於薛者乎？」馮諼署曰：「能！」孟嘗君怪之曰：「此誰也？」左右曰：「乃歌夫長鋏歸來者也。」孟嘗君笑曰：「客果有能也。吾負之，未嘗見也。」請而見之，謝曰：「文倦於事，憒於憂，而性懧愚，沈於國家之事，開罪於先生。先生不羞，乃有意欲為收責於薛乎？」馮諼曰：「願之！」於是，約車治裝，載券契而行，辭曰：「責收畢，以何市而反？」孟嘗君曰：「視吾家所寡有者！」

驅而之薛。使吏召諸民當償者，悉來合券？券遍合，起矯命以責賜諸民，因燒其券，民稱萬歲。長驅到齊，晨而求見。孟嘗君怪其疾也，衣冠而見之，曰：「責畢收乎？來何疾也！」曰：「收畢矣！」「以何市而反？」馮諼曰：「君云視吾家所寡有者。臣竊計君官中積珍寶，狗馬實外廄，美人充下陳。君家所寡有者以義耳！竊以為君市義。」孟嘗君曰：「市義奈何？」曰：「今君有區區之薛，不拊愛子其民，因而賈利之。臣竊矯君命，以責賜諸民，因燒其券，民稱萬歲，乃臣所以為君市義也。」孟嘗君不說，曰：「諾！先生休矣！」

後朞年，齊王謂孟嘗君曰：「寡人不敢以先王之臣為臣！」孟嘗君就國於薛，未至百里，民扶老攜幼，迎君道中。孟嘗君顧謂馮諼曰：「先生所為文市義者，乃今日見之。」馮諼曰：「狡兔有三窟，僅得免其死耳。今君有一窟，未得高枕而臥也，請為君復鑿二窟。」

孟嘗君予車五十乘，金五百斤，西遊於梁，謂惠王曰：「齊放其大臣孟嘗君於諸侯，諸侯先迎之者富而兵強！」於是，梁王虛上位，以故相為上將軍，遣使者黃金千斤，車百乘，往聘孟嘗君。馮諼先驅，誡孟嘗君曰：「千金重幣也，百乘顯使也，齊其聞之矣！」梁使三反，孟嘗君固辭不往也。

齊王聞之，君臣恐懼，遣太傅齎黃金千斤，文車二駟，服劍一，封書謝孟嘗君曰：「寡人不祥，被於宗廟之祟，沈於諂諛之臣，開罪於君，寡人不足為也。願君顧先王之宗廟，姑反國統萬人乎？」馮諼誡孟嘗君曰：「願請先王之祭器，立宗廟於薛。」廟成，還報孟嘗君曰：「三窟已就，君姑高枕為樂矣！」

孟嘗君為相數十年，無纖介之禍者，馮諼之計也。

【注釋】

1. 馮諼：諼，音ㄒㄩㄢ。《史記．孟嘗君列傳》作馮驩。
2. 屬：通「囑」，叮囑，求告。
3. 孟嘗君：姓田，名文，孟嘗君為其號，齊威王之孫，襲其父田嬰之封邑於薛，因此又稱薛公。關於「孟嘗」，近年出土戰國齊陶器，一器刻有製器人籍貫為「孟棠」，棠、嘗古音通，可知「孟嘗」為邑名，與平原、信陵、春申三公子以地名稱君者同例。
4. 草具：指粗劣的食物。
5. 魚客：原作「客」，今從一本增魚字，與下文的車客照應。孟嘗君分食客為上中下三等，下客住傳舍，食菜；中客住幸舍，食魚，故又稱魚客；上客住代舍，食肉，出有輿車，故又稱車客。客，用作動詞。
6. 責：音ㄓㄞˋ。同債。
7. 薛：本為任姓古國（地當今山東滕縣南），春秋後期為齊迫遷至下邳（今江蘇邳縣西南），卒為齊所滅，戰國時為齊邑。齊湣王三年，封其叔田嬰於薛。
8. 憒：音ㄎㄨㄟˋ。昏亂。
9. 懧：音ㄋㄨㄛˋ。同「懦」。
10. 約：纏束，這裡指把馬套上車。
11. 券契：指放債的憑證。券分為兩半，雙方各執其一，履行契約時拼而相契合，即下文所說「合券」。

12. 市：購買。

13. 反：同「返」。

14. 矯命：假託命令。

15. 下陳：堂下，台階之下。

16. 拊：同撫。

17. 子：用作動詞。子其民：視其民為子。

18. 賈：音ㄍㄨˇ。求取。

19. 說：同「悅」。

20. 齊王：指齊湣王田地（一作田遂）。

21. 先王：指湣王之父宣王田辟彊。

22. 梁：即魏國。當時都大梁（今河南開封）。

23. 梁王：原作惠王，《古文觀止》已改作梁王。按梁惠王卒於齊威王卒之次年，孟嘗君和齊湣王同為齊威王之孫。故此時梁王，當是惠王之子或孫。

24. 太傅：春秋時晉國始置，其職為輔弼國君。

25. 齎：音ㄐㄧ。送。

26. 祥：通「詳」，審慎。

《戰國策》裡的〈馮諼客孟嘗君〉

27. 被：遭受。
28. 宗廟：古代祭祀祖先的處所。這裡借指祖先。
29. 纖介：介通芥。纖維草芥，喻細微。

【譯文】

齊國有一個人叫馮諼，貧窮得連自己也養活不了。他找人連繫孟嘗君，希望在他的門下做食客。孟嘗君問：「他有什麼嗜好？」回答說：「沒有什麼嗜好。」又問：「他有什麼本領？」回答說：「沒有什麼本領。」孟嘗君笑著接受，說：「好吧。」孟嘗君左右的人以為主人看不起馮諼，所以只給他吃粗茶淡飯。

過了不久，馮諼倚著柱子彈著劍唱：「劍柄啊，我們回去吧，這兒沒有魚吃啊！」左右的人將這件事告訴孟嘗君。孟嘗君說：「照食客那樣給他魚吃吧。」不久，馮諼又靠著柱，彈著劍柄唱：「劍柄啊，我們回去吧，這兒出門連車也沒有啊！」左右的人都笑他，又將這件事告訴孟嘗君。孟嘗君說：「照別的門客那樣為他準備車吧！」於是馮諼坐著車子，舉起劍去拜訪朋友，說：「孟嘗君把我當作門客。」過了不久，馮諼又彈著劍和劍柄說：「劍柄啊，我們回去吧，在這兒無法養家。」左右的人很討厭他，認為他貪得無厭。孟嘗君問：「馮先生有親人嗎？」回答說：「有一位年老的母親。」孟嘗君派人供給馮諼母親食用，不使她生活有所匱少。於是馮諼不再唱歌了。

後來，孟嘗君帶著欠債記錄，詢問門客：「誰學過會計工作，能替我到薛邑去收債？」馮諼簽了名，寫上一個「能」字。孟嘗君十分驚奇，問：「這是誰？」左右的人說：「就是唱『劍柄啊，我們回去吧！』的人。」孟嘗君笑說：「這位客人果然有本領，我虧待了他，還沒有接見過他。」他請馮諼前來相見，賠禮說：「國策令我筋疲力盡，憂慮弄得我心煩意亂，而我懦弱愚笨，整天埋首國事之中，以致得罪了先生，而你卻不介意，願意替我往薛邑收債？」馮諼說：「願意。」於是整理好車和行裝，把債券放在車上準備動身。辭行時馮諼問：「收完債後，要買些什麼回來？」孟嘗君說：「看看我的家欠缺些什麼吧。」

馮諼趕車到薛邑，派官吏召集該還債的百姓，驗對債券。核驗完畢後，他假託孟嘗君的命令，把債款賞賜給百姓，並把債券燒掉。百姓都高呼萬歲。馮諼趕車到齊，清晨就求見孟嘗君。孟嘗君對馮諼這麼快回來感到很奇怪，穿戴好衣帽接見他，問「債收齊了嗎？怎麼回來得這麼快？」馮諼說：「收齊了。」「買了什麼回來？」孟嘗君問。馮諼說：「你曾說『看看我的家裡欠缺些什麼』，我私下盤算，你宮室堆滿了奇珍異寶，馬房擠滿了獵狗、駿馬，姬妾站滿了堂下，家裡所欠缺的只是『義』罷了，所以我擅自用債款為你買『義』。」孟嘗君說：「買義是怎麼一回事？」馮諼說：「現在你只有一塊小小的薛邑，可是並不愛護百姓、視民如子，反而以他們為圖利對象。因此我假借你的命令，把債款賞賜他們，順道燒掉了債券，以至百姓歡呼萬歲，這就是我替你買義的方法了。」孟嘗君聽了後很不高興，說：「好，先生休息一下吧。」

過了一年，齊湣王對孟嘗君說：「寡人不敢把先王的臣子當作自己的臣子。」孟嘗君只好到自己的封地薛邑。距離薛邑尚餘百里，百姓已經扶老攜幼，整天在路旁迎接孟嘗君。孟嘗君回頭對馮諼說：「你為我買義的道理，今天終於見識了。」馮諼說：「狡兔擁有三窟，就可以免於死亡。現在你只有一個巢穴，還不能安枕無憂，請讓我再去為你挖掘兩個巢穴吧。」

孟嘗君給了馮諼五十輛車子，五百斤黃金。馮諼西往魏國，對梁惠王說：「齊國放逐他的大臣孟嘗君出國，那位諸侯先迎住他，就可以國富兵強。」惠王於是空出相位，把原任相國調為上將軍，並派使者帶著千斤黃金，百輛車子聘請孟嘗君。馮諼先趕車回去，提醒孟嘗君說：「黃金千斤，算是很重的聘禮；出動到百輛車子，算是顯貴的使臣了。齊國君臣必定聽到這件事了。」魏國使者往返了數次，孟嘗君都堅決推辭不去魏國。

齊湣王聽到消息，君臣上下十分驚恐，連忙派太傅帶著千斤黃金，駕著兩輛彩飾的馬車，帶上一把佩劍，一封已封好的親筆信，向孟嘗君謝罪說：「由於我不好，遭到祖宗的懲罰，又被身邊阿諛奉承的人蒙蔽，得罪了你，我是不值得你幫助的，但願你念在齊國先王的宗廟，姑且回國來治理國事吧。」馮諼又告誡孟嘗君：「希望你向齊王請求給你一份先王傳下來的祭器，在薛邑建立宗廟。」宗廟建成後，馮諼回來報告孟嘗君：「三個巢穴已經營造好，你可以安枕無憂，快樂過活了！」

孟嘗君在齊國當了數十年相國，沒有受到絲毫禍患，都是馮諼計謀的結果。

【賞析】

本文的主要意義在於寫人物的技巧成熟。始寫馮諼「貧賤不能自存、寄食於門下」，顯得很可憐；次寫馮諼彈劍、彈鋏、彈劍鋏，要魚、要車、要養家，貪欲甚多，顯得可嫌；次寫孟嘗君出榜招會計，馮諼署名稱「能」，但覺可笑；馮諼問「何市而返」，又覺可疑；馮諼矯命燒券，竊為市義，孟嘗君不悅，殊覺可恨。前半篇抑之又抑，無須再抑。而所謂「市義」，已為後文埋下伏筆。孟嘗君失去相位，下野就國於薛邑，薛邑百姓扶老攜幼，迎君終日。孟嘗君此時看到「義」之所在，頓覺馮諼之可敬可佩。馮諼西遊於梁，遊說梁王虛位以待孟嘗君，迫使齊湣王致歉，恢復孟嘗君的相位，則深感馮諼之可倚可恃。馮諼又策劃讓孟嘗君「請先王之祭器，立宗廟於薛」，徹底鞏固了孟嘗君的地位。孟嘗君與齊王共侍祖宗，而先王的祭器和宗廟是王族權利的標誌。立宗廟於薛邑，供先王祭器於薛邑，意味著薛邑及其主人的地位不可動搖。此時的馮諼對於孟嘗君來說，用「可歌可泣」也不為過。文章後半篇主要敘述構築「狡兔三窟」，對馮諼揚之又揚，無可再揚。結語謂：「孟嘗君為相數十年，無纖介之禍者，馮諼之計也。」終於圓滿樹立起一位忠誠睿智的策士形象。

《戰國策》裡的〈馮諼客孟嘗君〉地景

〔漢朝〕答夫秦嘉書

徐淑

秦嘉妻徐淑答書曰：知屈珪璋，應奉歲使，策名王府，觀國之光，雖失高素皓然之業，亦是仲尼執鞭之操也。

自初承問，心原東還，迫疾未宜，抱歎而已，日月已盡，行有伴侶，想嚴莊已辦，發邁在近，誰謂宋遠，企予望之，室邇人遐，我勞如何，深谷逶迤，而君是涉；高山巖巖，而君是越，斯亦難矣。長路悠悠，而君是踐，冰霜慘烈，而君是履。身非形影，何得動而輒俱？體非比目，何得同而不離？於是詠萱草之喻，以消兩家之思，割今者之恨，以待將來之歡。

今適樂土，優遊京邑，觀王都之壯麗，察天下之珍妙，得無目玩意移，往而不能出耶？

【作者】

徐淑，東漢女詩人（約西元147年前後在世），隴西（今甘肅東南）人。詩人秦嘉之妻，生卒年不詳，身體羸弱，常患疾病。與夫秦嘉感情深厚。嘉離家為郡掾。淑因病不能同往，兩地相思，時時互贈詩、書以通情意。秦嘉死時，淑尚年輕，便毀形不嫁。不久因哀慟過甚，亦卒。據《隋書‧經籍志》著錄，原有《徐淑集》一卷，已散佚。

【注釋】

1. 屈：委屈。
2. 珪璋：音珪璋，美玉名。比喻人品格高潔。
3. 奉：敬受、奉派。
4. 藏使：掌管庫藏的官吏。
5. 策名：出仕、任官。
6. 執鞭：為人駕車，比喻低微的工作。
7. 操：品格、德行。
8. 伴侶：隨行的同伴。
9. 嚴裝已辦：行李已準備齊全。
10. 誰謂宋遠，企予望之：誰說宋國遙遠？我踮起腳跟便可望見。語出《詩經‧衛風‧河廣》，指宋國與衛國雖隔著黃河，但客居者思念故國，因而不覺得黃河寬廣。此指徐淑、秦嘉雖身隔兩地，卻兩心相繫。

東漢遺跡桓帝陵墓

11. 邇：邇，音ㄦˇ。近。遐，音ㄒㄧㄚˊ。遠。
12. 逶迤：音ㄨㄟ ㄧˊ。彎曲迴旋的樣子。
13. 巖巖：高峻貌。
14. 悠悠：連綿無盡的樣子。
15. 慘烈：寒冷。
16. 比目：比目魚，常用來比喻夫妻恩愛。
17. 萱草：忘憂草。
18. 今適樂土：指秦嘉往赴京城。適，往。樂土，和平安樂的美好地方，此指京城洛陽。
19. 目玩意移往而不能出：意謂因賞玩美景使意志轉移，荒廢正業而無法出人頭地。此句有勉勵秦嘉，並希望他努力表現的意思。玩，賞玩。出，超越，指出人頭地。

【譯文】

我知道這是委屈了你美好的才華，因為你將奉命上朝廷述職，你的名字已被書列在今年王府出差的名冊上，能夠見識到京城洛陽的繁華。雖然是失去高潔光明的志業，但如孔子所說，假若富貴能靠求取而得，就算擔任守門卒這種微職也願意。

當初你來信問我是否返家相聚，我心中很想回去，奈何迫於疾病，身體情況不適，無法回家，只能滿懷遺憾和感嘆。上京的時間很快就到了，照往例你應及時赴任，我想所有行李和路程規劃都已嚴謹莊重的準備妥當，你的旅程即將要開始出發。你我住處相距不遠，但迫於疾病無法相見，猶如居處雖接近，兩人卻像分隔很遠，思念甚深，而不能相見，咫尺天涯，讓我心中充滿憂思啊！曲折綿延不絕的深谷，你將要跋涉而過，座座高山峻嶺，也要辛苦攀越，何等艱難呀！路程漫長無盡，你要一步一步行走下去，寒風凜冽冰霜深厚，你需要一腳一腳踏過。我倆並非如同身體和影子，怎能常常相聚相依？我倆也非比目魚般，怎可能使身體永遠在一起不分開呢？我只好孤單的吟詠《詩經・衛風・伯兮》中忘憂草的詩句，藉此消除夫妻分離兩地間的相思，忘掉現在的離愁哀怨，期待將來與你歡聚的時刻。

現在你就將前往美好的地方，悠閒逸遊於京城，欣賞王都的雄壯富麗，觀玩天下珍奇美妙的事物，但是否會因為眼見玩物受吸引而改變心意，深陷於繁華俗世被迷惑到不能自拔呢？

【賞析】

東漢桓帝時，某郡內子吏秦嘉奉調京城履任，臨行時緊急通知回娘家養病的新婚妻子徐淑，徐淑接信後未能及時返家相送，於是回了這一封「答夫秦嘉書」，表達祝福思念以及期待歸來團圓的恩愛之情。秦嘉獲信後，又捎來回書並寄上明鏡、寶釵、好香及素琴予徐淑，徐淑去函以「素琴之作，當須君歸，明鏡之鑑，當待君還，未奉光儀，則寶釵不列也，未待帷帳，則芳香不發也。」殷殷企盼丈夫早日歸來。然秦嘉終病卒於津鄉亭，徐淑兄逼淑改嫁，徐淑乃毀容歃以明志，守寡而終。

〔魏晉〕出師表

諸葛亮

臣亮言：先帝創業未半，而中道崩殂。今天下三分，益州疲弊，此誠危急之秋也。然侍衛之臣，不懈於內；忠志之士，忘身於外者，蓋追先帝之殊遇，欲報之於陛下也。誠宜開張聖聽，以光先帝遺德，恢弘志士之氣；不宜妄自菲薄，引喻失義，以塞忠諫之路也。

宮中、府中，俱為一體，陟罰臧否，不宜異同。若有作奸犯科，及為忠善者，宜付有司，論其刑賞，以昭陛下平明之治；不宜偏私，使內外異法也。

侍中、侍郎郭攸之、費禕、董允等，此皆良實，志慮忠純，是以先帝簡拔以遺陛下。愚以為宮中之事，事無大小，悉以咨之，然後施行，必能裨補闕漏，有所廣益。將軍向寵，性行淑均，曉暢軍事，試用於昔日，先帝稱之曰能，是以眾議舉寵為督。愚以為營中之事，悉以咨之，必能使行陣和睦，優劣得所。親賢臣，遠小人，此先漢所以興隆也；親小人，遠賢臣，此後漢所以傾頹也。先帝在時，每與臣論此事，未嘗不歎息痛恨於桓、靈也！侍中、尚書、長史、參軍，此悉貞良死節之臣，願陛下親之信之，則漢室之隆，可計日而待也。

臣本布衣，躬耕於南陽，苟全性命於亂世，不求聞達于諸侯。先帝不以臣卑鄙，猥自枉屈，三顧臣於草廬之中，諮臣以當世之事，由是感激，遂許先帝以驅馳。後值傾覆，受任於敗軍之際，奉命於危難之間，爾來二十有一年矣！先帝知臣謹慎，故臨崩寄臣以大事也。受命以來，夙夜憂勤，恐託付不效，以傷先帝之明。故五月渡瀘，深入不毛。今南方已定，兵甲已足，當獎率三軍，北定中原，庶竭駑鈍，攘除奸凶，興復漢室，還於舊都。此臣所以報先帝而忠陛下之職分也。至於斟酌損益，進盡忠言，則攸之、禕、允之任也。願陛下託臣以討賊興復之效；不效，則治臣之罪，以告先帝之靈。若無興德之言，則責攸之、禕、允等之慢，以彰其咎。陛下亦宜自謀，以諮諏善道，察納雅言，深追先帝遺詔。臣不勝受恩感激。今當遠離，臨表涕零，不知所云。

【作者】

諸葛亮（181～234），字孔明，琅琊陽都（今山東省沂南縣）人，三國時期蜀漢重要大臣，中國歷史上著名的政治家、軍事家、散文家、發明家，也是中國傳統文化中忠臣與智者的代表人物。諸葛亮在世時為蜀漢丞相，後被封為武鄉侯，死後諡為忠武侯，所以被稱為武侯、諸葛武侯，此外因其早年外號，也稱「臥龍」或「伏龍」。

〈出師表〉分為〈前出師表〉和〈後出師表〉兩篇，是三國時期蜀漢丞相諸葛亮兩次北伐（227、228）曹魏前，上呈給後主劉禪的奏章。〈前出師表〉作於蜀漢建興五年（227），收錄於《三國志》卷三十五，建興五年，蜀漢國力有所恢復，諸葛亮深知蜀國弱小，若想生存必須對外征伐方可延續政權。於是，決意率軍北進，準備征伐魏國。文章情意真切，感人肺腑，主要內容有規勸君王、委託政事、回顧經歷、表明北伐決心等四部分。他在表中告誡後主要「親賢臣、遠小人」，多聽取別人的意見，為興復漢室而努力。主要名句有：「親賢臣，遠小人，此先漢所以興隆也；親小人，遠賢臣，此後漢所以傾頹也」；「苟全性命於亂世，不求聞達於諸侯」等。蘇軾評〈出師表〉「簡而盡，直而不肆」。

【注釋】

1. 先帝：指劉備。因劉備此時已死，故稱先帝。

2. 未半：指尚未完成帝業。

3. 中道：猶言半路。

4. 崩殂：殂，音，ㄘㄨˊ。死。古代帝王死亡叫「崩」，也叫「殂」。

5. 鹽州疲弊：指蜀漢力量衰微，處境艱難。益州，今四川省一帶，這裡指蜀漢政權。疲弊，困乏無力。

6. 誠：的確。

7. 秋：時候。

8. 侍衛之臣：服侍、保衛皇帝的臣下。

9. 忘身：不顧自身安危。

10. 蓋：連詞，表推斷原因。

11. 殊遇：優異的待遇。殊，不一樣，特異。

12. 開張聖聽：擴大主上的聽聞。意思是要後主廣泛聽取別人的意見。開張，擴大，與下文「塞」相對。

13. 光：發揚發大。

14. 遺德：留下的美德。

15. 恢弘：發揚擴大。恢，大。弘，大。
16. 妄自菲薄：隨意看輕自己。妄，隨意。菲薄，微薄，輕視。
17. 引喻失義：講話不當。引喻，稱引、比喻。失義，失當，違背大義。
18. 宮：指皇宮。
19. 府：指丞相府。
20. 陟：音ㄓˋ。提升。
21. 罰：懲罰。
22. 臧：表揚。
23. 否：批評。
24. 異同：不同。
25. 作奸犯科：做不正當的事違犯法令。作奸，做壞事。科，科條，法令。
26. 宣付有司論其刑賞：應交給主管官吏，判定他們受罰或受獎。有司，官吏，此指主管刑賞的官吏。論，判定。
27. 昭：顯示。
28. 平明：人平，不昏庸。
29. 理：治。

諸葛亮公園

30. 偏私：偏袒私情。
31. 內外：指官廷內外。
32. 異法：行不同的法度。
33. 侍中、侍郎：官名，皇帝的親臣。
34. 郭攸之：南陽人，時任劉禪的侍中。
35. 費禕：禕，音一。字文偉，江夏人，劉備時任太子舍人，劉禪繼位後，任費門侍郎，後升為侍中。
36. 董允：字休昭，南郡枝江人，劉備時為太子舍人，劉禪繼位，升任黃門侍郎，諸葛亮出師時又提升為侍中。
37. 志慮：志趣、思想。
38. 忠純：忠誠純潔。
39. 簡：挑選。
40. 拔：提升。
41. 遺：留給。
42. 悉：全部。
43. 諮之：徵求郭攸之等人的意見。諮，詢問，徵求意見。之，指郭攸之等人。
44. 裨：音ㄅㄧˋ。補。

45. 闕漏：同「缺漏」，缺點和疏漏。
46. 廣益：增益。
47. 向寵：三國襄陽宜城人，劉備時任牙門將，劉禪繼位，被封為都亭侯，後任中部督。
48. 性行淑均：性格品德善良平正。淑，善良。均，公正。
49. 曉暢：明達，通曉。
50. 試用於昔日：據《三國志・蜀志・向朗傳》記載，章武二年（222）劉備在秭歸一帶被東吳軍隊擊敗，而向寵的部隊損失卻甚少，「試用於昔日」指當此。
51. 督：指中部督。
52. 營：軍營、軍隊。
53. 行陣：行，音ㄏㄤˊ。指部隊。
54. 優劣得所：能力好壞各得其所，即用人得當。
55. 先漢：前漢，即西漢。
56. 後漢：東漢。
57. 傾頹：傾覆，滅亡。
58. 桓、靈：指桓帝劉志、靈帝劉宏。這兩個東漢末年的皇帝政治腐敗，使劉漢王朝傾覆。
59. 侍中：指郭攸之、費禕、董允等人。
60. 尚書：這裡指陳震，南陽人，建興三年（225）任尚書，後升為尚書令。

62. 長史：這裡指張裔，成都人，劉備時曾任巴湘鄉人，當時任參軍。諸葛亮出駐漢中，留下蔣琬、張裔統管丞相府事，後又暗中上奏給劉禪：「臣若不幸，後事宜以付琬」。
63. 死節：為國而死的氣節。
64. 隆：興盛。
65. 計日：計算著天數，指時日不遠。
66. 布衣：平民。
67. 躬耕：親自耕種。
68. 南陽：指隆中，在湖北省襄陽城西。當時隆中屬南陽郡管轄。
69. 聞：有名望，聞名。
70. 達：通達，此指官運通達。
71. 卑鄙：地位、身分卑下，見識鄙野。卑，身分低下。鄙，鄙野，粗野。
72. 猥：音ㄨㄟˇ。屈辱。
73. 枉屈：枉駕屈就。諸葛亮認為劉備三顧茅廬去請他，對劉備來說是屈辱，自己不該受到劉備親自登門拜請的待遇。這是一種客氣的說法。
74. 三顧臣於草廬之中：「三顧」即指此事。顧，看，看望。
75. 驅馳：指奔走效力。
76. 後值傾覆：以後遇到危難。建安十三年（208）劉備在當陽長阪坡被曹操打敗，退至夏口，派諸葛亮去聯結孫權，共同抵抗曹操。
77. 爾來：從那時以來。即從劉備三顧茅廬到諸葛亮出師北伐以來。
78. 大事：指章武三年（223）劉備臨終前囑託諸葛亮輔佐劉禪，復興漢室，統一中國的大事。
79. 夙夜：日日夜夜。夙，清晨。
80. 五月渡瀘：建興元年（223）雲南少數民族的上層統治者發動叛亂，建興三年（225）諸葛亮率師南征，五月渡瀘水，秋天平定了這次叛亂。瀘，瀘水，即金沙江。
81. 不毛：不長草木，此指不長草木的荒涼地區。
82. 獎率：激勵率領。
83. 三軍：古代諸侯國的軍隊分上、中、下三軍，三軍即全軍。
84. 庶：庶幾，希望。
85. 竭：盡。
86. 駑鈍：比喻自己的低劣的才能。駑，劣馬，指才能低劣。鈍，刀刃不鋒利，指頭腦不靈活，做事遲鈍。
87. 攘除：排除，剷除。
88. 奸凶：此指曹魏政權。
89. 舊都：指東漢都城洛陽或西漢都城長安。
90. 斟酌：權衡。

91. 托臣以討賊複之效：把討伐曹魏復興漢室的任務交給我。托，委託，交給。效，效命任務。
92. 慢：怠慢，懈惰。
93. 彰：表明。
94. 咎：罪過。
95. 諮諏善道：徵求好的建議。諏，音ㄗㄡ。徵詢。
96. 察納：考察採納。
97. 雅言：正確意見。
98. 深追：深切地追念。
99. 遺詔：皇帝在臨終時所發的詔令。
100. 臨表涕零：面對著〈表〉落淚。涕零，落淚。

蜀王劉備

【譯文】

臣諸葛亮上奏：先帝創建王業還未完成一半就中途過世，現在天下三分鼎立，蜀漢是那麼疲乏困頓，這真是有關生死存亡的時刻啊！然而朝廷裡侍奉衛護陛下的大臣們，在內毫不懈怠；忠貞的將士，在外奮不顧身，那是因為大家懷念先帝對他們不同一般的賞識，要向陛下表示報答之情！陛下實在應該廣泛地聽取大家的意見，以此來光大先帝留下的德行，也使大臣們堅貞為國的正氣得到發揚；不可輕率地自己看輕自己而不加振作，言談訓諭時有失大義，以致把臣民向您盡忠規勸的善言阻塞了。

內廷侍臣和相府官吏，都是一樣為陛下效力，凡是有所獎懲，不應該有所差異。如果有做壞事觸犯法令科條或忠心做好事的，應該交由有關官員評審應受什麼處罰或受什麼賞賜，以此來顯示陛下處事的公正賢明；不可有所偏袒，使得宮中府中法令不一。

郭攸之、費禕、董允等，這些侍衛之臣，都是善良誠實的人，心志都是忠貞純正，所以先帝選拔出來留給陛下任用。臣下認為宮廷中事，無論大小，全都要詢問他們，然後再執行，必定能夠補救疏漏，擴大效益。向寵將軍品性善良公正，通曉軍事，當初曾被任用過，先帝稱讚他是個能人，所以大家醞釀要推舉他做中部督。臣下認為禁衛部隊的事務，無論大小，全都由他過問，一定能使軍隊協調齊心，處置合宜，各得其所。親近賢良的臣子，疏遠奸佞小人，前漢因此而興旺強盛；親近小人，疏遠賢良的臣子，後漢因此而衰敗覆滅。先帝活著的時候，每逢與臣下議論到這件事，沒有不對桓、靈二帝的作為表示痛恨而發出嘆息的。侍中郭攸之、費禕，尚書令陳震，長史張裔，參軍蔣琬，都是堅貞坦誠，能以死報國的臣子，希望陛下親近他們，信任他們；這樣，漢家天下的興旺日子，便可以等待了。

臣下本來是個平民百姓，在南陽耕田為生，只求在亂世中能保全生命，不想向諸侯謀求高官厚祿和顯赫的名聲。先帝不因臣下低賤和少見識，不惜降低身分三顧茅廬，向臣下詢問天下大事。因此臣下為之感動，就答應為先帝效力。後來戰事失敗，臣下在敗亡之際，接受了挽救危局的重任，到現在已有二十一年了！先帝知道臣下處事謹慎，所以在臨死前把輔助陛下興復漢室的大事交付給臣下。接受先帝遺命以來，日日夜夜擔心嘆息，唯恐所託無所成就，從而有損先帝明於鑒察的聲名；所以臣下在炎熱的五月渡過瀘水，深入到不毛之地。現在南方已平定，兵員裝備已充足，該帶領三軍，北進克復中原。也許可以竭盡棉力，掃除兇殘的奸賊，光復漢家江山，使長安、洛陽仍舊成為大漢王朝的首都。這就是臣下用來報答先帝，效忠陛下的職責。至於權衡得失、掌握分寸，向陛下進忠言，那是郭攸之、費禕、董允他們的責任了。希望陛下把討伐曹魏，興復漢室的大事交付給臣下，如果無所成就，就治臣下的罪，來稟告先帝在天之靈。如果沒有勸勉陛下發揚聖德的忠言，那就要追究郭攸之、費禕、董允等人的怠惰之罪，公佈他們的過失。陛下也應該自作打算，探求高明的道理，瞭解並接受忠正的言論，牢牢不忘先帝的遺願，臣下這就感恩不淺了。而今快要遠征，面對表文，不禁流下淚來，真不知自己說的是什麼！

【賞析】

諸葛亮以懇切的言辭，針對當時的局勢，反覆勸勉劉禪要繼承先主劉備的遺志，開張聖聽，賞罰嚴明，親賢遠佞，以完成「興復漢室」的大業，表現了諸葛亮「北定中原」的堅強意志和對蜀漢忠貞不二的品格。

諸葛亮的〈出師表〉

〔魏晉〕典論・論文

曹丕

文人相輕，自古而然。傅毅之於班固，伯仲之間耳，而固小之，與弟超書曰：「武仲以能屬文為蘭臺令史，下筆不能自休。」夫人善於自見，而文非一體，鮮能備善，是以各以所長，相輕所短。里語曰：「家有弊帚，享之千金。」斯不自見之患也。

今之文人：魯國孔融文舉、廣陵陳琳孔璋、山陽王粲仲宣、北海徐幹偉長、陳留阮瑀元瑜、汝南應瑒德璉、東平劉楨公幹，斯七子者，於學無所遺，於辭無所假，咸自以騁驥騄於千里，仰齊足而並馳。以此相服，亦良難矣！蓋君子審己以度人，故能免於斯累，而作論文。王粲長於辭賦；徐幹時有齊氣，然粲之匹也。如粲之〈初征〉、〈登樓〉、〈槐賦〉、〈征思〉，幹之〈玄猿〉、〈漏卮〉、〈圓扇〉、〈橘賦〉，雖張、蔡不過也。然於他文未能稱是。琳、瑀之章表書記，今之儁也。應瑒和而不壯；劉楨壯而不密。孔融體氣高妙，有過人者；然不能持論，理不勝辭，至於雜以嘲戲；及其所善，揚、班儔也。

常人貴遠賤近，向聲背實，又患闇於自見，謂己為賢。夫文本同而末異，蓋奏議宜雅，書論宜理，銘尚實，詩賦欲麗。此四科不同，故能之者偏也；唯通才能備其體。

文以氣為主，氣之清濁有體，不可力強而致。譬諸音樂，曲度雖均，節奏同檢，至於引氣不齊，巧拙有素，雖在父兄，不能以移子弟。

蓋文章，經國之大業，不朽之盛事。年壽有時而盡，榮樂止乎其身，二者必至之常期，未若文章之無窮。是以古之作者，寄身於翰墨，見意於篇籍；不假良史之辭，不託飛馳之勢，而聲名自傳於後。故西伯幽而演《易》，周旦顯而制《禮》，不以隱約而弗務，不以康樂而加思。夫然，則古人賤尺璧而重寸陰，懼乎時之過已。而人多不強力，貧賤則懾於饑寒，富貴則流於逸樂，遂營目前之務，而遺千載之功。日月逝於上，體貌衰於下，忽然與萬物遷化，斯志士之大痛也！融等已逝，唯幹著論，成一家言。

【作者】

曹丕，字子桓，出生東漢靈帝中平四年（187），卒於魏文帝黃初七年（226）。沛國譙（今年徽亳縣）人，曹操次子。建安二十一年（216）曹操稱魏王，二十五年死，丕襲位為魏王。後廢漢獻帝自立，稱魏文帝，在位七年。《典論・論文》是曹丕精心撰著的《典論》中的一篇。《典論・論文》是中國文學批評史上第一篇文學專論，三國時期文學專論，為一部政治、社會、道德、文化論集。全書由多篇專文組成。《典論・論文》按照《子》書的形式寫成，是曹丕關於國家大事一系列問題的論文總集。很可惜，這二十篇文章到現在大多已經散失，只剩下殘章斷簡。幸運的是，〈論文〉由於被南朝的蕭統選入《昭明文選》而得以完整保留下來。

【注釋】

1. 輕：輕蔑、輕視。
2. 自古而然：從古代就是如此。
3. 之：跟、與。
4. 小：輕視。
5. 屬：綴輯、寫作。屬文，連綴字句而成文，指寫文章。
6. 夫：發語詞，表提示作用。

魏文帝曹丕畫像

7. 善於自見：喜歡自我炫耀、表現。善，喜愛。見，音ㄒㄧㄢˋ。表現。
8. 體：體裁，指文學的類別。依作品所表現的結構與性質上之差異加以區分，如詩、散文、小說、戲劇等。
9. 備善：都很好。善，好的、美妙的。備，盡、皆、完全的意思。
10. 家有敝帚，享之千金：自家的破掃帚，卻視如千金之寶。比喻極為珍惜自己的事物。
11. 斯：此、這。
12. 自見：自己看見自己的缺點。
13. 患：弊病
14. 辭：文字，引申為文章。
15. 假：「借用、抄襲」的意義。
16. 咸：都、皆。
17. 驥騄：音ㄐㄧˋ ㄌㄨˋ。古代二駿馬名，並為周穆王八駿之一。
18. 仰齊足而並馳：自恃其才而並駕齊驅、互不相讓。仰，抬頭、昂首。齊足，並腳。
19. 良難：實在很不容易。良，表示很、甚。
20. 審己以度人：度，音ㄉㄨㄛˋ。先省察自己，再度量他人。
21. 累：弊病、過失。
22. 齊氣：指文章風格舒緩。

23. 然：但是、可是。
24. 匹：比較、相比。實力相當的。
25. 稱是：稱，音ㄔㄥˋ。與此相稱。是，此，指示代名詞。
26. 雋：音ㄐㄩㄣˋ。傑出、出眾。
27. 體氣：作者的精神本體及其所表現的氣質、文章的格調。
28. 持論：對問題提出議論、看法，發表自己的主張。
29. 以至：導致。
30. 雜以嘲戲：摻雜著嘲笑、戲謔。
31. 及：至於。
32. 儔：音ㄔㄡˊ。匹敵、相比。
33. 貴遠賤近：推崇古代的事物，而輕賤當今的。貴，注重、重視。遠，本指時間的距離大，故引申為古代。賤，輕視、看不起。近，本指時間的距離小，故引申為現代。
34. 向聲背實：注重虛名而不求實學。向，崇尚、景仰。
35. 患闇於自見：得到看不見自己短處的毛病。患，得病。闇，不了解。
36. 賢：良好、美麗而完善的。
37. 末：本指非根本、基礎的事物，這裡指寫作方式。
38. 蓋：發語詞，提起下文，無意義。

39. 奏議：古代臣子向君王進奏的章疏。

40. 銘：文體名。刻在器物或石碑上，警惕自己或讚頌他人的文字。

41. 誄：音ㄌㄟˇ。文體名。一種哀祭文，是敘述死者生前德行、功業的韻文。

42. 科：類別、項目。

43. 能之者偏：寫文章的人各有所長。能，做，這裡指寫文章。

44. 氣：指作者的才性、氣質形成的作品風格。

45. 清濁：本指音樂上清亮或重濁的聲音，引申為作品風格有陰陽不同性質。

46. 力強而致：強，音ㄑㄧㄤˇ。勉強達到。

47. 檢：法度、法式。

48. 引氣：吹的力氣。吹笙、笛等。

49. 移：移動、搬遷，引申為傳授、傳承。

50. 常期：一定、規律的時間、期限。

51. 是：於是，表示前後相關。

52. 翰墨：翰，製筆的鳥毛。本指筆墨，比喻文章。

53. 見意：表現思想。

54. 假良史之辭：藉著優秀的史官的文章好評。假，借。

55. 託飛馳之勢：依靠權貴的勢力。飛馳，本指飛快奔馳，引申為富貴人家。

56. 西伯：本指西方諸侯之長。因商王任命周文王為西伯，後專指周文王。
57. 幽：囚禁。
58. 周旦：就是周公。
59. 顯：有名望、有地位的。
60. 隱約：窮困不得志
61. 弗務：不努力。弗，不。務，致力從事。
62. 加思：更改想法。加，本意把本來沒有的添上去，引申為轉移、更動。
63. 強力：努力。強，竭力、勉力。
64. 懾：音ㄓㄜˊ。害怕、恐懼。
65. 營遂目前之務：只圖眼前的事務。營，謀慮、思慮。遂，順應。
66. 忽然：很快的。
67. 遷化：死亡。
68. 幹著論：徐幹寫了中論一書。

【譯文】

文人彼此輕視，自古就已如此。傅毅比起班固，文才不相上下，可是班固卻輕視他，在寫給弟弟班超的信上說：「武仲因為會寫文章而擔任蘭臺令史，可是他一下筆就寫個沒完。」一般人喜好炫耀自己的長處，可是文章並非只有一種體裁，很少人能將各種體裁都寫得很好，因此各拿自己的長處，輕視別人的短處。俗語說：「自家的破掃帚，卻當作千金寶物。」這就是看不見自己缺點的弊病啊！當今的文人有：魯國的孔文舉、廣陵的陳孔璋、山陽的王仲宣、北海的徐偉長、陳留的阮元瑜、汝南的應德璉、東平的劉公幹，這七位先生，在學問上無所遺漏，在文章上不抄襲他人，都自以為是馳騁千里的良駒，各恃其才而並駕齊驅。想要使他們互相欽服，實在不容易啊！君子先審察自己再去度量別人，所以能夠免除上述的毛病，我本著這個觀念，而寫了這篇論文。

王粲擅長於辭賦，徐幹的辭賦時常帶有舒緩的語氣，可與王粲相匹敵。像王粲的〈初征〉、〈登樓〉、〈槐賦〉、〈征思〉，徐幹的〈玄猿〉、〈漏卮〉、〈圓扇〉、〈橘賦〉，即使是張衡和蔡邕也無法超越。可是他們其他體裁的文章，卻未能與辭賦相稱。陳琳、阮瑀的章表書記，是當今最傑出的。應瑒的文章平和卻不雄壯；劉楨的作品雄壯卻不綿密。孔融的才情氣質高超美妙，有勝過常人的地方，可是不擅長於議論，說理不能勝過文辭，以至於文中夾雜戲謔的語句。至於他所擅長的作品，可以和揚雄、班固媲美。

一般人重視遠古而輕視近代，崇尚虛名而背棄實學，又患了看不見自己短處的毛病，總認為自己的文章最好。文章寫作的基本道理相同，可是各類文體卻有不同的特性。奏議應力求典雅，書論須說理明白，銘誄以真實為貴，詩賦要辭藻華麗。這四類文體的表現方法各不相同，所以寫文章的人各有自己的偏長，只有通才才能同時精通各類文體。

文章以辭氣為主，而辭氣有陽剛與陰柔兩種不同的風格，這不是可以勉強求得的。譬如音樂，雖然曲調相同，節奏的法度也一樣，由於運氣的不同，本質上又有巧拙的差異，即使父兄有高超的技巧，也無法將它傳授給自己的子弟。

文章，是治理國家的大事業，也是名垂千古的大事。人的壽命總有終了的時候，榮華安樂也只在於生前，這兩者有一定的期限，不像文章可以永遠流傳。因此古代的作家，把生命寄託在文章中，將思想表現於著作裡，不必憑藉良史的美詞評論，無須依託權貴的勢力，聲名自然流傳到後世。所以，文王被囚禁時推演易卦，不因困厄不得志而不努力著述；周公顯達後制作周禮，也不因生活安樂而轉移創作的念頭。如此看來，所以古人輕視徑尺的璧玉而珍惜分寸的光陰，就是害怕時間白白地過了。可是現代人大多不努力，貧賤就畏懼飢寒，富貴就縱情享樂，於是只圖眼前的事務，卻遺忘了流傳千秋的功業。歲月消逝，體貌衰老，很快地隨著萬物一同死去，這是有志之士最大的悲痛啊！孔融等人已經去世，只有徐幹著有《中論》一書，自成一家之言。

【賞析】

《典論・論文》先從批評「文人相輕」的惡習出發，指出：「文非一體，鮮能籌備。」要求人們必須以審計度人的態度和對不同文體作不同要求來評論文章。他認為「奏議宜雅，書論宜理，銘誄尚實，詩賦欲麗。」同時提出「文氣說」，認為「文氣為主，氣之清濁有體。」並以此衡量作家的優劣得失。《典論・論文》還論到文章與政治的關係，認為文章是「經國之大業，不朽之盛事。」把文章提到與建功立業並重的地位。

〔魏晉〕登樓賦

王粲

登茲樓以四望兮，聊暇日以銷憂。覽斯宇之所處兮，實顯敞而寡仇。挾清漳之通浦兮，倚曲沮之長洲。背墳衍之廣陸兮，臨臯隰之沃流。北彌陶牧，西接昭丘。華實蔽野，黍稷盈疇。雖信美而非吾土兮，曾何足以少留！

遭紛濁而遷逝兮，漫逾紀以迄今。情眷眷而懷歸兮，孰憂思之可任？憑軒檻以遙望兮，向北風而開襟。平原遠而極目兮，蔽荊山之高岑。路逶迤而修迥兮，川既漾而濟深。悲舊鄉之壅隔兮，涕橫墜而弗禁。昔尼父之在陳兮，有歸歟之歎音。鐘儀幽而楚奏兮，莊舄顯而越吟。人情同於懷土兮，豈窮達而異心！

惟日月之逾邁兮，俟河清其未極。冀王道之一平兮，假高衢而騁力。懼匏瓜之徒懸兮，畏井渫之莫食。步棲遲以徙倚兮，白日忽其將匿。風蕭瑟而並興兮，天慘慘而無色。獸狂顧以求群兮，鳥相鳴而舉翼，原野闃其無人兮，征夫行而未息。心淒愴以感發兮，意忉怛而憯惻。循階除而下降兮，氣交憤於胸臆。夜參半而不寐兮，悵盤桓以反側。

【作者】

王粲（177～217），字仲宣，漢末文學家。建安七子之一。山陽高平（今山東鄒縣）人。王粲在詩賦上的成就高於其他六人。劉勰《文心雕龍．才略》提到：「仲宣溢才，捷而能密，文多兼善，辭少瑕累，摘其詩賦，則七子之冠冕乎。」王粲的哀思表現在作品上，其代表就是〈七哀詩〉與〈登樓賦〉。最能代表建安文學的精神。王粲〈七哀詩〉說：「……出門無所見，白骨蔽平原。路有飢婦人，抱子棄草間。……南登灞陵岸，同首望長安，悟彼林下泉，喟然心碎肝。」（或作「悟彼下泉人，喟然傷心肝。」）把在亂世的經歷見聞，融入作品之中，留下最真實的紀錄。

【注釋】

1. 茲樓：此樓。指麥城城樓。
2. 聊：藉、依賴。
3. 宇：屋簷。此代指城樓。
4. 顯敞：明亮寬敞。

5.仇：音ㄑㄧㄡˊ。匹敵。

6.挾清漳之通浦：挾帶著清澈漳水與支流匯合的寬廣水邊。挾，挾帶。漳，漳水。浦，河川主、支流匯合處。

7.倚曲沮之長洲：倚傍著曲折沮水的長洲。沮，沮水。

8.墳衍：高而平。墳，隆起的土地。衍，平坦的土地。

9.皋隰：低而濕。皋，音ㄍㄠ。水邊的低地。隰，音ㄒㄧˊ。低溼的地方。

10.彌：連接。

11.陶牧：指陶朱公的墳墓。陶朱公，即春秋越國范蠡，自稱陶朱公。

12.昭丘：指楚昭王的墳墓。

13.蔽：遮蔽。有旺盛之意。

14.疇：田地。

15.信：確實。

16.何足：哪裡值得。反問語氣，代表不值得。

17.少：音ㄕㄠ，通「稍」。略微。

18.紛濁：紛亂汙濁。借代為亂世。

19.遷逝：指遷徙到荊州。逝，往。

20.逾紀：超過十二年。紀，十二年。

21. 眷眷：顧念、依戀不捨。
22. 孰憂思之可任：誰能承受得了這種憂思。孰，誰。任，承受。
23. 軒檻：廳堂上長廊的欄干。檻，音ㄐㄧㄢˋ。
24. 極目：極力遠望。
25. 蔽荊山之高岑：被荊山高而小的山峰遮住。岑，音ㄘㄣˊ，山高而小的樣子。
26. 逶迤：逶迤，音ㄨㄟ ㄧˊ。彎曲迴旋的樣子。
27. 修迥：綿長遙遠。迥，音ㄐㄩㄥˇ。遼遠。
28. 漾：水流悠長。
29. 濟：大。
30. 尼父：指孔子。父，音ㄈㄨˇ。古代對男子的美稱。
31. 莊舄：戰國時越人，仕於楚。舄，音ㄒㄧˋ。
32. 俟河清：俟，等待。河清，黃河水清。比喻時局太平。
33. 高衢：大路。這裡指高官。衢，音ㄑㄩˊ。
34. 匏：匏，音ㄆㄠˊ。葫蘆。
35. 渫：渫，音ㄒㄧㄝˋ。除去污泥。
36. 棲遲：滯留、停留。
37. 徙倚：徘徊。

38. 並興：並起。指風自四面八方吹來。
39. 慘慘：昏暗的樣子。
40. 求群：尋找同伴。
41. 闃：音ㄑㄩˋ。安靜無聲。
42. 悽愴：悽涼悲傷。
43. 忉怛：音ㄉㄠ ㄉㄚˊ。悲傷。
44. 憯惻：音ㄘㄢˇ ㄘㄜˋ。悲傷哀痛。
45. 階除：庭階、樓梯。
46. 參半：各占半數。此指半夜。

【譯文】

登上這座樓向四面瞻望，藉著閒暇的時間來消除憂愁。看看這裡所處的環境，寬闊敞亮，再也很少有同樣的樓。漳水和沮水在這裡會合，彎曲的沮水環繞著水中的長洲。樓的北面是地勢高平的廣袤原野，面臨的窪地有可供灌溉的水流。北接陶朱公范蠡長眠的江陵，西接楚昭王當陽的墳丘。花和果實覆蓋原野，黍稷累累佈滿了田疇。這地方確實美，但不是我的故鄉，竟不能讓我短暫地居留。

生逢亂世到處遷徙流亡，長長地超過了十二年直到如今。念念不忘想著回家啊，這種憂思，誰能承受它的蝕侵。靠著欄杆遙望啊，面對北風敞開胸襟。地勢平坦可極目遠望，擋住視線的是那荊山的高岑。道路曲折而漫長，河水蕩漾長而深。故鄉阻隔令人心悲，涕淚縱橫而難禁。從前孔丘在陳遭受厄運，發出「回去吧」的哀吟。鍾儀被囚在晉國，依然還奏著楚音，莊舄在楚國作官，還是吟著越國的詩篇。懷念故鄉的感情人人相同，哪會因為窮困或顯達而變心。

日月一天天過去，黃河水清不知要到何日。希望國家能統一平定，憑藉大道可以施展自己的才力。擔心有才能而不被任用，井淘乾淨了，卻無人來取食。在樓上徘徊漫步，太陽將在西匿。蕭瑟的風聲從四處吹來，天暗淡而無色。獸驚恐四顧尋找夥伴，鳥驚叫著張開雙翼。原野上靜寂無人，遠行的人匆匆趕路來停息。內心淒涼悲愴，哀痛傷感而淒惻。循著階梯下樓，悶氣鬱結，填塞胸臆。到半夜難以入睡，惆悵難耐，輾轉反側。

【賞析】

這篇賦主要抒寫作者生逢亂世、長期客居他鄉、才能無法施展而產生思鄉、懷國之情和懷才不遇之憂，表現了作者對動亂時局的憂慮和對國家和平統一的希望，也傾吐了自己渴望施展抱負、建功立業的心情。全篇抒情意味很濃，「憂」字貫穿全篇，風格沉鬱悲涼，語言流暢自然，是建安時代抒情小賦的代表性作品。

〔魏晉〕陳情表

李密

臣密言：臣以險釁，夙遭閔凶。生孩六月，慈父見背。行年四歲，舅奪母志。祖母劉愍臣孤弱，躬親撫養。臣少多疾病，九歲不行，零丁孤苦，至於成立。既無叔伯，終鮮兄弟；門衰祚薄，晚有兒息。外無朞功強近之親，內無應門五尺之僮。煢煢獨立，形影相弔。而劉夙嬰疾病，常在床蓐；臣侍湯藥，未曾廢離。

逮奉聖朝，沐浴清化。前太守臣逵，察臣孝廉；後刺史臣榮，舉臣秀才。臣以供養無主，辭不赴命。詔書特下，拜臣郎中；尋蒙國恩，除臣洗馬。猥以微賤，當侍東宮，非臣隕首所能上報。臣具以表聞，辭不就職。詔書切峻，責臣逋慢；郡縣逼迫，催臣上道；州司臨門，急於星火。臣欲奉詔奔馳，則劉病日篤；欲苟順私情，則告訴不許。臣之進退，實為狼狽。

伏惟聖朝以孝治天下，凡在故老，猶蒙矜育；況臣孤苦，特為尤甚。且臣少事偽朝，歷職郎署，本圖宦達，不矜名節。今臣亡國賤俘，至微至陋，過蒙拔擢，寵命優渥，豈敢盤桓，有所希冀？但以劉日薄西山，氣息奄奄，人命危淺，朝不慮夕。臣無祖母，無以至今日；祖母無臣，無以終餘年。母孫二人，更相為命；是以區區不能廢遠。臣密今年四十有四，祖母劉今年九十有六。是臣盡節於陛下之日長，報養劉之日短也。烏鳥私情，願乞終養。

臣之辛苦，非獨蜀之人士及二州牧伯所見明知；皇天后土，實所共鑒。願陛下矜愍愚誠，聽臣微志；庶劉僥幸，保卒餘年。臣生當隕首，死當結草。臣不勝犬馬怖懼之情，謹拜表以聞。

【作者】

李密，字令伯，三國時代蜀漢犍為郡武陽縣人，生於西元224年。父母自幼不在身邊，由祖母劉氏撫養成人。李密自幼好學不倦，拜師於蜀漢太史譙周的門下，蜀漢時曾任尚書郎，也曾出使吳國。蜀國亡後，晉武帝命他為太子洗馬（太子的侍衛官），但他是以孝順出名的，屢次以祖母重病為由拒絕。祖母死後，任太子洗馬、尚書郎，後來出任河內溫縣令、漢中太守，後來被放逐，卒於西元287年，年六十三歲。

三國魏元帝（曹奐）景元四年（263），司馬昭滅蜀，李密淪為亡國之臣。司馬昭之子司馬炎廢魏元帝，史稱「晉武帝」。泰始三年（267），朝廷採取懷柔政策，極力籠絡蜀漢舊臣，徵召李密為太子洗馬。李密時年四十四歲，以晉朝「以孝治天下」為口實，以祖母供養無主為由，上〈陳情表〉以明志，要求暫緩赴任，上表懇辭。李密早有孝名，據《晉書》本傳記載，李密奉事祖母劉氏「以孝謹聞，劉氏有疾，則涕泣側息，未嘗解衣，飲膳湯藥，必先嚐後進。」武帝覽表，讚嘆說：「密不空有名也」。感動之際，因賜奴婢二人，並令郡縣供應其祖母膳食，密遂得以終養。

南宋謝枋得《文章軌範》引安子順之說：「讀〈出師表〉不哭者不忠，讀〈陳情表〉不哭者不孝，讀〈祭十二郎文〉不哭者不慈。」此三文遂被並稱為抒情佳篇而傳誦於世。

【注釋】

1. 險釁：釁，音ㄒㄧㄣˋ。命運險惡
2. 夙遭閔凶：夙，指年幼時。閔，憂患。凶，不幸。
3. 慈父見背：父親去逝。
4. 舅奪母志：舅舅逼迫母親改嫁。
5. 愍：音ㄇㄧㄣˇ。憐憫。
6. 門衰祚薄：祚，音ㄗㄨㄛˋ。家門福份淺薄。
7. 兒息：兒子。
8. 期功：期、功皆為古時喪制著服之期，期服一年，功服五月者為小功，九月者為大功，此指顯達的親族。

9. 煢煢：煢，音ㄑㄩㄥˊ。孤獨無依的樣子。

10. 夙嬰疾病：常受疾病侵擾。

11. 聖朝：西晉滅蜀。

12. 除：授官。除與拜不同，除為再任；拜為新任。

13. 洗馬：洗，音ㄒㄧㄢˇ。撫佐太子的官。此職最初由於太子出則乘馬作前驅而得名。

14. 東宮：太子所居之宮，常用作太子的代稱。

15. 猥：謙虛之自稱。

16. 隕首：斷首、犧牲生命。

17. 切峻：急切嚴厲。

18. 逋慢：逋，音ㄅㄨ。逃避。慢，輕慢。

19. 矜育：憐憫養育。

20. 故老：前朝年老之人。

21. 偽朝：對晉朝而言，此指蜀漢。

22. 盤桓：桓，音ㄏㄨㄢˊ。徘徊不前。

23. 矜愍：憐憫。

24. 死當結草：死後也會來報答恩情。

李密的故鄉

25.犬馬：對皇帝自稱之卑詞。

【譯文】

臣李密言：臣子因命運不好，小時候就遭遇到不幸，剛出生六個月，慈愛的父親不幸去世。經過四年，舅舅又逼迫母親改嫁。我的奶奶劉氏，憐憫我從小喪父又多病消瘦，親自加以撫養。臣子小的時候經常有病，九歲時還不會走路。孤獨無靠，一直到成家立業。既沒有叔叔伯伯，也沒有哥哥弟弟，門庭衰微福氣少，直到晚近才有了兒子。在外面沒有比較親近的親戚，在家裡又沒有照管門戶的僮僕。孤孤單單地自己生活，每天只有自己的身體和影子相互安慰。而劉氏很早就疾病纏身，常年臥床不起，我侍奉她吃飯喝藥，從來就沒有離開過她。

到了晉朝建立，我蒙受清明的政治教化。前些時候太守逵，推舉臣下為孝廉，後來刺史榮又推舉臣下為秀才。臣下因為沒有人照顧祖母，沒有遵命，都推辭掉了。朝廷又特地下了詔書，任命我為郎中，不久又蒙受國家恩命，任命我為洗馬。像我這樣出身微賤，地位卑下的人，能夠去服侍太子，實在不是我殺身捐軀所能報答朝廷的。我將以上苦衷上表報告，加以推辭不去就職。但是詔書急切嚴峻，責備我逃避命令，有意怠慢。郡縣長官催促我立刻上路；州官登門督促，十萬火急，刻不容緩。我很想遵從皇上的旨意立刻為國奔走效勞，但祖母劉氏的病卻一天比一天重；想要姑且順從自己的私情，但報告申訴又不見准許。我是進退維谷，處境十分尷尬。

我想聖朝是以孝道來治理天下的，凡是故舊老人，尚且還受到憐惜養育，何況我的孤苦程度更為嚴重呢？而且我年輕的時候曾經做過蜀漢的官，歷任郎中和尚書郎，本來圖的就是仕途通達，無意以名譽節操來炫耀。現在我是一個低賤的亡國俘虜，實在卑微到不值一提，承蒙得到提拔，而且恩命十分優厚，怎敢猶豫不決另有所圖呢？但是只因為祖母劉氏已是西山落日的樣子，氣息微弱，生命垂危，朝不保夕。臣下我如果沒有祖母，是活不到今天的，祖母如果沒有我的照料，也無法度過她的餘生。我們祖孫二人，互相依靠，相濡以沫，正是因為這些，我的內心實在是不忍離開祖母而遠行。臣下今年四十四歲了，祖母今年九十六歲了，臣下在陛下面前盡忠盡節的日子還長著呢，而在祖母劉氏面前盡孝盡心的日子已經不多了。我懷著烏鴉反哺的私情，企求能夠准許我完成對祖母養老送終的心願。

我的辛酸苦楚，並不僅僅是蜀地的百姓及益州、樑州的長官所親眼目睹、內心明白，連天地神明也都看得清清楚楚。希望陛下能憐憫我愚昧至誠的心，滿足臣下我一點小小的心願，使祖母劉氏能夠僥倖地保全她的餘生。我活著當以犧牲生命，死了也要結草銜環來報答陛下的恩情。臣下我懷著牛馬一樣戒慎恐懼的心情，恭敬地呈上此表以求聞達。

【賞析】

李密因為祖母身染重病，已不久於人世，所以暫時拒絕晉武帝的徵召，在信中不僅婉拒徵召，並感謝武帝的賞識，以及說明對祖母的孝心，是本文最感人的地方。後來武帝果然受了感動，不僅沒有責怪李密，還賜了奴僕衣食給他，讓他好好的奉養祖母。

〔魏晉〕詠史詩　八首之一

左思

弱冠弄柔翰，卓犖觀群書。著論準過秦，作賦擬子虛。
邊城苦鳴鏑，羽檄飛京都。雖非甲冑士，疇昔覽穰苴。
長嘯激清風，志若無東吳。鉛刀貴一割，夢想騁良圖。
左眄澄江湘，右盼定羌胡。功成不受爵，長揖歸田廬。

【作者】

左思（約250～305）字太沖，齊國臨淄（今屬山東）人。西晉文學家。是太康時期最傑出的作家，其《三都賦》頗被當時稱頌，造成「洛陽紙貴」。左思出身儒學世家，貌醜口訥（口吃），故不好交遊但辭章壯麗。晉武帝泰始八年（272）前後，左思妹左芬被選入宮，於是移家洛陽，任秘書郎。元康年間，左思參與當時文人集團「二十四友」，並為賈謐講《漢書》。後賈謐被誅，左思退居，專意典籍。後齊王司馬冏召他為記室督，左思稱病不出。太安二年（303）河間王司馬顒派部將張方進攻洛陽，左思遷家冀州，數歲而卒。

【注釋】

1. 弱冠：古時男子二十歲行冠禮，表示已成人。但此時身體尚未壯實，故稱弱冠。
2. 柔翰：指毛筆。翰，毛筆。
3. 卓犖：才能卓越。犖，音ㄌㄨㄛˋ。卓絕。
4. 準過秦：以賈誼的〈過秦論〉為準則。準，以……為準則；效法。
5. 擬子虛：以司馬相如的〈子虛賦〉作為學習模仿的典範。擬，模仿。
6. 苦鳴鏑：為鳴鏑所苦，指戰事頻繁。鳴鏑，響箭，古時發射它作為戰鬥時的信號。鏑，音ㄉㄧˊ。箭頭。
7. 羽檄：上插羽毛以示緊急的軍用文書。
8. 甲胄士：披著鎧甲、戴著頭盔的戰士。胄，音ㄓㄡˋ。頭盔。
9. 疇昔：往日。疇，音ㄔㄡˊ。與「曩」、「昔」同義。
10. 穰苴：指《司馬穰苴兵法》，此泛指古代兵書。穰苴，音ㄖㄤˊ ㄐㄩ。春秋齊人，景公時因功被尊為大司馬，故稱司馬穰苴。死後，齊威王使人追記其用兵之法，稱為《司馬穰苴兵法》。
11. 長嘯激清風：放聲長嘯，激盪著清風，形容志氣豪壯。長嘯，撮口發出有節奏的聲音，古人多以放聲長嘯抒發懷抱。
12. 志若無東吳：志氣豪壯，目中無東吳。
13. 鉛刀貴一割：鉛製的刀雖鈍，猶有一割之用。比喻自己資質雖魯鈍，但還想報效國家。語出

《後漢書・班超傳》。

14. 頽騁良圖：施展好的謀略、計畫。騁，音ㄔㄥˇ。縱馬奔馳，引申為施展。

15. 左眄澄江湘：往東斜視長江、湘江，志在平定東吳。眄，音ㄇㄧㄢˇ。斜著眼睛看，與下句的「盼」，皆有雄視之意。澄，澄清，引申為平定。江湘，長江下游及湘水流域，大部分為東吳所有，這裡借指東吳。東吳地處東南，故曰「左」。

16. 右盼定羌胡：顧盼西北，志在平定羌胡。羌胡，即五胡中之羌族，分布在中國西北一帶，故曰「右」。

17. 長揖歸田廬：揖，音ㄧ。拱手謝絕封賞，歸隱家園。長揖，拱手自上而下以為禮。

【譯文】

二十歲時舞文弄墨善於寫作，才華超絕，遍覽群書。寫起論文，跟過秦論能相提並論，作起賦，可和子虛賦相互比美。邊城不斷有外患，告急的檄文飛往京城。雖然不是披甲穿胄的戰士，從前也讀過司馬穰苴兵法一類的兵書。長嘯激起了清風，志氣豪邁，東吳根本不放在眼裡。鉛刀雖鈍，但也想要割東西，夢想著能將良好的計謀實施。左看就能使江湘澄清，右看就能使羌胡平定。功成之後不接受功勳，行個長揖禮，歸回田中老家。

【賞析】

鍾嶸《詩品》評價左思的詩說：「文典以怨，頗為精切，得諷諭之致。」這正指出了其詠史陳古諷今、直抒胸臆、暴露時弊的社會現象，評價十分中肯。詠史八首雖然抒發壯志難酬的憾恨，卻不因此而頹廢沮喪。迴盪於詩篇中的，始終是壯烈不已的悲涼，也因此鍾嶸稱之為「左思風力」，而正因這股風格，使左思成為西晉作家中成就非凡的一位。

左思畫像

〔魏晉〕五柳先生傳

陶淵明

先生不知何許人也，亦不詳其姓字，宅邊有五柳樹，因以為號焉。閑靜少言，不慕榮利。好讀書，不求甚解；每有會意，便欣然忘食。性嗜酒，家貧不能常得。親舊知其如此，或置酒招之，造飲輒盡，期在必醉，既醉而退，曾不吝情去留。環堵蕭然，不蔽風日；短褐穿結，簞瓢屢空，晏如也。常著文章自娛，頗示己志。忘懷得失，以此自終。

贊曰：黔婁有言：「不戚戚於貧賤，不汲汲於富貴。」其言茲若人之儔乎！銜觴賦詩，以樂其志，無懷氏之民歟？葛天氏之民歟？

【作者】

陶淵明（約365～427），名潛，或名淵明。一說晉世名淵明，字元亮，入劉宋後改名潛。唐人避唐高祖諱，稱陶深明或陶泉明。自號五柳先生，私謚靖節先生（陶徵士誄）。潯陽柴桑（今在江西九江西南）人。晉代文學家。以清新自然的詩文著稱於世。

【注釋】

1. 不求甚解：謂讀書但求理解義蘊，不拘泥字句的解釋。
2. 造：到。
3. 吝：捨不得。
4. 環堵蕭然：家中除了四面圍繞的土牆，別無他物。形容居室簡陋，十分貧窮。
5. 短褐：粗布短衣。
6. 穿：破洞。
7. 結：補綻。
8. 簞瓢：簞：用葦竹編製的置放食物的器具；瓢：舀水的器具。
9. 晏如：安寧、平靜。
10. 黔婁：戰國時齊人，修身清節，不求功名，甚貧，死時衣不蔽體。
11. 戚戚：憂懼的樣子。
12. 汲汲：不停的追求。
13. 儔：同類。
14. 觴：酒杯，飲酒。
15. 無懷氏、葛天氏：古帝號。傳說其治世不言而信，不化而行，是遠古社會理想化的政治領袖人物。

【譯文】

先生不知道什麼地方的人，也不清楚他的姓名字號。由於住屋的旁邊有五棵柳樹，因此就把它作為自己的稱號。先生的為人，安閒沉靜，很少說話，不羨慕榮華名利。喜好讀書，但不拘泥於字句，不鑽研無關緊要的問題，每當對書中的義理有領會，便高興得忘了吃飯。他生性喜歡喝酒，卻因家境貧窮，不能常有酒喝。親戚朋友知道他這樣，有時就準備酒招待他，他盡情暢飲，直到喝醉了就告辭，從來不會捨不得離去。雖然家徒四壁，不能遮蔽風吹日曬；穿的是破爛縫補過的粗布短衣，飲食常常不足。但卻能安然自得。寫文章自己欣賞，能表達出自己的意志。忘記一切世俗的得失，就這樣地度過一生。

贊語說：黔婁曾說過：「對於貧窮卑賤不感到憂慮，對於財富權貴不努力求取。」推究這些話，五柳先生大概就是黔婁這一類的人吧！一面痛快地喝酒，一面作詩，使自己心意快樂。他像是生活在上古淳樸社會中的人一樣！

陶淵明畫像

【賞析】

可以體認到作者與五柳先生真摯淳樸、高潔脫俗的人格，他的人生理想是積極而嚴肅。他否定現實社會中要求富貴榮華的價值觀念，堅持去過他認為具有真正價值的精神生活；他甘於忍受物質環境的壓力，也不願放棄自己的理想。

〔魏晉〕桃花源記

陶淵明

晉太元中，武陵人，捕魚為業。緣溪行，忘路之遠近。忽逢桃花林，夾岸數百步，中無雜樹，芳草鮮美，落英繽紛；漁人甚異之。復前行，欲窮其林。林盡水源，便得一山，山有小口，髣髴若有光，便舍船，從口入。

初極狹，纔通人；復行數十步，豁然開朗。土地平曠，屋舍儼然，有良田、美池、桑竹之屬，阡陌交通，雞犬相聞。其中往來種作，男女衣著，悉如外人；黃髮垂髫，並怡然自樂。見漁人，乃大驚，問所從來，具答之。便要還家，設酒、殺雞、作食。村中聞有此人，咸來問訊。自云：先世避秦時亂，率妻子邑人來此絕境，不復出焉，遂與外人間隔。問今是何世，乃不知有漢，無論魏、晉。此人一一為具言所聞，皆歎惋。餘人各復延至其家，皆出酒食。停數日，辭去。此中人語云：「不足為外人道也。」

既出，得其船，便扶向路，處處誌之。及郡下，詣太守，說如此。太守即遣人隨其往，尋向所誌，遂迷不復得路。南陽劉子驥，高尚士也，聞之，欣然規往。未果，尋病終。後遂無問津者。

【注釋】

1. 太元：東晉孝武帝第二個年號，自西元376年至396年。
2. 緣：沿著。
3. 落英：落花。
4. 髣髴：彷彿。
5. 儼然：整齊。
6. 屬：類別。
7. 窮：詳細追究。
8. 豁然：開闊的樣子。
9. 黃髮：老人。
10. 垂髫：髫，音ㄊㄧㄠˊ。指小孩。小孩垂髮為飾曰髫。
11. 要：邀。

相傳陶淵明描述的桃花源

12. 不知有漢，無論魏晉：不知道有漢朝，也不知道有魏晉。
13. 延：邀請。
14. 便扶向路：沿著來時的路。
15. 誌：做標記。
16. 詣：拜見。
17. 規往：計劃前往。

【譯文】

東晉孝武帝太元年間，武陵郡住著一個以捕魚維生的漁夫。有一天，他駕著船沿著小溪往前划行，忘記自己究竟划了多遠的路。忽然，遇到了一片桃花林，就在小溪兩岸幾百步寬的土地上，中間沒有一棵雜樹。放眼望去，地上的芳草如茵，樹上桃花瓣慢慢地飄落，交錯而紛繁，令漁夫感到十分訝異。於是他再繼續往前划行，想要走完這片桃花林。桃花林的盡頭，正好是小溪的發源處，那兒屹立著一座小山。山邊有個小洞口，洞裡好像有光，於是漁夫下了船，從洞口進入。

洞口起先非常狹窄，僅僅能讓一個人通過而已，再走好幾十步之後，就突然開闊而明亮起來，只見眼前土地平坦寬廣，房屋排列整齊，有肥沃的田地、美麗清澈的水池，還有桑樹、竹子之類的植物。田間的小路南北縱橫交錯、四通八達，處處可聽到雞鳴狗叫聲。村人來來往往種田耕作，男女所穿的衣服，完全和外界的人一樣；無論老人或小孩，生活都很愉快。村人看見漁夫，就很驚訝的詢問他從什麼地方來?漁夫詳盡地回答，於是村人便邀請漁夫到他們家裡作客，備酒殺雞、作飯來款待他。村裡的人聽說來了這麼一個人，統統都跑來向他打聽消息。他們自己說：「我們祖先是為了躲避秦朝的戰亂，才帶領妻小和鄉親來到這個與世隔絕的地方，從此後再也沒有出去過，因此就和外面的人隔絕了。」村人問漁夫現在是什麼朝代?原來他們竟然不知道有個漢朝，更不必說魏朝和晉朝!漁夫便把他自己所知道的事情，一一告訴他們，他們聽了都驚訝不已。其餘的人也都各自邀請漁夫到家裡去作客，並端出酒飯來招待他，漁夫在這裡停留了幾天，便要告辭回去。村人告訴他說：「這裡的情形，不值得向外邊的人提起!」

漁夫離開後，找到了自己的船，於是就循著先前來的路回去，沿途還處處做了記號。回到郡城後，漁夫前去拜見太守，說明這次的遭遇。太守立刻派人跟隨他一同前往，漁夫沿溪尋找原先所做的標記，但是卻迷失，再也找不到那條路了。南陽郡的劉子驥是一位清高的人，聽聞這件事，很高興的計畫前往探尋，但卻沒有結果，不久後他病死了，以後就再也沒有人去尋訪桃花源。

【賞析】

〈桃花源記〉以寓言小說的筆法呈現一個故事，藉由桃花源表達對現實社會的批判，寄託對理想社會的憧憬，及對純樸民風的嚮往。

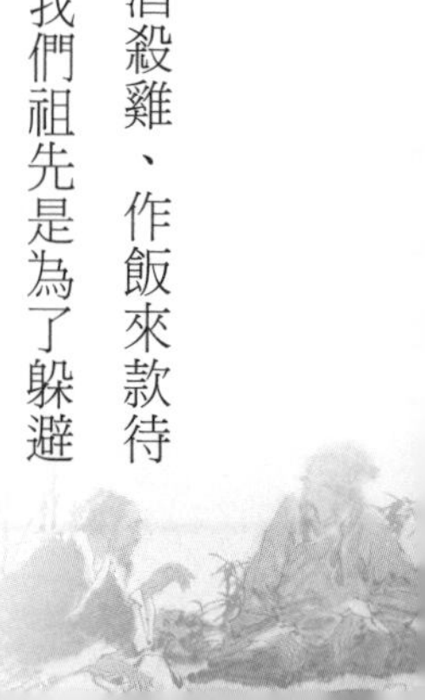

〔魏晉〕蘭亭集序

王羲之

永和九年，歲在癸丑，暮春之初，會於會稽山陰之蘭亭，修褉事也。群賢畢至，少長咸集。此地有崇山峻嶺，茂林修竹，又有清流激湍，映帶左右，引以為流觴曲水，列坐其次，雖無絲竹管絃之盛，一觴一詠，亦足以暢敘幽情。是日也，天朗氣清，惠風和暢。仰觀宇宙之大，俯察品類之盛，所以遊目騁懷，足以極視聽之娛，信可樂也。

夫人之相與，俯仰一世，或取諸懷抱，晤言一室之內；或因寄所託，放浪形骸之外。雖趣舍萬殊，靜躁不同，當其欣於所遇，暫得於己，快然自足，不知老之將至。及其所之既倦，情隨事遷，感慨系之矣！向之所欣，俛仰之間，已為陳跡，猶不能不以之興懷，況修短隨化，終期於盡。古人云：「死生亦大矣」，豈不痛哉！

每覽昔人興感之由，若合一契，未嘗不臨文嗟悼，不能喻之於懷。固知一死生為虛誕，齊彭殤為妄作，後之視今，亦猶今之視昔，悲夫！故列敘時人，錄其所述，雖世殊事異，所以興懷，其致一也。後之覽者，亦將有感於斯文。

【作者】

王羲之（321～379），字逸少，東晉琅琊臨沂人。他的家族是晉代屈指可數的豪門大士族；也因為這樣的出身，一出世便為秘書郎，後為庾亮的參軍，再遷寧遠將軍、江州刺史，最後做到右軍將軍、會稽內史，世稱「王右軍」。為人坦率，不拘禮節，從小就不羨慕榮利。羲之從七歲就開始學書法，對真書、草、行諸體書法造詣都很深。他的真書勢形巧密，開闢了一種新的境界；草書長濃纖折衷；行書遒媚勁健。人稱他的字「飄若浮雲，矯若驚龍」、「龍跳天門，虎臥鳳閣」。〈蘭亭集序〉是王羲之最著名的代表作。從文學的角度，它文字優美，情感曠達閑逸，是千古絕妙的好文章；從書法的角度，它被譽為法貼之冠，為各代名家悉心鑽研。

【注釋】

1. 永和九年：西元353年。
2. 修禊：禊，音ㄒㄧˋ。祭祀活動，古人於春秋二季至河邊洗濯滌沖沐，以除身上污穢不祥，但文人藉此登山臨水，飲酒作詩，舉行雅集。

3. 少長：老少。
4. 湍：急流。
5. 映帶左右：水光反映圍繞。
6. 流觴曲水：為古人一種飲酒遊戲，將羽觴（酒器）放在曲水（引水環曲成小渠）上游水面，任其隨流而下，與會者環坐渠旁，觴止於某處，坐於某處之人即取而飲之。
7. 品類：萬物。
8. 遊目騁懷：觀賞萬物，抒展胸情。
9. 俛仰：俛，音ㄈㄨˇ。交往。
10. 取諸懷抱：互相傾訴。
11. 放浪形骸：不拘世俗禮法。
12. 趣舍萬殊：取捨各有不同。
13. 所之：所追求。
14. 興懷：感慨。
15. 修短隨化：生命長短，隨造化安排。
16. 合一契：完全相合。
17. 嗟悼：嗟，音ㄐㄧㄝ。感傷嘆息。

〈蘭亭集序〉繪卷

18. 一死生為虛誕：把生死看做是同等的，是虛妄的理論。
19. 彭：相傳上古時期活了八百年還不老的彭祖。
20. 殤：幼年夭折。
21. 世殊事異：然時代不同，事物有異。
22. 其致一也：每個時代，人們感慨的心情是相同的。

【譯文】

永和九年，正值癸丑，暮春三月上旬的巳日，我們在會稽郡山陰縣的蘭亭集會，舉行禊飲之事。此地德高望重者無不到會，老少濟濟一堂。蘭亭這地方有崇山峻嶺環抱，林木繁茂，竹篁幽密，又有清澈湍急的溪流，如同青羅帶一般映襯在左右，引溪水為曲水流觴，列坐其側，即使沒有管絃合奏的盛況，只是飲酒賦詩，也足以令人暢敘胸懷。這一天，晴明爽朗，和風徐徐，仰首可以觀覽浩大的宇宙，俯身可以考察眾多的物類，縱目遊賞，胸襟大開，極盡耳目視聽的歡娛，真可以說是人生一大樂事。

人們在彼此親近交往度過了一生。有的人喜歡反躬內省，滿足於一室之內的晤談；有的人則寄託於外物，生活狂放不羈。雖然他們或內或外的取捨差別千萬，好靜好動的性格各不相同，但當他們遇到可喜的事情，得意於一時，感到欣然自足時，竟然都會忘記衰老即將要到來之事。等到對已獲取的東西發生厭倦，情事變遷，又不免會引發無限的感慨。以往所得到的歡欣，很快就成為歷史陳跡，人們對此尚且不能不為之感念傷懷，更何況人的一生長短取決於造化，而終究要歸結於窮盡呢！古人說：「死生是件大事。」這怎麼能不讓人痛心啊！

每當看到前人所發的感慨，其緣由竟像一張符契那樣一致，總難免要在前人的文章面前嗟嘆一番，不過心裡卻弄不明白這是怎麼回事。我當然知道把死和生混為一談是虛誕的，把長壽與夭亡等量齊觀是荒謬的，後人看待今人，也就像今人看待前人，這正是事情的可悲之處。所以我要列出到會者的姓名，錄下他們所作的詩篇。儘管時代有別，行事各異，但觸發人們情懷的動因，無疑會是相通的。後人閱讀這些詩篇，恐怕也會由此引發同樣的感慨吧。

【賞析】

〈蘭亭集序〉之所以流傳千古，不僅因為其立意深遠，而且因為文筆清新流暢，樸素自然。作者不拘成格，用灑脫流暢、樸素簡潔、極富表現力的語言寫景、敘事、抒情、議論，充分體現了散文的個人風格。文中用了「群賢畢至、崇山峻嶺、茂林修林、天朗氣清、遊目騁懷、情隨事遷、感慨系之、若合一契」等詞語寫蘭亭山水之優美，敘時人宴遊之雅致，抒盛事不常之感慨，議死生意義之重大，而這些詞語從此便被後人當作成語使用。

王羲之畫像

〔南朝〕木蘭詩

佚名

唧唧復唧唧，木蘭當戶織。不聞機杼聲，惟聞女嘆息。問女何所思？問女何所憶？「女亦無所思，女亦無所憶。昨夜見軍帖，可汗大點兵；軍書十二卷，卷卷有爺名。阿爺無大兒，木蘭無長兄，願為市鞍馬，從此替爺征。」

東市買駿馬，西市買鞍韉，南市買轡頭，北市買長鞭。朝辭爺孃去，暮宿黃河邊；不聞爺孃喚女聲，但聞黃河流水鳴濺濺。旦辭黃河去，暮至黑山頭；不聞爺孃喚女聲，但聞燕山胡騎聲啾啾。

萬里赴戎機，關山度若飛。朔氣傳金柝，寒光照鐵衣。將軍百戰死，壯士十年歸。歸來見天子，天子坐明堂。策勳十二轉，賞賜百千強。可汗問所欲，「木蘭不用尚書郎，願借明駝千里足，送兒還故鄉。」

爺孃聞女來，出郭相扶將。阿姊聞妹來，當戶理紅妝。小弟聞姊來，磨刀霍霍向豬羊。開我東閣門，坐我西閣床。脫我戰時袍，著我舊時裳。當窗理雲鬢，對鏡貼花黃。出門看火伴，火伴皆驚惶：「同行十二年，不知木蘭是女郎。」

雄兔腳撲朔，雌兔眼迷離。兩兔傍地走，安能辨我是雄雌？

【作者】

木蘭詩，作者不詳，是中國南北朝時期一首北朝民歌，選自宋代郭茂倩編的《樂府詩集》，在中國文學史上與南朝的〈孔雀東南飛〉被合稱為「樂府雙璧」。講述一個叫木蘭的女孩，女扮男裝，替父從軍，在戰場上建立功勳，回朝後不願作官，但求回家團聚的故事。讚揚了這位奇女子勤勞善良的本質，保家衛國的熱情，英勇戰鬥的精神。

花木蘭一名最早出現於南北朝一首敘事詩〈木蘭辭〉中，該詩約作於北魏，最初錄於南朝陳的《古今樂錄》，僧人智匠在《古今樂錄》稱：「木蘭不知名。」，文長三百餘字，後經隋唐文人潤色。明代文學家徐渭將〈木蘭詩〉改編的「雌木蘭替父從軍」，劇中自稱「妾身姓花名木蘭，祖上在西漢時，以六郡良家子，世住河北魏郡。俺父親名弧字桑之，平生好武能文，舊時也做一個有名的千夫長。」自此木蘭的父親叫花弧，姐姐叫花木蓮，弟弟叫花雄，母親是花袁氏。清代《曲海總目提要・雌木蘭》也說：「木蘭事雖詳載古樂府。按明有韓貞女事，與木蘭相類，渭蓋因此而作也。木蘭不知名，記內所稱姓花名弧及嫁王郎事，皆係渭撰出。」祖沖之《述異記》、李亢《獨異志》都提到木蘭姓花。一說木蘭本姓朱，清康熙年間的《黃陂縣志》：「木蘭，本縣朱氏女，生於唐初，……假男子代父從軍，……至今其家猶在木蘭山下。」焦竑在其《焦氏筆乘》中也說：「木蘭，朱氏女子，代父從征。今黃州黃陂縣北七十里，即隋木蘭縣。有木蘭山、將軍塚、忠烈廟，足以補《樂府題解》之缺。」又有木蘭姓魏的說法，一說木蘭姓韓。另據《新唐書》載：「少女木蘭，姓任」。

花木蘭的籍貫也是眾說紛紜。《大清一統志》稱是潁州譙郡城東魏村人（今亳州市譙城區）。姚瑩的《康輶紀行》稱是甘肅武威人。劉廷直在《木蘭碑》中稱木蘭是直棣完縣人。《商丘縣誌》載木蘭為商丘人。

後人創作了很多有關花木蘭的戲劇作品，現代還將花木蘭搬上電影銀幕。根據〈木蘭辭〉的描述，北朝可汗徵兵抵禦北方民族入侵，女子花木蘭之父亦在受召之列；木蘭不忍見其年邁的父親從軍受苦，又沒有年長的兄弟可以代替老父，於是自己喬裝成男人，購買各種裝備，代父從軍。多年後戰事結束，木蘭因軍功彪炳得到可汗召見；可汗雖授以高官厚祿，木蘭卻只請准予解甲返鄉。木蘭獲准返鄉後，回復女性裝扮，昔日同袍才驚覺原來木蘭實為女子。

【注釋】

1. 唧唧：唧，音ㄐㄧˊ。織布機的聲音。在此亦有嘆息聲之意。
2. 機杼聲：織布機發出的聲音。杼，音ㄓㄨˋ。織布梭（ㄙㄨㄛ）子。

3. 惟：同「唯」。只有。
4. 軍貼：軍中的文告。
5. 可汗：汗，音ㄏㄢˊ。古代一些少數民族最高統治者的稱號。
6. 軍書十二卷：徵兵的名冊很多卷。十二，表示很多，不是確指。
7. 爺：和下文的「阿爺」相同，都指父親。
8. 願為市鞍馬：為，為此。市，買。鞍馬，泛指馬和馬具。
9. 韉：音ㄐㄧㄢ。馬鞍下的墊子。
10. 轡：音ㄆㄟˋ。駕馭牲口用的韁繩。
11. 濺濺：濺，音ㄐㄧㄢ。水流聲。
12. 朝、旦：早晨。
13. 胡騎：騎，音ㄐㄧˋ。胡人的戰馬。胡，古代對北方少數民族的稱呼。
14. 啾啾：馬叫的聲音。
15. 萬里赴戎機：不遠萬里，奔赴戰場。戎機，戰爭。
16. 關山度若飛：像飛一樣地跨過一道道的關，越過一座座的山。度，過。
17. 朔氣傳金柝：北方寒氣傳送打更的聲音。朔，北方。金柝，古時軍中守夜打更用的器具。
18. 策勳十二轉：記很大的功。策勳，記功。十二轉為最高的功勳。
19. 賞賜百千強：賞賜很多的財物。強，有餘。

20. 問所欲：問木蘭想要什麼。

21. 不用：不願做。

22. 願馳千里足：希望騎上千里馬。

23. 郭：外城。

24. 扶將：扶持。

25. 紅妝：指女子的豔麗裝束。

26. 霍霍：磨刀的聲音。

27. 著：穿。

28. 雲鬢：像雲那樣的鬢髮，形容好看的頭髮。

29. 花黃：古代婦女的一種面部裝飾物。

30. 火伴：同「夥伴」。同伍的上兵。當時規定若干士兵同一個灶吃飯，所以稱「火伴」。

31. 雄兔腳撲朔，雌兔眼迷離：據說，提著兔子的耳朵懸在半空時，雄兔兩隻前腳時時動彈，雌兔兩隻眼睛時常眯著，所以容易辨認。撲朔，動彈。迷離，眯著眼。

32. 雙兔傍地走，安能辨我是雄雌：雄雌兩兔一起並排著跑，怎能辨別哪個是雄兔，哪個是雌兔呢？傍地走，並排跑。

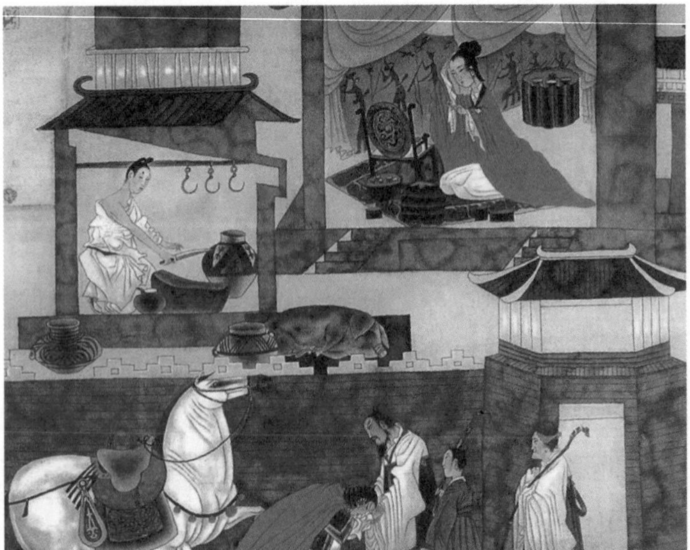

木蘭從軍圖

【譯文】

「唧唧、唧唧」的機杼聲，一陣又一陣地傳來，原來是木蘭正對著房門織布。突然聽不到織布聲，只聽到她的嘆息聲。問她究竟想些什麼？問她到底想到了什麼？她回答說：「我沒有想什麼，也沒有想到什麼，昨晚看見徵兵的文書，知道君王正在大規模徵召士兵，在接二連三的召集令上，每一卷都有父親的名字，父親沒有大兒子，木蘭沒有大哥，我願意去購買鞍馬等裝備，從此替父親出征。」

到東市買良馬，到西市買坐墊跟墊褥，到南市買馬籠頭，到北市買長鞭。清晨才辭別父母親，晚上就已經住宿在黃河旁邊，聽不見父母呼喚女兒的聲音，只聽到黃河濺濺的流水聲。早上才拔營離開黃河邊，晚上就抵達黑山頭；聽不見父母呼喚女兒的聲音，只聽到燕山附近敵人兵馬啾啾的鳴叫聲。

奉軍令赴奔萬里外的戰場，飛快地越過重重的關口和山嶺。隨著北方的寒氣傳來陣陣的打更聲，星月的寒光照在鐵甲戰袍上。許多將軍戰士身經百戰卻不幸在戰場中陣亡，剩下的將軍戰士歷經多年的征戰終於凱旋歸來。歸來拜見君王，君王高坐明堂論功行賞。木蘭因輝煌的戰績，所記的功績升到極高的職位。得到的賞賜更有成千上百的金帛。君王問木蘭想要什麼？她回答：「木蘭不願意作官任職，只希望借我日行千里的千里馬，盡快送我回故鄉。」

爺娘聽到女兒回來了，互相扶持著到城外迎接。姊姊聽到妹妹回家了，對著門忙著化妝打扮。弟弟聽到姊姊回來了，趕緊磨刀宰殺豬羊。回家後，打開東閣的房門，坐上西閣的床。脫下作戰時穿的衣袍，換上從前的衣裳。對著窗子整理像雲朵一般美的鬢髮，對著鏡子把花黃貼在額頭上。出門看軍

木蘭從軍圖

中的伙伴，同袍都非常驚訝說：「一同生活了十二年，竟然不知道木蘭是個女郎。」

雄兔、雌兔兩腳一樣不停地跳躍，兩眼目光一樣地模糊。當兩兔靠近一起在地上奔跑時，又如何能夠辨別哪一隻是雄哪一隻是雌呢？

【賞析】

這首詩寫的是一位女子代父從軍的故事，充滿傳奇色彩。千百年來，這一巾幗英雄的形象家喻戶曉，深受人們喜愛。全詩明朗剛健、質樸生動，具有濃郁的民歌情味。

〔南朝〕顏氏家訓

顏之推

自古明王聖帝，猶須勤學，況凡庶乎！此事遍於經史，吾亦不能鄭重，聊舉近世切要，以啟寤汝耳。士大夫子弟，數歲已上，莫不被教，多者或至禮、傳，少者不失詩、論。及至冠婚，體性稍定；因此天機，倍須訓誘。有志尚者，遂能磨礪，以就素業；無履立者，自茲墮慢，便為凡人。

【作者】

顏之推（531～591），南朝梁，山東瑯琊臨沂人，撰有《顏氏家訓》。

顏之推任官四朝。公元548年，發生侯景之亂，梁元帝蕭繹在江陵自立，顏之推任散騎侍郎。公元554年，西魏攻陷了江陵，顏之推被俘，後來在北齊任官。此後在北周和隋任職。他結合自己從小學的家庭教育和切身經歷，寫了一本《顏氏家訓》（420～581），主張早教。他認為，人在小的時候，精神專一；長大以後，思想分散，不易學習。袁衷等所記《庭幃雜錄》下寫道：「六朝顏之推家法最正，相傳最遠。」中國近代作家周作人對顏之推和《顏氏家訓》極為佩服，《夜讀抄》裡寫了一篇《顏氏家訓》讀書筆記。《欽定四庫全書》雜家類有顏氏家訓二卷。

【注釋】

1. 啟寤：寤，音ㄨˋ。啟發開悟。

2. 冠婚：行加冠禮和婚禮。

【譯文】

自古以來，聖明的帝王，尚且必須努力學習，更何況是平凡的眾人呢！這樣的事情在經籍史書之中很普遍，我無法一一列舉，只舉出近代比較重要的，用來啟發開悟你們。士大夫的子弟，只要有些年齡，沒有不受教育的，讀得多的可以讀到《禮記》、《左傳》，讀得少的也至少讀過了《毛詩》和《論語》。到了加冠成婚的年紀，人的體質和性情已稍稍定型，憑著天賦的聰慧機伶，更應該加倍訓練誘導。已經有志向的，就能因此磨練砥礪，以成就士族的事業；還沒有成就功業志向的，便從此墮落怠惰，因此成為平庸的人。

顏之推雕像

〈南朝〉與宋元思書

吳均

風煙俱淨，天山共色，從流飄蕩，任意東西。自富陽至桐廬，一百許里，奇山異水，天下獨絕。水皆縹碧，千丈見底，游魚細石，直視無礙，急湍甚箭，猛浪若奔。夾岸高山，皆生寒樹，負勢競上，互相軒邈，爭高直指，千百成峰。泉水激石，泠泠作響，好鳥相鳴，嚶嚶成韻；蟬則千轉不窮，猿則百叫無絕。鳶飛戾天者，望峰息心；經綸世務者，窺谷忘返。橫柯上蔽，在晝猶昏，疏條交映，有時見日。

【作者】

吳均，（469～520），字叔庠，南朝梁故鄣（今浙江省安吉縣西北）人。通史學，工詩，善於寫景，小品書札尤為見長。文辭清拔，時人多仿效之，號為吳均體。吳均善於以駢文寫書信，今存〈與施從事書〉、〈與宋元思書〉、〈與顧章書〉三篇，俱以寫景見長。

【注釋】

1. 共色：同樣的顏色。
2. 從流飄蕩：乘船隨著江流飄浮。
3. 縹：音ㄆㄧㄠˇ。淡青色。碧：青綠色。
4. 急湍甚箭：形容水流急猛。
5. 負勢競上：山峰崢嶸，爭著向上伸長。
6. 軒邈：凌駕，輕視。
7. 泠泠：泠，音ㄌㄧㄥˊ。形容水聲清脆激越。
8. 嚶嚶：形容禽鳥和鳴的聲音。
9. 戾天：達到天際。
10. 息心：摒除雜念。
11. 經綸：整理蠶絲。引申為規劃、治理。
12. 橫柯上蔽：橫斜的樹枝遮蔽上方。
13. 疏條：樹枝疏密之間。

【譯文】

風停了，煙霧都消散盡淨，天空和遠山呈現出相同的顏色。我乘著船隨水流漂浮移動，隨心所

〈與宋元思書〉所提富陽富春江

欲，任船所致觀賞景物。從富陽到桐廬大約相距一百里左右，奇異的山水，是天下絕無僅有的。江水都呈青綠色，深深的水流清澈的千丈也能見底。游魚和細石可以看得清清楚楚，一直看下去，毫無障礙。湍急的水流比箭還快，洶湧的波浪猛似奔馬。兩岸的高山，都長著耐寒常綠的樹，高山憑依山勢，爭著向上，彷彿競相向高處和遠處伸展；它們爭相比高遠，筆直地向上指向天空，形成了成千上百的山峰。泉水衝激著石頭，發出泠泠的響聲；美麗的鳥兒相向鳴叫，鳴聲和諧而動聽，樹上的蟬兒長久不斷地鳴唱，山中的猿猴也時刻不住地啼叫。像老鷹飛到天上那樣追逐名利的人，看到這些雄奇的山峰，追逐名利的心就平靜下來；那些辦理政務的人，看到這些幽美的山谷，就會流連忘返。橫斜的樹枝在上面遮蔽著，即使在白天，也像黃昏時那樣昏暗，稀疏的枝條交相掩映，有時可以見到陽光。

【賞析】

〈與宋元思書〉是吳均寫給友人宋元思信中的一段話，這是一段清新優美的寫景狀物文字，主要寫作者從富陽到桐廬一百多里的富春江的觀感，它將個人的身心感受寄予景物描寫中，簡潔明快，清新悅目，於駢文中見作者遣詞造句之功底，雖傳承了魏晉士大夫的文見，但在那個時代倒也屬於令人耳目一新之作。

〔南朝〕與陳伯之書

丘遲

遲頓首，陳將軍足下：無恙，幸甚幸甚。將軍勇冠三軍，才為世出，棄燕雀之小志，慕鴻鵠以高翔。昔因機變化，遭遇明主；立功立事，開國稱孤；朱輪華轂，擁旄萬里，何其壯也！如何一旦為奔亡之虜，聞鳴鏑而股戰，對穹廬以屈膝？又何劣邪！

尋君去就之際，非有他故，直以不能內審諸己，外受流言，沉迷猖獗，以至於此。聖朝赦罪責功，棄瑕錄用，推赤心於天下，安反側於萬物；將軍之所知，不假僕一二談也。朱鮪涉血於友于，張繡剚刃於愛子，漢主不以為疑，魏君視之若舊。況將軍無昔人之罪，而勳重於當世。夫迷途知返，往哲是與；不遠而復，先典攸高。主上屈法申恩，吞舟是漏；將軍松柏不翦，親戚安居，高臺未傾，愛妾尚在，悠悠爾心，亦何可言！

今功臣名將，雁行有序，佩紫懷黃，贊帷幄之謀；乘軺建節，奉疆埸之任。並刑馬作誓，傳諸子孫。將軍獨靦顏借命，驅馳氈裘之長，寧不哀哉！

夫以慕容超之強，身送東市；姚泓之盛，面縛西都。故知霜露所均，不育異類；姬漢舊邦，無取雜種。北虜僭盜中原，多歷年所，惡積禍盈，理至燋爛。況偽孽昏狡，自相夷戮；部落攜離，酋豪猜貳。方當繫頸蠻邸，懸首藁街，而將軍魚游於沸鼎之中，燕巢飛幕之上，不亦惑乎！

暮春三月，江南草長；雜花生樹，群鶯亂飛。見故國之旗鼓，感平生於疇日，撫弦登陴，豈不愴悢。所以廉公之思趙將，吴子之泣西河，人之情也。將軍獨無情哉？想早厲良規，自求多福。

當今皇帝聖明，天下安樂，白環西獻，楛矢東來。夜郎、滇池，解辮請職；朝鮮、昌海，蹶角受化。惟北狄野心，掘強沙塞之間，欲延歲月之命耳。中軍臨川殿下，明德茂親，總茲戎重，弔民洛汭，伐罪秦中，若遂不改，方思僕言。聊布往懷，君其詳之。丘遲頓首。

【作者】

丘遲（464～508），字希范，中國南朝文學家，吳興烏程（今屬浙江省湖州市）人。父丘靈鞠，南齊太中大夫，亦為當時知名文人。丘遲詩文辭采逸麗，惜傳世者不多。其代表作即為〈與陳伯之書〉，情理兼備，是當時駢文中的優秀之作。明朝張溥輯有《丘司空集》。

丘遲八歲能文，初仕南齊，官至殿中郎、車騎錄事參軍。後投入蕭衍幕中，為其所重，其後蕭衍代齊為帝建立南梁的一應勸進文書均為丘遲所作。天監四年（505）隨蕭宏北伐，為其記室，以一封〈與陳伯之書〉成功招降投奔北魏的原南齊將領陳伯之來降，後歷任永嘉太守、司空從事中郎等官。

陳伯之，濟陰睢凌（今江蘇省睢寧縣）人。南朝齊人。年幼時力大無比，十三歲時就偷割鄰居稻子過日子，後以盜劫為生，隨同鄉車騎將軍王廣之征討齊安陸王蕭子敬有功，升冠軍將軍。南朝齊末為江州刺史，蕭衍廢齊和帝自立，建立梁朝，伯之任鎮南將軍、江州刺史。後因與蕭衍有隙，於是舉兵叛變。失敗之後，渡江投奔北魏。封為平南將軍、光祿大夫，曲江縣侯，都督淮南諸軍事。

天監四年（505），臨川王蕭宏率軍北伐，蕭宏命諮議參軍、記室丘遲寫信招降陳伯之，信中有「暮春三月，江南草長，雜花生樹，群鶯亂飛。」之名句，即〈與陳伯之書〉，陳伯之率八千人在壽陽（今安徽壽縣）歸降，封為驍騎將軍、太中大夫，永新縣侯，食邑千戶。其子陳虎牙被魏人所殺。晚年被架空，兵權被奪。

【注釋】

1.因機變化：指陳伯之仕齊抵抗梁武帝，武帝遣人說降，任為江州次史一事。
2.朱輪華轂：轂，音ㄍㄨˇ。車。以朱、華形容車馬之華麗。
3.擁旄萬里：旄，音ㄇㄠˊ。用旄牛尾裝飾的旗子。萬里，言統治區域的廣大。
4.奔亡之虜：逃亡投敵的人。
5.鳴鏑：即響箭，射時發聲，軍中用以發號令，傳為匈奴冒頓所作。
6.股戰：大腿顫抖，形容其恐懼。
7.穹廬：即旃帳，上作天形，為匈奴所居之帳幕，猶今之蒙古包。
8.瑕：玉上斑點，此指過失。
9.朱鮪涉血於友于：朱鮪，人名。涉血，殺人流血滂沱。友于，兄弟。西漢末，王莽篡位，劉秀與其兄一起起兵討莽，共推劉玄為「更始將軍」，後劉玄與劉秀分裂，殺了劉秀的哥哥，朱鮪當時為同謀者。及劉秀攻陷洛陽，遣人說鮪投降，鮪懼而不敢，劉秀（漢光武帝）便下一封詔書，說道：「夫建大事者不忌小怨，今降，官爵可保，況誅罰乎？」
10.張繡剚刃於愛子：張繡，人名，三國時人。建安二年，曹操兵至宛城，張繡出降，繼而復悔，率部反，大敗魏軍，並殺死曹操的兒子曹昂和姪安民，四年後又降魏，封宣威侯。剚，音ㄗˋ。
11.往哲是與：即先哲，指陶淵明，其歸去來辭中有「實迷途其未遠，覺今是而昨非。」與，贊同之意。

12. 先典攸高：先典，指易經。攸高，所尚。

13. 屈法申恩：輕法，此句意為：為了申恩，不惜枉法。

14. 吞舟是漏：法網寬疏，即網開一面之意。

15. 松柏不翦：松柏，墳墓上種松柏，此指墳墓。不翦，沒有毀壞。

16. 高台：即高堂，指父母。

17. 未傾：尚在。

18. 悠悠：深思。

19. 雁行有序：雁飛有常列，秩序井然，此喻南朝文武百官之盛。

20. 佩紫懷黃：紫，紫綬。黃，金印。此形容身膺顯職的高官。

21. 贊帷幄之謀：此句話意為參與軍機大事。

22. 乘軺建節，奉疆埸之任：軺，音ㄧㄠˊ。兩匹馬拉的輕車，使臣所乘。節，符節，用做憑證，使者所持。疆埸，邊境。這兩句意謂，武將乘輕車持符節，接受戍守邊境的責任。

23. 刑馬作誓，傳諸子孫：刑馬做誓，殺白馬，飲血為誓，這是古代諸侯會盟的一種儀式。以示莊重。這兩句意謂，梁朝有誓約，功臣名將的爵位允許傳給子孫。

24. 氈裘之長：指夷狄之君。

25. 慕容超：南燕王，為晉劉裕所擒，執送建康斬首，南燕遂滅。

26. 東市：刑場。

27. 姚泓：後秦君王，晉劉裕北伐，泓出降，送建康斬首，後秦遂滅。
28. 西都：此用以代表京都。
29. 姬漢：指漢族。
30. 惡積禍盈，理至燋爛：燋，同「焦」，燋爛，喻崩潰滅亡。這兩句是說罪惡已滿，是滅亡的時候了。
31. 偽孽：孽，卑賤而得寵之意。偽孽，指北魏宣武帝寵高肇，事宴樂。
32. 自相夷戮：自相屠殺。
33. 攜：離析。
34. 方當繫頸蠻邸，懸首藁街：繫頸，以繩繫頸，投降請罪之意。蠻邸，外族人在京師所住的館舍。藁街，藁，音ㄍㄠˇ。漢朝長安街名。蠻邸設在這裡。這兩句意謂，正當北魏統治都被縛住快要押至京師斬首之時。
35. 陴：音ㄆㄧˊ。女牆。
36. 廉公：廉頗，趙將。
37. 吳子：吳起，戰國人。
38. 良規：好的打算，指歸梁。
39. 白環：白玉製的環。
40. 楛矢：楛，音ㄏㄨˋ。楛木製成的箭。

梁武帝蕭衍

41. 解辮請職：解辮，解除椎髻。此句為捨去舊俗而歸化之意。

42. 蹶角：蹶，音ㄐㄩㄝˊ。叩頭仆地。

43. 明德：至德，此頌揚蕭宏之德。

44. 茂親：至親之意。

45. 弔民：弔民，慰問百姓平民。

46. 伐罪：討伐有罪的人。

【譯文】

丘遲叩拜陳將軍足下：知您近來康健，使我不勝歡欣！將軍勇武為三軍之首，才能傑出於當世，鄙棄燕雀俗小的胸襟，企慕鴻鵠高飛有遠大的志向。過去曾順應機緣而通變，遇到梁武帝那樣英明的君主，建立了功勳，建立了事業，得以冠開國之號封爵稱孤，乘坐精緻華麗的車輿，在廣闊的地域中持旄節而統制一方，這是何等壯觀啊！怎麼一下子成了奔逃亡命的虜寇，聽到響箭就大腿發抖，對著氈帳彎腰屈膝，這又是何等卑劣啊！

推尋您離開梁朝投靠北魏之時，並沒有其他原因，僅僅因為沒有在自己的內心反復審察考慮，又聽信了外面的流言，一時迷惑錯亂，以至於到了這步田地。當今梁朝對臣下赦免罪責而求其建功立業，不計較過失而加以任用，以赤誠之心待天下之人，使一切懷疑動搖的人都安定下來。這一切都為將軍所熟知，不需要我一一細述了。歷史上朱鮪雖曾殺了光武帝的哥哥，張繡也殺死曹操的愛子，但漢光武帝並不因之而疑忌，曹操對再次歸降的張繡仍像過去一樣。何況將軍並無朱、張之罪，而以功勳見重於當世。迷失道路而能知返，這是往哲先賢們所贊許的；迷途不遠而歸來，更為古之典籍所褒揚。當今皇帝輕於刑法而重施恩惠，法網寬鬆到可以漏掉吞舟的大魚；將軍在梁地的祖墳完好，親戚安居樂業，住宅未曾傾毀，愛妾仍然健在。您心裡可要好好想一想，這還有什麼可說的呢！

當今梁朝的功臣名將，各有封賞任命，位置高下很有秩序。腰系紫綬絲帶，掌管金印，參預籌劃軍國大計；坐輕車而豎旌節，身負保衛邊疆的重任。並且殺白馬鄭重立約：功臣名將的爵位可以傳給子孫。唯有您將軍厚顏偷生，為拓跋族的頭目魏帝奔走效勞，難道不感到可悲嗎？至於像南燕慕容超那樣強大，最終被解送建康刑場斬首；像後秦姚泓那樣強盛，最後也在長安反縛出降。由此可見，雖天地之間霜露均布，卻不養育異類；北方中原一帶周漢故土，容不得雜種。北魏假稱帝號竊取中原，已有很多年，積惡多端災禍滿盈，理應潰敗滅亡。更何況北魏統治集團昏聵狡詐、自相殘殺，部落內部分崩離析，頭目之間各存二心互相猜忌。馬上就要受縛至京城蠻邸，懸首級於槁街，而將軍卻如魚游於燒沸水的釜鼎之瀆中，像燕子築窩巢於飛動搖蕩的帳幕之上，不是太令人迷惑不解了嗎？

暮春三月之時，江南碧草萋盛，各色花草開滿樹叢，群鶯穿梭飛忙。看到故國軍隊的旗鼓，回想起往日的生活，持弓登城以望遠之際，怎不令人黯然傷情！正因為如此，廉頗才渴想能重為趙將，吳起臨別西河才掩淚悲傷。這是人之常情，難道唯獨將軍沒有這種感情嗎？

希望您儘早作出妥善安排，自己爭取幸福前途。當今武帝十分英明，天下百姓安居樂業，西王母獻來玉環，肅慎氏貢來楛矢。夜郎、滇池諸國，解其髮辮而請求封職。朝鮮和西域羅布泊，叩頭歸服而接受教化。唯有北魏野心勃勃，倔強於沙漠邊塞之中，企圖苟延歲月。中軍將軍臨川王蕭宏，德行彰明且是武帝至親，主持這次北伐的軍機重任，前來慰問洛水隈曲處的百姓，討伐秦中的逆賊，您若猶豫因循而不知改過，可要好好考慮我這番話。聊且以此書表達往日的情誼，希望您詳加省察。丘遲叩拜。

【賞析】

丘遲寫信給陳伯之，要他歸降，在信裡面曉以大義，陳說利害，故國之思、鄉關之情，無不淋漓盡致。是一篇好的招降文章。

〔北朝〕水經注選・江水

酈道元

江水又東，逕廣溪峽，斯乃三峽之首也。峽中有瞿塘、黃龕二灘，其峽蓋自禹鑿以通江，郭景純所謂巴東之峽，夏后疏鑿者也。

江水又東，逕巫峽，杜宇所鑿以通江水也。江水歷峽東，逕新崩灘。此山漢和帝永元十二年崩，晉太元二年又崩。當崩之日，水逆流百餘里，湧起數十丈。今灘上有石，或圓如簞，或方似屋，若此者甚眾，皆崩崖所隕，致怒湍流，故謂之「新崩灘」。其頹崖所餘，比之諸嶺，尚為竦桀。其下十餘里，有大巫山，非惟三峽所無，乃當抗峰岷、峨，偕嶺衡、疑。其翼附群山，並概青雲，更就霄漢，辨其優劣耳。西，即巫山者也。其間首尾百六十里，謂之巫峽，蓋因山為名也。

自三峽七百里中，兩岸連山，略無闕處；重巖疊嶂，隱天蔽日：自非亭午夜分，不見曦月。至於夏水襄陵，沿泝阻絕，或王命急宣，有時朝發白帝，暮到江陵，其間千二百里，雖乘奔御風不以疾也。春冬之時，則素湍綠潭，迴青倒影。絕巘多生檉柏　，懸泉瀑布，飛漱其間。清榮峻茂，良多趣味。每至晴初霜旦，林寒澗肅，常有高猿長嘯，屬引淒異，空谷傳響，哀轉久絕。故漁者歌曰：「巴東三峽巫峽長，猿鳴三聲　淚沾裳！」

江水自建平至東界峽，盛弘之謂之空冷峽。峽甚高峻，即宜都、建平二郡界也。其間遠望，勢交嶺表，有五六峰，參差互出。有奇石，如二人像，攘袂相對。俗傳兩郡督郵爭界於此。江水歷峽，東逕宜昌縣之插　下。

江水又東，逕流頭灘。其水並峻急奔暴，魚鱉所不能游，行者常苦之，其歌曰：「灘頭白勃堅相持，倏忽淪沒別無期。」袁山松曰：「自蜀至此，五千餘里；下水五日，上水百日也。」

江水又東，逕宜昌縣北，—縣治，江之南岸也。北臨大江，與夷陵相對。江水又東，逕狼尾灘，而歷人灘。袁山松曰：「二灘相去二里。人灘，水至峻峭。南岸有青石，夏沒冬出，其石嶔崟，數十步中，悉作人面形，或大或小；其分明者，鬚髮皆具：因名曰人灘也。」

江水又東，逕黃牛山，下有灘名曰黃牛灘。南岸重嶺疊起，最外高崖間有石，色如人負刀牽牛，人黑牛黃，成就分明。既人跡所絕，莫得究焉。此巖既高，加以江湍紆洄，雖途逕信宿，猶望見此物，故行者謠曰：「朝發黃牛，暮宿黃牛；三朝三暮，黃牛如故。」言水路紆深，迴望如一矣。

江水又東，逕西陵峽。宜都記曰：「自黃牛灘東入西陵界，至峽口百許里，山水紆曲，而兩岸高山重障，非日中夜半，不見日月，絕壁或十許丈，其石采色形容，多所像類。林木高茂，略盡冬春。猿鳴至清，山谷傳響，泠泠不絕。」所謂三峽，此其一也。山松言：「常聞峽中水疾，書記及口傳悉以臨懼相戒，曾無稱有山水之美也。及余來踐躋此境，既至欣然，始信耳聞之不如親見矣。其疊崿秀峰，奇構異形，固難以辭敘。林木蕭森，離離蔚蔚，乃在霞氣之表。仰矚俯映，彌習彌佳，流連信宿，不覺忘返。目所履歷，未嘗有也。既自欣得此奇觀，山水有靈，亦當驚知己於千古矣。」

【作者】

酈道元（466或472～527），北魏地理學家，散文家。字善長，北魏范陽郡涿縣（今河北省保定市下轄涿州市）人。早期在平城（北魏都城，今山西大同）和洛陽擔任中央官員，並且多次出任地方官。一生足跡遍及中國北方。他為官「執法情刻」、「素有嚴猛之稱」，得罪不少皇族、豪強，在東荊州刺史任上，威猛為治，被百姓上告，因而免官。在京期間專心撰寫《水經注》。

酈道元一生勤於讀書和著述，《魏書》卷八十九說：「道元好學，歷覽奇書」，代表作有《水經注》。道元寫景文字，遣詞精當，「片語隻字，妙絕古今。」歷來研究《水經注》稱「酈學」。唐代李白、杜甫的詩，都吸收了《水經注》的藝術滋養，柳宗元的〈永州八記〉文章實脫胎於《水經注》。宋朝蘇軾說：「嗟我樂何深，《水經》也屢讀。」日本地理學家米倉二郎稱酈道元為「中世紀全世界最偉大的地理學家」。

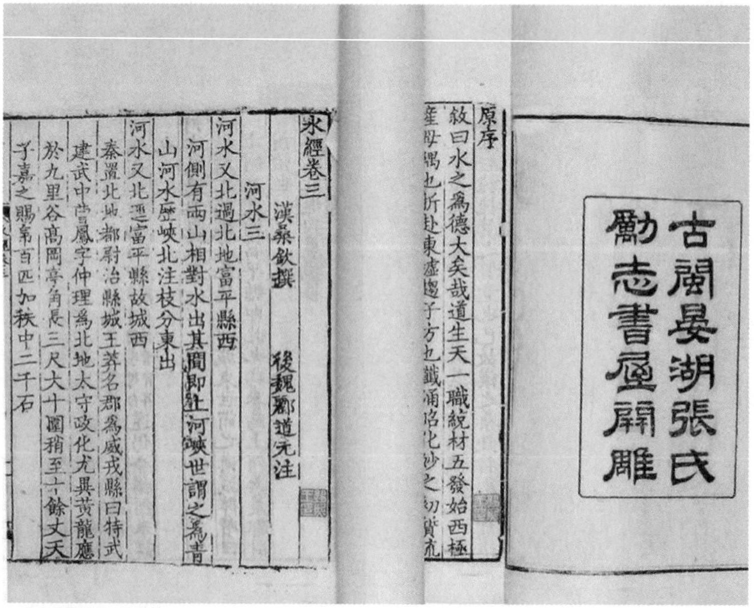

《水經注》書影

【注釋】

1.逕：至。凡水所經之地。

2.郭景純：郭璞，字景純，西元267～324年，東晉聞喜（今山西省聞喜縣）人。博學高才，詞賦為東晉之冠。

3.夏后疏鑿：夏禹所開鑿。夏后，即禹。后，君。疏，開、通。

4.杜宇：周末蜀帝名。杜宇稱帝，號曰望帝。適有水災，其相開明鑿峽以除水害，乃讓位於開明，隱居西山。時值二月，子規鳥鳴，時人遂以為望帝化為子規。子規鳥鳴聲淒厲，能動旅客歸思，又名杜鵑鳥、杜宇。

5.隕：音ㄩㄣˇ。從高下墜。

6.致怒湍流：崩崖隕落的巨石激怒江水而使之狂奔。致，引起。怒，水流受阻激起，如人之怒氣。湍，音ㄊㄨㄢ。急流。

7.竦桀：高聳直立。竦，音ㄙㄨㄥˇ。同「聳」，高矗。桀，音ㄐㄧㄝˊ。通「傑」，特立。

8.抗峰岷峨：與岷、峨諸峰爭高。抗，匹敵。岷，即岷山，在四川省松潘縣北。峨，即峨眉山，在四川省峨眉縣西。

9.偕嶺衡疑：與衡、疑二山並峙。偕，同。衡，即南嶽衡山，在湖南省衡山縣西北十五公里。山有七十二峰，跨舊長沙與衡州兩府境。疑，即九疑山，在湖南省寧遠縣南三十公里，其山九峰，形勢相似，不易識別，九疑因此得名。

10.其翼附群山……辨其優劣耳：這是說大巫山附屬諸山甚為高峻，仰望如為青雲所概平，唯有直上霄漢，才能辨出高低。翼附，左右附屬。概，平斗斛的器具，在此作動詞用，以概平之，有齊平的意思。霄漢，天際。

11.略無：毫無。

12.亭午夜分：亭午，正午。夜分，夜半。

13.曦月：猶言「日月」。

14.夏水襄陵：夏季水漲，漫過山陵。襄，上、登。

15.沿泝阻絕：舟船上下不能通行。沿，順流而下。泝，音ㄙㄨˋ。同「溯」，逆流而上。

16.宣：傳達。

17.雖乘奔御風不以疾也：雖然騎乘快馬，駕御疾風，也不及船行的快速。乘奔，騎乘馬匹奔馳。御風，乘風飛行。

18.絕巘：斷崖。巘，音ㄧㄢˇ。山峰。

19.檉：音ㄔㄥ。即檉柳，落葉亞喬木植物，枝細長，葉如鱗形，秋季開小紅花，外形成穗狀。又名河柳、觀音柳。

20.屬引淒異：形容猿聲相連不絕，淒切異常。屬，音ㄓㄨˇ。連續。引，拉長。

21.其間遠望勢交嶺表：自空泠峽中遠視，兩岸峭拔的山嶺，勢若相交，極言其峽之峻而狹。

22.攘袂：捲袖伸臂，作奮起欲鬥的姿勢。袂，音ㄇㄟˋ。衣袖。

23. 督郵：古官名，漢置，為郡守的屬官，負責督察轄區各縣，考品成績。
24. 袁山松：袁崧，字山松，生年不詳，卒於西元401年，晉扶樂（今河南省太康縣西北）人。
25. 峻峭：指水流湍急的樣子。峭，音ㄑㄧㄠˋ。
26. 嶔崟：嶔崟，音ㄑㄧㄣ ㄧㄣˊ。高峻貌。
27. 紆洄：迂迴曲折的樣子。紆，音ㄩ。曲折。洄，水流盤旋流轉的樣子。
28. 信宿：經過兩晝夜。過一夜為宿，再宿為信。
29. 林木高茂略盡冬春：高茂的林木至冬春之際稍顯凋零。略，引申為「稍微」。
30. 泠泠：音ㄌㄧㄥˊ ㄌㄧㄥˊ。聲音洋溢。
31. 臨懼：臨深淵為可懼。
32. 躋：音ㄐㄧ。登上。
33. 崿：音ㄜˋ。山崖。
34. 蕭森：錯落竦立。
35. 離離蔚蔚：茂盛的樣子。離離，分披四垂貌。蔚蔚，蓊鬱茂盛貌。
36. 仰矚俯映：仰視蓊鬱錯落的山林，俯瞰不舍晝夜的江流。矚，音ㄓㄨˇ。注視。
37. 彌習彌佳：愈看愈覺景物美好。習，親近、熟習。

《水經注》所提長水出自白鹿原謂之荊溪

【譯文】

長江的水又向東流，流到廣溪峽，這是長江三峽的第一個峽。峽裡有瞿塘、黃龕兩個灘。這個峽谷大概是由夏禹所開鑿以疏通江水的。這就是郭景純所說的：巴東之峽，是夏禹所開鑿的。

江水繼續向東流，經過巫峽。巫峽是杜宇王時派人鑿開用來疏通江水的。江水經由此峽，往東流到新崩灘。這座山在漢和帝永元十二年崩塌下來，晉太元二年又崩塌了一次。崩塌的的那一日，江水倒流一百多里，湧起的水幾十丈高。現在灘上的石頭，有些是圓形的像竹籃，有些是方形的像屋子，像這類形狀的石頭非常多，都是從崩塌的山崖上墜落下來的，使得湍急的江水更加洶湧，所以稱它為新崩灘。那崩塌後剩下的殘崖，比起其他各個山嶺，還算是高聳突出的。從新崩灘往下行十多里，有座大巫山，其高度不僅是三峽中沒有能與之並比的，而且可以跟岷山、峨眉山爭高低，和衡山、九疑山相並列等齊；大巫山左右附屬的許多山，高與高空的雲齊平，只有再直雲霄上天際，才能分辨出它們的高低！這一段從頭到尾全長一百六十里，叫做巫峽，是根據巫山而得名的。

整個三峽七百里地當中，江兩岸一個山峰連著一個山峰，一點空缺的地方也沒有。層層疊疊的高山險峰，擋住了天空，遮蔽了太陽；除非在正午或半夜，否則就看不見太陽或月亮。到了夏天江水漫上山陵的時候，上行和下行的船都被阻絕了。偶或皇帝有命令須急速傳達，有時候早上從白帝城出發，晚上就到了江陵，這中間一千二百里路，即使騎著快馬，駕著長風，和行船比起來也不算快。春冬雨季，這一帶有潔白的急流，碧綠的深潭，迴旋著的清流，倒映著的影子；極高的山頂上長滿了形狀奇特的柏樹，從山崖上流下來的泉水和瀑布從那兒飛速沖刷而下；水清、樹榮、山高、草茂，的確富有吸引人，使人感到愉快的特色。每到秋天雨後剛晴或者下霜天的早晨，山林中氣候寒冷，山溝裡氣氛清冷；常常有山高處的猿猴拉長聲音呼叫，叫聲像一種悠長的歌曲非常淒涼，空曠的山谷傳送著猿啼的回聲，悲哀宛轉很久才消失。所以打漁的人唱道：「巴東三峽巫峽長，猿鳴三聲淚沾裳！」

江水從建平流到東界峽，盛弘之把它稱為空泠峽，這空泠峽的地勢很高峻，就是宜都、建平兩郡的分界線。從峽中向上遠遠望去，山勢似乎在嶺外相交，有五六座山峰，高低不齊的相互突出。有塊奇特的石頭，像兩個人的模樣，捲袖伸臂，相對立著。民間傳說這是兩郡的督郵，在此爭論界址的遺跡。江水經過此峽，向東流到宜昌縣的插竈峰下。在這裡的南邊江岸上，就是高達幾千尺的峭壁，這個峭壁，連飛鳥都無法停留，然而在半崖上，卻有一根長約數尺火把殘枝插在上面；據老人們說，很久以前，某次洪水時，有一個人的船靠在峭壁旁邊，將他的火把插在峭壁上，殘枝一直保留到如今，所以這個地方才稱為插竈。

江水又向東流，經過流頭灘，水流到這裡水勢湍急波浪奔騰，連魚鱉都無法游行，行人常常苦於無法通過，唱道：「流頭灘白浪迴旋激蕩凝聚不散，如果突然翻船下沈，那就人世永別再見無期。」袁山松說：「從蜀郡到流頭灘有五千多里，順水而下只要五天就可到達，逆水而上行卻要一百天。」

江水又向東流，流到宜昌縣的北面，縣城在長江的南岸。北面臨近大江，與夷陵縣隔岸相對。江水又向東流，流到狼尾灘，而後流經人灘。袁山松說：「這兩灘相距二里。人灘水勢極為湍急，南岸有些青色的石頭，夏天沒入水中，冬天露出水面，這些高峻的石頭，在幾十步的範圍內，都像人臉的形狀，有大的有小的；那些比較清楚的，連鬍鬚和頭髮都具備了，因此稱為人灘。」

江水又向東流，流到黃牛山，山下有個灘頭叫做黃牛灘。南岸山嶺重疊高起，最上面的高崖間有塊石頭，形狀像人背著刀牽著牛，人是黑色的，牛是黃色的，所生成的樣子很清楚。這個地方已是人們難以到達的地方了，所以無法知道它的究竟。這座山嶺已經很高了，加上江流湍急曲折迴繞，即使經過兩天兩夜的航行，還是看得見這塊石頭，所以旅行的人有首歌謠說：「早晨從黃牛灘出發，晚間還在黃牛山麓過夜；走了三天三夜，黃牛石依然看得見。」這是說水路甚為曲折，從各處望去，景致全然相同。

江水又向東流，流到西陵峽。宜都記上記載說：「從黃牛灘向東流入西陵地界，到峽口有一百多里左右，此間山水迂迴曲折；兩岸峻嶺重疊高起，不到正午或夜半，是看不見太陽和月亮的。陡峭的崖壁，有的高達千多丈，岩石的色彩和形狀，大多像各式各樣的東西。高茂的林木，到冬春之際才稍微顯得凋零。猿猴的啼聲極為清厲，在山谷中回響著，聲音洋溢久久還不停止。」一般人所說的三峽，這就是其中的一個。袁山松說：「常聽人說峽裡的水流很急，無論是書中記載或口頭的傳說，都用臨淵可懼來告誡人們，竟然沒人稱讚此處有美麗的山水。等到我親來身歷其境。到了以後便覺得非常高興，才相信耳朵所聽到的不如眼睛所看的的真切。那些重疊的山崖和秀麗的峰巒，奇妙的結構和特殊的形狀，實在很難用筆墨描寫出來；錯落高聳特立的林木，枝葉茂盛，竟都聳立在雲霞的上端。無論向上仰看或向下俯視，愈看愈覺得景物美好，在那裡留戀了兩天兩夜，不知不覺忘了回去，眼睛所看過的景物，從來沒有如此優美。自己既慶幸能夠看到這樣好的奇景，如果山水有知，也該驚喜在千年之後遇到了我這位知己。」

【賞析】

記長江流域中，三峽水流經過部分的河段，所造就成的幻境特殊水文。

第一段旨意：記述廣溪峽。

第二段旨意：記述「巫峽」之得名，及江水歷峽之故實與奇景。

第三段旨意：記述巫峽地形、水勢、景致。

第四段旨意：記述東界峽（空泠峽）的景觀。

第五段旨意：記述流頭灘水勢之峻激奔暴。

第六段旨意：記述人灘景象及其得名的原因。

第七段旨意：記述黃牛山的奇景及黃牛灘湍急紆洄。

第八段旨意：記述西陵峽山水美景。

〔北朝〕洛陽伽藍記 楊衒之

洛陽伽藍記・景林寺

景林寺，在陰陽門內御道東。講殿疊起，房廡連屬；丹楹炫日，繡桷迎風，實為勝地。寺西有園，多饒奇果。春鳥秋蟬，鳴聲相續。中有禪房一所，內置祇園精舍，形制雖小，巧構難比。加以禪閣虛靜，隱室凝邃；嘉樹夾牖，芳杜匝階；雖雲朝市，想同岩穀。淨行之僧，繩坐其內，飧風服道，結跏數息。

有石銘一所，國子博士盧白頭為其文。白頭，一字景裕，范陽人也。性愛恬靜，丘園放敖。學極六經，說通百氏。普泰初，起家為國子博士。雖在朱門，以注述為事，注《周易》行之於世也。

建春門內御道南，有句盾、典農、籍田三署。籍田南有司農寺。御道北有空地，擬作東宮，晉中朝時太倉處也。太倉西南有翟泉，周回三里，即《春秋》所謂王子虎晉、狐偃盟于翟泉也。水猶澄清，洞底明淨，鱗甲潛藏，辨其魚鼈。高祖于泉北置河南尹。中朗時步廣里也。

泉西有華林園。高祖以泉在園東，因名蒼龍海華林園中有大海，即漢天淵池。池中猶有魏文帝九華。

高祖于臺上造清涼殿；世宗在海內作蓬萊山。山上有僊人館。臺上有釣台殿。並作虹蜺閣，乘虛來往。至於三月禊日，季秋巳辰皇帝駕龍舟鷁首，游於其上。海西有藏冰室，六月出冰，以給百官。海西南有景陽山，山東有羲和嶺，嶺上有溫風室。山西有姮娥峰，峰上有露寒館，並飛閣相通，凌山跨穀。山北有玄武池，山南有清暑殿。殿東有臨潤亭，殿西有臨危台。

景陽山南有百果園。果別作林，林各有堂。有僊人棗，長五寸，把之兩頭俱出，核細如針，霜降乃熟，食之甚美。俗傳雲出昆侖山，一日西王母棗。又有僊人桃，其色赤，表裡照徹，得霜乃熟。亦出昆侖山，一日王母桃也。

柰林南有石碑一所，魏明帝所立也，題云「苗茨之碑」。高祖于碑北作苗茨堂。

永安中，莊帝馬射于華林園，百官皆來讀碑，疑「苗」字誤。國子博士李同軌曰：「魏明英才，世稱三祖。公幹、仲宣為其羽翼。但未知本意如何，不得言誤也。」衒之時為奉朝請，因即釋曰：「以蒿覆之，故言苗茨。何誤之有？」眾咸稱善，以為得其旨歸。

柰林西有都堂，有流觴池。堂東有扶桑海。凡此諸海，皆有石竇流於地下，西通谷水，東連陽渠，亦與翟泉相連。若旱魃為害，谷水注之不竭；離畢滂潤，陽穀泄之不盈。至於鱗甲異品，羽毛殊類，濯波浮浪，如似自然也。

【作者】

楊衒之生於北平，北魏永安年間為奉朝請。歷期城太守、撫軍府司馬。東魏孝靜帝武定五年（547）楊衒之經過洛陽，感於多年戰亂後，洛陽之殘破，撰《洛陽伽藍記》五卷，歷敘佛寺興廢，寄託亡國悲慨；語言潔淨明快，描寫生動精緻，「其文穠麗秀逸，煩而不厭，可與酈道元《水經注》

肩隨。」魏末為秘書監，曾上書孝靜帝。但正史上對他記載很少。

《洛陽伽藍記》是一部集歷史、地理、佛教、文學於一身的名著。《四庫全書》將其列入地理類，簡稱《伽藍記》，為北魏人楊衒之所撰，成書於東魏孝靜帝時。書中歷數北魏洛陽城的佛寺，分城內、城東、城西、城南、城北五卷敘述，對寺院的緣起變遷、廟宇的建制規模及與之相關的名人軼事、奇談異聞都記載詳核。

據書中自言，作者在魏孝莊帝永安年間（528～529）曾官奉朝請，見帝都洛邑極盛時。時隔二紀，孝靜帝武定五年（547），因行役重覽洛陽，見其「城郭崩毀，宮室傾覆，寺觀灰燼，廟塔丘墟，牆被蒿艾，巷羅荊棘。」甚至連鐘聲都罕聞。追思往昔，難免黍離麥秀之悲，故撰斯記，傳諸後世。

洛城自魏孝文帝太和十七年（493）遷都於此，直到孝靜帝天平元年（534）遷都鄴城止，一直是北方政治、經濟、文化的中心。尤其是孝文漢化後，洛陽城達到空前的繁榮，一時文物典章都極為可觀。其間因為天子后妃帶頭佞佛，王公士庶競相捨宅施僧，上起太和（477～499）末，下至永熙（532～534），四十年間，修建寺宇達到一千三百餘所。這些浮圖建築的壯麗，裝飾的華美和貴家的豪奢都給人留下了深刻的印象。寺院見證了北魏京師洛陽的興廢，不少大伽藍（如胡太后建造的永寧寺）還成為重大歷史事件的舞臺。

《洛陽伽藍記》作於北魏滅亡，東西魏分裂（534）後，楊衒之借佛寺盛衰，反映國家興亡，其中既寄託了故國哀思，又寓含著治亂訓鑑。至於綴拾舊聞掌故，詳述京城地理，正《魏書》之曲筆，補史志之闕失，於歷史地理研究亦佔重要地位。《四庫全書總目提要》謂「其文穠麗秀逸，煩而不厭」，繁簡得宜，文筆優美，從文學藝術的角度來看也是上乘之作。

伽藍，梵語「僧伽藍摩」，意指眾園，即僧眾所居的園林，因此世稱伽藍為佛寺。洛陽城為東漢首都，自漢明帝時佛教入中國，至西晉末年，約只有四十八間佛寺；而至北魏教文帝時，佛法大盛，洛陽城內外，共有佛寺一千餘所。後因戰亂，大多毀壞。東魏孝靜帝武定五年（547），楊衒之路過北魏舊都洛陽，感慨世事滄桑，興廢無常，作《洛陽伽藍記》五卷，記述洛陽佛寺園林的興衰。本二文選自《洛陽伽藍記》。

楊衒之〈洛陽伽藍記〉裡的伽藍殿

【注釋】

1. 禪房：即坐禪室。
2. 祇園精舍：古代印度舍衛城中的精舍名。是須達長者用私財買下祇陀太子的園林，為釋尊與其教團而建的僧房。
3. 盧白頭：《魏書》卷八十四、《此史》卷三十有傳。

4.注《周易》：即《隋書・經籍志》所著錄「《周易》一帙十卷，盧氏注」。
5.句盾、典農、籍田三署：漢以來的官名，分別為掌管御苑、公田、天子親耕之田的官署。
6.司農寺：掌管全國農政的官署。
7.華林園：由魏明帝所建，原名芳林園，後齊王芳改稱華林園。為洛陽名園之一。
8.蒼龍海：蒼龍為東方星宿之名。因其所代表方位為東，所以用來命名翟泉。
9.漢天淵池：天淵池不始於漢代，《三國志・魏志・文帝紀》載「黃初五年（224）穿天淵池」。
10.九華台：據《魏志・文帝紀》，為黃初七年（226）所築。
11.三月禊日，季秋巳辰：古人以三月上巳日臨水修禊，以洗濯祓除。據《晉書・禮志》，修禊于天淵池之習，西晉時已然。巳辰：巳為地支第六位，又為十二時辰之一。《太平御覽》卷二十四時序部九引王子年《拾遺記》曰：「漢武帝嘗以季秋之月，泛靈之舟于林池之上，窮夜達晝。」據此，則皇帝于暮秋泛舟，當有淵源可尋。
12.果別作林：據入矢氏《譯注》，此處的「別」字，用法特殊，與下句「林各有堂」的「各」字互文見義。「果別」相當於「每果」，為當時口語形態，《齊民要術》中有「樹別」等、唐代敦煌寫本《燕子賦》中有「月別」的用例。
13.苗茨堂：苗，義同茅。茨，指以茅葦蓋屋。據《魏書》卷十九中〈任城王傳〉，魏孝文帝將凝閑堂改名為苗茨堂，取「不可以縱奢以忘儉，自安以忘危」之義。

14. 三祖：《三國志・魏志・明帝紀》曰：「景初元年，有司奏，武皇帝（曹操）撥亂反正，為魏太祖。文皇帝（曹丕）應天受命，為魏高祖。帝（曹叡）製作興治，為魏烈祖，三祖之廟，萬世不毀。」又《詩品》卷下魏武帝詩、魏文帝詩條曰：「敘不如丕，亦稱三祖。」「三祖」之稱，為時人所樂用。

15. 公幹、仲宣：劉楨與王粲，為活躍于魏文帝時期的著名文士。此處行文作明帝「羽翼」，雖與史實不合，然不必拘泥求之。此屬俞樾《古書疑義舉例》中所謂「古人行文不避疏略」例。

16. 奉朝請：古代諸侯春季朝見天子叫朝，秋季朝見叫請。漢代對退職大臣、將軍、皇室、外戚，多給以奉朝請名義。西晉也以宗室外戚為奉車、駙馬、騎都尉，而加奉朝請名義。此魏列為「從七品」官（《魏書・官氏志》）。

17. 都堂：即都亭，在華林園西隅，供因公務赴京官員投宿。

18. 離畢滂潤：本於《詩經・小雅・漸漸之石》「月離於畢，俾滂沱矣」句。離即曆，畢為西方星宿名，古人以為月曆于畢就有雨。

【譯文】

景林寺位於開陽門內御道之東。講經的殿堂層層高聳，四周的房屋間間相連；紅色的堂柱輝映陽光，五彩的畫椽迎送流風，這裡確實是一個名勝之地。寺的西側有園林，生長很多奇異的果樹。春鳥秋蟬，鳴囀之聲此歇彼起，隨時光而連續。園內有一所禪房，禪房內安置著祇園精舍的模型，製作得雖不大，但精巧無比。加上禪房寂靜，隱室深邃；嘉樹重掩門窗，杜若繞階送香，雖說是在都城之內，卻彷佛處於深山之中。修煉清淨行的僧人們，坐在室內的繩床上，捨棄口腹的欲望，感受佛道的崇高；結跏趺坐，默數氣息的出入，以達到心靜神定。

有一塊石碑，銘文由國子博士盧白頭所撰寫。白頭，一字景裕，是范陽（河北涿縣）人。天性愛好恬靜，自由自在地過田園生活。他的學識遍及六經，談論通達諸子百家。普泰初年（西元531年），被起用為園子博士。儘管身居高位，仍熱心於學問，他注的《周易》流行於當時。建春門內禦道之南有句盾、典農、籍田三署。籍田署的南邊有司農寺。禦道之北有一塊空地，準備建東宮，此處是晉朝建都洛陽時太倉的舊址。太倉西南翟泉，池周回達三里，也說是《春秋》（僖公二十九年）中王子虎與晉國的狐偃會盟的「翟泉」。池水還很清澈，透底明淨，能辨別出潛隱於深水之中的魚鱉。高祖在翟泉之北設置河南尹的公署。晉朝建都洛陽時此處是步廣里。

翟泉之西有華林園。因為翟泉在華林園的東邊，所以高祖將它命名為蒼龍海。華林園中有大湖泊，就是漢代的天淵池。

天淵池中還有魏文帝時建築的九華台。高祖在這個臺上修造了清涼殿，世宗在華林園的大湖泊裡作起了蓬萊山。山上有仙人館。九華臺上有釣台殿。在殿台樓閣之間，建起了如彩虹一般的閣道，來來往往，就像是乘空而行。每當三月三修禊之日，或是暮秋巳辰之時，皇帝乘坐著船頭畫有鷁鳥的龍舟遊覽於池中。大湖泊的西邊是藏冰室。一到六月就將冰取出，賜給百官。大湖泊的西南有景陽山，山的東側有羲和嶺，嶺上有溫風室。山的西側有姮娥峰，峰上有露寒館，空中閣道跨越山谷之間，彼此勾通連接。山的北側有玄武池，山的南側有清暑殿。殿東有臨澗亭，殿西有臨危台。

景陽山的南邊有百果園。果物以類分別，各自為林，林內各有一堂。有仙人棗，長達五寸，用手一抓，棗肉就向兩邊溢出，棗核細小如針，霜降時才成熟，食用起來味道很美。民間傳說這種棗出於昆侖山，也有人稱作西王母棗。又有稱仙人桃，顏色赤紅，內外透明，經霜打之後才成熟。它也出於崑崙山，又稱王母桃。

柰樹林的南邊有一座石碑，是魏明帝所立，題寫為「苗茨之碑」。高祖在石碑的北面修建了苗茨堂。

永安年間（528～530），莊帝於華林園中騎射的時候，隨從百官都來讀此石碑，懷疑「苗」字有誤。國子博士李同軌說：「魏明帝是英明之主，世人將他與武帝、文帝合稱三祖。劉公幹、王仲宣都是他的輔翼之臣。只是不知此碑文的本意如何，不能輕易說它有誤。」我當時為奉朝請，接著解釋說：「以蒿草覆蓋房屋，因此稱為苗茨。又有什麼錯誤呢？」眾人異口同聲說好，認為抓住了碑文的旨趣。

柰樹林的西邊有都堂，有流觴池。都堂之東有扶桑海。以上這些沼池湖泊，都有石渠導流於地下，西與谷水相通，東與陽渠相接，也與翟泉相連。如遇旱鬼作怪為害，谷水能夠不斷地湧入而不枯竭；如遇大雨滂沱而下，陽渠又能不斷地排出而不氾濫。至於水裡的各種魚鱉，空中的各類飛鳥，在水面上戲波浮浪，這不是有自然的神趣嗎！

洛陽伽藍記・白馬寺

白馬寺，漢明帝也所立也。佛教人中國之始。寺在西陽門外三裡御道南。帝夢金神，長丈六，項背日月光明。胡神號曰佛，遺使向西域求之，乃得經像焉。時以白馬負經而來，因以為名。

明帝崩，起祇洹於陵上，自此以後，百姓塚上或作浮圖焉。寺上經函，至今猶存。常燒香供養之，經函時放光明，耀於堂宇。是以道俗禮敬之，如仰真容。

浮屠前荼林、蒲萄異于餘處，枝葉繁衍，子實甚大。荼林實重七斤，蒲萄實偉於棗，味並殊美，冠於中京。帝至熟時，常詣取之。或複賜宮人，宮人得之，轉餉親戚，以為奇味。得者不敢輒食，乃歷數家。京師語曰：「白馬甜榴，一實直牛。」

有沙門寶公者，不知何處人也。形貌醜陋，心識通達，過去未來，預覩三世。發言似讖不可得解。事過之後始驗其實。胡太后聞之，問以世事。寶公曰：「把粟與雞呼朱朱。」時人莫之能解。建義元年，後為爾朱榮所害，始驗其言。時亦有洛陽人趙法和請占早晚當有爵否，寶公曰：「大竹箭，不須羽，東廂屋，急手作。」時人不曉其意。經十餘日，法和父喪。大竹箭者，苴杖；東廂屋者，倚廬。造十二辰歌。終其言也。

【注釋】

1. 遣使向西域求之……此句：事又見《牟子理惑論》、《魏書・釋老志》及《水經注》谷水條。作為西行使者，有郎中蔡愔、博士弟子秦景憲等人。所得之經為《四十二章經》及釋迦立像，於西元67年返歸洛陽。
2. 經函：據《水經注》谷水條，為以榆木製作的盛經之盒。
3. 荼林：譯音字，即番石榴。
4. 沙門寶公：據周氏《校釋》，殆即《法苑珠林》卷九十一引侯君素《旌異記錄》所載北齊初沙門寶公，為嵩山高棲之士。
5. 把粟與雞呼朱朱：「朱朱」為吆喝雞的象聲詞，宋元時寫作「用」而不作「朱」（據入矢氏《譯注》）。隱指爾朱榮忘恩負義，胡太后折盡老本。
6. 十二辰歌：一天分十二個時間段，配以十二支，歌辭以此順序展開。這種歌辭形態在唐代受到一定的模仿。

【譯文】

白馬寺，是漢明帝所建造。佛教開始進入中國，寺的位置在西陽門外三裡，禦道之南。明帝夢見金神，身高一丈六尺，項背輝耀著日月之光。胡神叫做佛，帝派遣使者前往西域求佛，於是獲得佛經與佛像。那時，因為是用白馬馱經而歸，所以就取名為白馬寺。

明帝駕崩後，在陵墓上建起佛塔。從此以後，老百姓的墳墓上也有建塔的。

寺內的經函，至今還保存著。常常燒香供奉它。經函時而放出光明，照耀堂宇。所以，僧俗都致以敬禮，如同瞻仰真佛一樣。

塔前的石榴和葡萄與別處的不同，枝葉繁衍，果實很大，石榴一個重達七斤，葡萄比棗還大，味道都特別好，冠於洛陽。每到成熟時，明帝經常來取，有時也賜給宮人。宮人獲得賞賜後，因為這些是珍奇水果，所以轉而饋贈親戚。獲得饋贈的人不忍心馬上吃掉，於是巡迴展覽於好幾家人之間。京城裡的諺語說：「白馬甜石榴，一顆值頭牛。」

有一位叫寶公的和尚，不知家鄉是何處。他的容貌醜陋，可是識力通達，能預見過去、現在、未來三世，說出的話就像預報凶吉的隱語，當下無法理解，而事過之後，才驗證出原來實有所指。胡太后聽說後，向他尋問時事，寶公回答說：「給雞吃粟呼朱朱。」當時沒人能明白這句話的意思。建義元年（528），太后被爾朱榮殺害，這句話才得到印證。當時還有洛陽人趙法和，請他預占何時會得爵位，寶公回答說：「大竹箭，不須箭翎；東廂屋，趕快建造。」當時不明白是什麼意思。經過十多天，法和的父親去世。原來「大竹箭」是指喪禮所用的竹杖；「東廂屋」是指服喪者的住處。所作的

「十二辰歌」，是他一生最後的文辭。

【賞析】

白馬寺建於東漢明帝永平十一年，即西元68年，距今已有一千九百多年了。它位於洛陽城東十三公里。白馬寺坐北朝南，背依邙山，面對孕育洛陽古代文明的洛河，號稱「中國第一古寺」，被尊譽為中國佛教的「祖庭」和「釋源」。白馬寺在中國佛教史上，享有獨特的地位。

白馬寺山門

〔唐朝〕滕王閣序

王勃

豫章故郡，洪都新府。星分翼軫，地接衡廬。襟三江而帶五湖，控蠻荊而引甌越。物華天寶，龍光射牛斗之墟；人傑地靈，徐孺下陳蕃之榻。雄州霧列，俊彩星馳。臺隍枕夷夏之交，賓主盡東南之美。都督閻公之雅望，棨戟遙臨；宇文新州之懿範，襜帷暫駐。十旬休暇，勝友如雲。千里逢迎，高朋滿座。騰蛟起鳳，孟學士之詞宗；紫電青霜，王將軍之武庫。家君作宰，路出名區。童子何知？躬逢勝餞。

時維九月，序屬三秋。潦水盡而寒潭清，煙光凝而暮山紫。儼驂騑於上路，訪風景於崇阿。臨帝子之長洲，得仙人之舊館。層巒聳翠，上出重霄；飛閣流丹，下臨無地。鶴汀鳧渚，窮島嶼之縈迴；桂殿蘭宮，即岡巒之體勢。

披繡闥，俯雕甍。山原曠其盈視，川澤紆其駭矚。閭閻撲地，鐘鳴鼎食之家；舸艦迷津，青雀黃龍之舳。虹銷雨霽，彩徹區明。落霞與孤鶩齊飛，秋水共長天一色。漁舟唱晚，響窮彭蠡之濱；雁陣驚寒，聲斷衡陽之浦。

遙襟甫暢，逸興遄飛。爽籟發而清風生，纖歌凝而白雲遏。睢園綠竹，氣凌彭澤之樽；鄴水朱華，光照臨川之筆。四美具，二難并。窮睇眄於中天，極娛遊於暇日。天高地迥，覺宇宙之無窮；興盡悲來，識盈虛之有數。望長安於日下，指吳會於雲間。地勢極而南溟深，天柱高而北辰遠。關山難越，誰悲失路之人。萍水相逢，盡是他鄉之客。懷帝閽而不見，奉宣室以何年？

嗟乎！時運不濟，命途多舛。馮唐易老，李廣難封。屈賈誼於長沙，非無聖主；竄梁鴻於海曲，豈乏明時？所賴君子安貧，達人知命。老當益壯，寧移白首之心；窮且益堅，不墜青雲之志。酌貪泉而覺爽，處涸轍而猶懽。北海雖賒，扶搖可接；東隅已逝，桑榆非晚。孟嘗高潔，空懷報國之情；阮籍猖狂，豈效窮途之哭？

勃三尺微命，一介書生，無路請纓，等終軍之弱冠；有懷投筆，慕宗愨之長風。舍簪笏於百齡，奉晨昏於萬里。非謝家之寶樹，接孟氏之芳鄰。他日趨庭，叨陪鯉對；今晨捧袂，喜托龍門。楊意不逢，撫凌雲而自惜；鍾期既遇，奏流水以何慚？

嗚呼！勝地不常，盛筵難再。蘭亭已矣，梓澤邱墟。臨別贈言，幸承恩於偉餞；登高作賦，是所望於群公！敢竭鄙誠，恭疏短引。一言均賦，四韻俱成。請灑潘江，各傾陸海云爾。

滕王高閣臨江渚，佩玉鳴鸞罷歌舞。畫棟朝飛南浦雲，珠簾暮捲西山雨。閒雲潭影日悠悠，物換星移幾度秋。閣中帝子今何在？檻外長江空自流！

【作者】

王勃（650~676），字子安，絳州龍門（今山西省河津縣）人。隋末文中子王通之孫。六歲能文，未冠應幽素科及第，授朝散郎，為沛王（李賢）府修撰。因作文得罪高宗被逐，漫遊蜀中，客於劍南，後補虢州參軍。又因私殺官奴獲死罪，遇赦除名，父福畤受累貶交趾令。勃渡南海省父，溺水受驚而死。與楊炯、盧照鄰、駱賓王並稱「初唐四傑」。其詩氣象渾厚，音律諧暢，開初唐新風，尤以五言律詩為工；其駢文繪章絺句，對仗精工，〈滕王閣序〉極負盛名。於「四傑」之中，王勃成就最大。詩文集早佚，明人輯有《王子安集》。

【注釋】

1. 豫章：滕王閣在今江西省南昌市。南昌，為漢豫章郡治。

2. 洪都：漢豫章郡，唐改為洪州，設都督府。

3. 星分翼軫：古人習慣以天上星宿與地上區域對應，稱為「某地在某星之分野」。據《晉書・天文志》，豫章屬吳地，吳越揚州當牛鬥二星的分野，與翼軫二星相鄰。翼、軫：軫，音ㄓㄣˇ。星宿名，屬二十八宿。

4. 衡廬：衡，衡山，此代指衡州（治所在今湖南省衡陽市）。廬，廬山，此代指江州（治所在今江西省九江市）。

5. 三江：泛指長江中下游的江河。五湖：南方大湖的總稱。

6. 蠻荊：古楚地，今湖北、湖南一帶。

7. 甌越：古越地，即今浙江地區。古東越王建都於東甌（今浙江省永嘉縣）。

8. 物華天寶，龍光射牛斗之墟：據《晉書・張華傳》，晉初，牛、鬥二星之間常有紫氣照射，據說是寶劍之精，上徹於天。張華命人尋找，果然在豐城（今江西省豐城縣，古屬豫章郡）牢獄的地下，掘出龍泉、太阿二劍。後這對寶劍入水化為雙龍。

9.徐孺下陳蕃之榻：據《後漢書‧徐稚傳》，東漢名士陳蕃為豫章太守，不接賓客，惟徐稚來訪時，才設一睡榻，徐稚去後又懸置起來。徐孺，徐孺子的省稱。徐孺子名稚，東漢豫章南昌人，當時隱士。

10.采：通「寀」，官吏。

11.都督：掌管督察諸州軍事的官員，唐代分上、中、下三等。

12.閻公：名未詳。

13.棨戟：棨戟，音ㄑㄧˇ ㄐㄧˇ。外有赤黑色繒作套的木戟，古代大官出行時用。這裡代指儀仗。

14.宇文新州：複姓宇文的新州（在今廣東境內）刺史，名未詳。

15.襜帷：襜，音ㄔㄢ。車上的帷幕，這裡代指車馬。

16.十旬休假：唐制，十日為一旬，遇旬日則官員休沐，稱為「旬休」。假，通「暇」，空閒。

17.騰蛟起鳳：《西京雜記》中提到「董仲舒夢蛟龍入懷，乃作《春秋繁露》。」又「揚雄著《太玄經》，夢吐鳳凰集《玄》之上，頃而滅。」

18.紫電青霜：《古今注》提到「吳大皇帝（孫權）有寶劍六，二曰紫電。」《西京雜記》中提到「高祖（劉邦）斬白蛇劍，刃上常帶霜雪。」。

19.三秋：古人稱七、八、九月為孟秋、仲秋、季秋，三秋即季秋，九月。

20.儼驂騑於上路：驂騑，音ㄘㄢ ㄈㄟ。車馬嚴整行走於路上。

21.帝子、仙人：都指滕王李元嬰。

22. 鶴汀鳧渚：鳧渚，音ㄈㄨˊ ㄓㄨˇ。白鶴棲息的水岸，野鴨聚集的沙洲。

23. 披繡闥：闥，音ㄊㄚˋ。打開美麗的小門。披，開。繡闥，油漆或雕花的小門。

24. 雕甍：甍，音ㄇㄥˊ。雕刻之屋脊。

25. 駭矚：駭人之目

26. 閭閻：里中門，這裡代指房屋。

27. 鐘鳴鼎食：古代貴族鳴鐘列鼎而食。

28. 舸：音ㄍㄜˇ。《方言》中提到「南楚江、湘，凡船大者謂之舸。」

29. 青雀黃龍：船的裝飾形狀。

30. 軸：通「舳」，船尾把舵處，這裡代指船隻。

31. 彩：虹。

32. 徹：通貫。

33. 彭蠡：古大澤名，即今鄱陽湖。

34. 衡陽：今屬湖南省，境內有回雁峰，相傳秋雁到此就不再南飛，待春而返。

35. 甫：方才。

36. 爽籟：管子參差不齊的排簫。

37. 白雲遏：形容音響優美，能駐行雲。

38. 睢園綠林：睢，音ㄙㄨㄟ。睢園，即漢梁孝王菟園。《水經注》：「睢水又東南流，歷於竹

圃……世人言梁王竹園也。」
39. 彭澤：縣名，在今江西湖口縣東。陶淵明曾官彭澤縣令，世稱陶彭澤。
40. 樽：酒器。
41. 鄴水：在鄴下（今河北省臨漳縣）。鄴下是曹魏興起的地方。
42. 朱華：荷花。
43. 光照臨川之筆：臨川，郡名，治所在今江西省撫州市。這裡指代謝靈運。謝曾任臨川內史，《宋書》本傳稱他「文章之美，江左莫逮」。
44. 四美：指良辰、美景、賞心、樂事。
45. 二難：指賢主、嘉賓難得。
46. 天柱：《神異經》中提到「崑侖之山，有銅柱焉。其高入天，所謂天柱也。」北辰：《論語•為政》提到「為政以德，譬如北辰，居其所而眾星共之。」
47. 帝閽：閽，音ㄏㄨㄣ。天帝的守門人，此指君門。
48. 奉宣室以何年：賈誼遷謫長沙四年後，漢文帝複召他回長安，于宣室中問鬼神之事。宣室，漢未央宮正殿，為皇帝召見大臣議事之處。
49. 馮唐易老：《史記•馮唐列傳》：「（馮）唐以孝著，為中郎署長，事文帝。……拜唐為車騎都尉，主中尉及郡國車士。七年，景帝立，以唐為楚相，免。武帝立，求賢良，舉馮唐。唐時年九十餘，不能複為官」。

50. 李廣難封：李廣，漢武帝時名將，多次與匈奴作戰，軍功卓著，卻始終未獲封爵。

51. 屈賈誼於長沙，非無聖主：賈誼在漢文帝時被貶為長沙王太傅。

52. 聖主：指漢文帝。

53. 竄梁鴻於海曲，豈乏明時：梁鴻，東漢人，因得罪章帝，避居齊魯、吳中。

54. 明時：指章帝時代。

55. 酌貪泉而覺爽：據《晉書‧吳隱之傳》，廉官吳隱之赴廣州刺史任，飲貪泉之水，並作詩說：「古人雲此水，一歃懷千金。試使（伯）夷（叔）齊飲，終當不易心。」貪泉，在廣州附近的石門，傳說飲此水會貪得無厭。

56. 涸轍：比喻困厄的處境。

57. 東隅已逝，桑榆非晚：《後漢書‧馮異傳》：「失之東隅，收之桑榆。」東隅，日出處，表示早晨。桑榆，日落處，表示傍晚。

58. 孟嘗高潔，空懷報國之情：孟嘗字伯周，東漢會稽上虞人。曾任合浦太守，以廉潔奉公著稱，後因病隱居。桓帝時，雖有人屢次薦舉，終不見用。

57. 阮籍猖狂，豈效窮途之哭：阮籍，字嗣宗，晉代名士。《晉書‧阮籍傳》提到「籍時率意獨駕，不由徑路。車跡所窮，輒慟哭而反。」

58. 三尺：指幼小。

59. 無路請纓，等終軍之弱冠：據《漢書‧終軍傳》，終軍字子雲，漢代濟南人。武帝時出使南越，自請「願受長纓，必羈南越王而致之闕下」，時僅二十餘歲。等，相同，用作動詞。弱冠，古人二十歲行冠禮，表示成年，稱「弱冠」。

60. 投筆：用漢班超投筆從戎的故事。

61. 愛宗慤：慤，音ㄑㄩㄝˋ。宗慤字元幹，南朝宋南陽人，年少時向叔父自述志向，「願乘長風破萬里浪」。

62. 簪笏：笏，音ㄏㄨˋ。冠簪、手版。官吏用物，這裡代指官職地位。

63. 百齡：百年，指人的一生。

64. 接孟氏之芳鄰：據說孟軻的母親為教育兒子而三遷擇鄰，最後定居于學宮附近。

65. 捧袂：袂，音ㄇㄟˋ。舉起雙袖，表示恭敬的姿勢。

66. 楊意不逢，撫凌雲而自惜：據《史記・司馬相如列傳》，司馬相如經蜀人楊得意引薦，方能入朝見漢武帝。又云「相如既奏〈大人〉之頌，天子大悅，飄飄有淩雲之氣。」楊意，楊得意的省稱。淩雲，指司馬相如作〈大人賦〉。

67. 鍾期既遇，奏流水以何慚：《列子・湯問》「伯牙善鼓琴，鍾子期善聽。伯牙鼓琴……志在流水，鍾子期曰：『善哉！洋洋兮若江河。』」鍾期，鍾子期的省稱。

68. 蘭亭：在今浙江省紹興市附近。晉穆帝永和九年（353）三月三日上巳節，王羲之與群賢宴集於此，行修禊禮，祓除不祥。

69. 梓澤：即晉石崇的金穀園，故址在今河南省洛陽市西北。

【譯文】

這裡是過去的豫章郡，如今是洪州的都督府，天上的方位屬於翼、軫兩星宿的分野，地上的位置連結著衡山和廬山。以三江為衣襟，以五湖為衣帶，控制著楚地，連接著閩越。物類的精華，是上天的珍寶，寶劍的光芒直沖牛、鬥二星的區間。人中有英傑，因大地有靈氣，陳蕃專為徐孺設下榻第。雄偉的洪州城，房屋像霧一般羅列，英俊的人才，像繁星一樣的活躍。城池座落在夷夏交界的要害之地，主人與賓客，集中了東南地區的菸俊之才。都督閻公，享有崇高的名望，遠道來到洪州坐鎮，宇文州牧，是美德的楷模，赴仕途中在此暫留。正逢十日休假的日子，傑出的友人雲集，高貴的賓客，也都不遠千里來到這裡聚會。文壇領袖孟學士，文章的氣勢像騰起的蛟龍，飛舞的彩鳳，王將軍的武庫裡，刀光劍影，如紫電，如清霜。由於父親在交趾做縣令，我在探親途中經過這個著名的地方。我年幼無知，竟有幸親身參加這次盛大的宴會。

時當九月，秋高氣爽。積水消盡，潭水清澈，天空凝結著淡淡的雲煙，暮靄山巒呈現一片紫色。在高高的山路上駕著馬車，在崇山峻嶺中訪求風景。來到昔日帝子的長洲，找到仙人居住過的宮殿。這裡山巒重疊，青翠的山峰聳入雲霄。凌空的樓閣，紅色的閣道猶如飛翔在天空，從閣上看不到地面。白鶴、野鴨歇息的小洲，極盡島嶼的紆曲回環之勢，雅浩的宮殿，跟起伏的山巒配合有致。披開雕花的閣門，俯視彩飾的屋脊，山峰平原盡收眼底，湖川曲折令人驚訝。遍地是里巷宅舍，許多鐘鳴鼎食的富貴人家。舸艦塞滿了渡口，盡是雕上了青雀黃龍花紋的大船。正值雨過天晴，虹消雲散，陽光朗煦，落霞與孤雁一起飛翔，秋水和長天連成一片。傍晚漁舟傳出的歌聲，響徹彭蠡湖濱，雁群感

〈滕王閣序〉內文

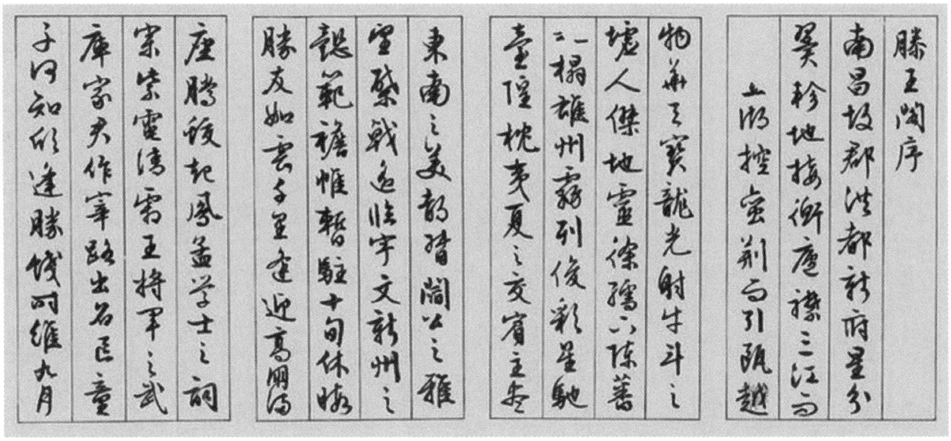

到寒意而發出驚叫，回蕩在衡陽的水邊。

放眼遠望，胸襟剛感到舒暢，超逸的興致立即興起，排簫的音響引來徐徐清風，柔緩的歌聲吸引住飄動的白雲。像睢園竹林的聚會，這裡善飲的人，酒量超過彭澤縣令陶淵明，像鄴水贊詠蓮花，這裡詩人的文采，勝過臨川內史謝靈運。音樂與飲食，文章和言語這四種美好的事物都已經齊備，良辰美景，賞心樂事這兩個難得的條件也湊合在一起了，向天空中極目遠眺，在假日裡盡情歡娛。蒼天高遠，大地寥廓，令人感到宇宙的無窮無盡。歡樂逝去，悲哀襲來，我明白了興衰貴賤都由命中註定。西望長安，東指吳會，南方的陸地已到盡頭，大海深不可測，北方的北斗星多麼遙遠，天柱高不可攀。關山重重難以越過，有誰同情不得志的人？萍水偶爾相逢，大家都是異鄉之客·懷念君王的宮門，但卻不被召見，什麼時候才能去侍奉君王呢？

啊，各人的時機不同，人生的命運多有不順。馮唐容易衰老，李廣難得封侯。使賈誼遭受委屈，貶於長沙，並不是沒有聖明的君主，使梁鴻逃匿到齊魯海濱，難道不是政治昌明的時代？只不過由於君子安於貧賤，通達的人知道自己的命運罷了。年紀雖然老了，但志氣應當更加旺盛，怎能在白頭時改變心情？境遇雖然困苦，但節操應當更加堅定，絕不能拋棄自己的凌雲壯志。即使飲貪泉之水，心境依然清爽廉潔；即使身處於乾涸的主轍中，胸懷依然開朗愉快。北海雖然十分遙遠，乘著羊角旋風還是能夠達到，早晨雖然已經過去，而珍惜黃昏卻為時不晚。孟嘗君心地高潔，但白白地懷抱著報國的熱情，阮籍為人放縱不羈，我們怎能學他那種窮途的哭泣！

我地位卑微，只是一個書生。雖然和終軍一樣年已二十一，卻無處去請纓殺敵。我羨慕宗慤那種「乘長風破萬里路」的英雄氣概，也有投筆從戎的志向。如今我拋棄了一生的功名，不遠萬里去朝夕侍奉父親。雖然稱不上謝家的「寶樹」，但是能和賢德之士交往。不久我將見到父親，聆聽他的教誨。今天我僥倖地奉陪各位長者，高興地登上龍門。假如碰不上楊得意那樣引薦的人，就只有撫著自己的文章而自我嘆惜。既然已經遇到了鍾子期，就彈奏一曲流水，又有什麼羞愧呢？

啊！名勝之地不能常存，盛大的宴會難以再逢。蘭亭宴集已為陳跡，石崇的梓澤也變成了廢墟。承蒙這個宴會的恩賜，讓我臨別時作了這一篇序文，至於登高作賦，這只有指望在座諸公了。我只是冒昧地盡我微薄的心意，作了短短的引言。在座諸位都按各自分到的韻字賦詩，我已寫成了四韻八句。請在座諸位施展潘岳、陸機一樣的才筆，各自譜寫瑰麗的詩篇吧！

滕王閣高聳矗立，俯瞰江中沙洲。當年佩玉鳴鑾，冠蓋雲集。如今歌聲已杳，舞影已歇。南浦晨霧縈繞著畫棟，西山暮雨輕灑著珠簾。閒雲映著深潭，白日漫漫。景物變換，時序移轉。經歷了幾度春秋？閣中的皇子，如今安在？檻外的江水，空自在流。

【賞析】

全文結構由地寫到事，由事寫到景，由景寫到情，鋪展極有順序，承接極為自然。其技巧則多方用典，對仗嚴整，文字精鍊，富於文采與聲韻之美。其情感則由宇宙的盈虛有數寫到古代才士的困蹇，再及自己的失意，襟懷壯闊，情意澎湃。又由悲慨、通達而振奮，有其領悟與超越，氣象不凡。在景與情的結合上，因景象寫得極其悠遠空闊，故而興發宇宙盈虛之悲慨與個人失落無力的渺小感，可謂情景交融，意境深遠。

〔唐朝〕陋室銘

劉禹錫

山不在高，有仙則名；水不在深，有龍則靈。斯是陋室，惟吾德馨。苔痕上階綠，草色入簾青。談笑有鴻儒，往來無白丁。可以調素琴，閱金經。無絲竹之亂耳，無案牘之勞形。南陽諸葛廬，西蜀子雲亭。孔子云：「何陋之有？」

【作者】

劉禹錫（772～842），蘇州嘉興（今屬浙江省）人，字夢得。唐朝著名詩人，白居易稱他為詩豪。因曾任太子賓客，故稱「劉賓客」，晚年曾加檢校禮部尚書、秘書監等虛銜，故又稱「秘書劉尚書」。

【注釋】

1. 陋室銘：陋，狹小。此為室名，故址在今安徽知縣。銘，文體之一種。
2. 鴻儒：鴻，大也。大儒，博學之士。
3. 白丁：平民。

4.素琴：未加雕飾的琴。

5.金經：佛經。

6.絲竹：音樂之總稱，絲為琴瑟；竹為蕭管。

7.案牘：牘，音ㄉㄨˊ。公事文書。

8.勞形：形神勞頓。

9.南陽諸葛廬：南陽，今湖北襄陽縣。諸葛亮前出師表云：「臣本布衣，躬耕南陽……先帝不以臣卑鄙，猥自枉屈，三顧臣於草廬之中。」

10.子雲：漢朝揚雄之字。

【譯文】

山不需要多高，只要有神仙居住便會出名。水不在於深，只要有蛟龍潛藏便顯出神靈。這是一間簡陋的房屋，我的美德使它遠近聞名。蒼綠的青苔爬上石階，青翠的草色映入門簾。在屋裡談笑的都是學問淵博的人，來來往往的沒有不學無術之士。這裡可以彈奏樸素無華的琴，可以閱讀佛經。沒有音樂擾亂聽覺，沒有公文案卷使身體勞累。這裡好像南陽諸葛亮的草蘆，如同西蜀

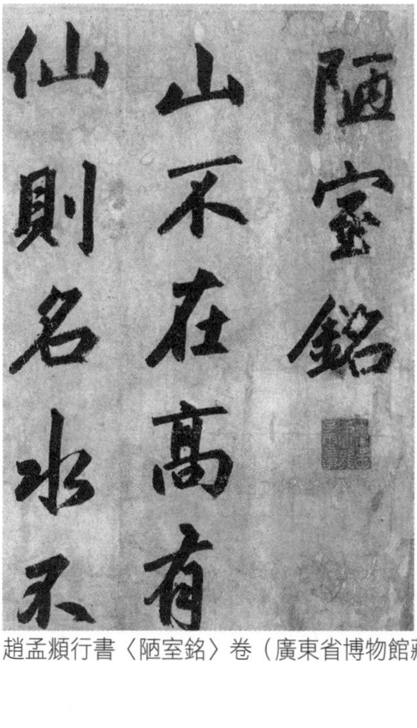

趙孟頫行書〈陋室銘〉卷（廣東省博物館藏）

楊雄的茅亭。正如孔子所說：「何陋之有？」

【賞析】

文章表現了作者不與世俗同流合污，潔身自好、不慕名利的生活態度。更表達了作者高潔的節操，流露出作者安貧樂道的隱逸情趣。

劉禹錫雕像

〔唐朝〕始得西山宴遊記

柳宗元

自余為僇人，居是州，恆惴慄。其隙也，則施施而行，漫漫而遊。日與其徒上高山，入深林，窮迴溪；幽泉怪石，無遠不到。到則披草而坐，傾壺而醉，醉則更相枕以臥。臥而夢，意有所極，夢亦同趣。覺而起，起而歸，以為凡是州之山水有異態者，皆我有也，而未始知西山之怪特。

今年九月二十八日，因坐法華西亭，望西山，始指異之。遂命僕人過湘江，緣染溪，斫榛莽，焚茅茷，窮山之高而止。攀援而登，箕踞而遨，則凡數州之土壤，皆在衽席之下。

其高下之勢，岈然洼然，若垤若穴，尺寸千里，攢蹙累積，莫得遁隱。縈青繚白，外與天際，四望如一。然後知是山之特出，不與培塿為類，悠悠乎與灝氣俱，而莫得其涯；洋洋乎與造物者遊，而不知其所窮。

引觴滿酌，頹然就醉，不知日之入，蒼然暮色，自遠而至，至無所見，而猶不欲歸。心凝形釋，與萬化冥合。然後知吾嚮之未始遊，遊於是乎始，故為之文以志。

是歲元和四年也。

【作者】

柳宗元（773~819），字子厚，唐河東郡（今山西省永濟市）人，著名文學家、思想家，為唐宋八大家之一，和韓愈同為古文運動的領導者。著名作品有〈永州八記〉等六百多篇文章，經後人輯為三十卷，名為《柳子厚集》。因為是河東人，人稱柳河東，又因終於柳州刺史任上，又稱柳柳州。

【注釋】

1. 僇：音ㄌㄨˋ。刑戮。戮人，猶言罪人，指因王叔文案受連累而貶官永州。
2. 是州：永州。
3. 惴慄：音ㄓㄨㄟˋ ㄌㄧˋ。惶恐不安。
4. 隙也：空暇時。
5. 施施：施，音ㄧˊ。舒緩的樣子。

6. 漫漫：無拘無束。
7. 迴溪：曲折的溪流。
8. 異態：特殊景色。
9. 西山：在永州西瀟水邊，長亙數里。
10. 法華：寺名，在陵縣城內東山。
11. 西亭：法華寺中的一個亭子。
12. 染溪：一名冉溪，宗元改為愚溪。
13. 斫：音ㄓㄨㄛˊ。砍。
14. 榛莽：叢生的草木。
15. 茷：音ㄈㄚˊ。草葉盛多貌。
16. 箕踞：伸長兩腿而坐，其形如畚箕。
17. 遨：遊。
18. 岈然：岈，音ㄒㄧㄚ。凸起貌。
19. 洼然：低窪貌。
20. 垤：音ㄉㄧㄝˊ。土堆。
21. 攢：聚集。
22. 蹙：音ㄘㄨˋ。縮小。

柳宗元銅雕像

23. 累積：千里景色，都縮小聚集。
24. 縈青繚白：青色山脈與白色天空。
25. 外與天際：與遠際天空相接。
26. 四望如一：向四周眺望，景色都是相同。
27. 培塿：塿，音ㄌㄡˇ。小土堆。
28. 悠悠乎：形容歷時久遠。
29. 灝氣：大氣，指天地之間的氣層。
30. 涯：盡頭。
31. 洋洋乎：舒緩自得的樣子。
32. 觴：酒杯。
33. 日之入：太陽下山。
34. 與萬化冥合：與大自然融為一體。

【譯文】

自從我成為貶謫之人，居住在永州，時常憂懼不安；閒暇時，緩緩漫步，無拘無束地到各處去遊賞。每天和同伴登上高山，穿入深密的樹林，走盡迴旋曲折的溪流；幽深隱僻的泉水和奇特的岩石，不論多麼遠，沒有不到的。到了目的地，撥開草就地坐下；倒出壺裡的酒，喝個大醉，醉了以後，大家就互相把頭靠在他人身上睡覺，睡著了就做起夢來。心中想到哪裡，做夢時也會夢到那裡。醒了就起身，起身後就回去。我以為永州境內的奇山異水，都是我所遊歷過的，卻不曾知道西山景象的奇異獨特。

今年九月二十八日，因為坐在法華寺的西亭，眺望西山，指點之中才察覺到它的特出之處。於是吩咐僕人渡過湘江，沿著染溪，砍伐叢生的草木，焚燒茂密的茅草，一直到達山頂為止。大家攀緣著爬上西山，伸開兩腿，隨意地坐在地上，遊目四顧，就看見附近幾州的土地，都在坐席之下。

那高低不平的地勢，有的隆起像小土堆，有的深陷像洞穴，那千里之遙的景物，收縮聚集於尺寸之間，不能逃出視野；青山和白雲相互環繞，外緣與天相接，從四面望去，都是如此。此時，我才知道西山的奇特出眾和一般的小山不同，它的高大久遠，與天地同在共存而看不到盡頭。

舉起酒杯，斟滿了酒喝下，一直喝到醉倒在地，連太陽已經下山都不知道。昏暗的夜色，從遠處籠罩過來，直到什麼也看不見時，我還不想回去。此時只覺得心神凝聚安定，形體了無拘束，在不知不覺中，彷彿與萬物融為一體。此時，我才知道以前所遊歷過的山水都不算數，真正的遊賞是從這一次開始，所以寫下本文來記載這件事。

這一年是唐憲宗元和四年。

【賞析】

此文為柳宗元永州八記的首篇，寫於被貶於永州的第四年。柳宗元於仕途上，因主張改革時政，

柳宗元雕像

並參加王叔文所領導的政治革新，引起保守勢力反撲，後王叔文等人遭革職，柳宗元亦受波及，被流放至偏遠的永州擔任司馬一職。柳宗元貶謫永州後，政治理想落空，心情委屈抑鬱，於是寄情於山水之中，以尋求心靈慰藉。不是單純地描寫山川景物，而是透過山水遊記反映內心情感，將其遭謫的悲憤和懷才不遇的痛苦寄寓於文中，使遊記呈現出情景交融的境界。

〔唐朝〕

虯髯客傳

杜光庭

隋煬帝之幸江都也，命司空楊素守西京。素驕貴，又以時亂，天下之權重望崇者莫我若也，奢貴自奉，禮異人臣。每公卿入言，賓客上謁，未嘗不踞床而見，令美人捧出，侍婢羅列，頗僭於上。末年益甚，無復知所負荷，有扶危持顛之心。

一日，衛公李靖以布衣來謁，獻奇策，素亦踞見之。靖前揖曰：「天下方亂，英雄競起，公以帝室重臣，須以收羅豪傑為心，不宜踞見賓客。」素斂容而起，與語大悅，收其策而退。當靖之騁辯也，一妓有殊色，執紅拂立於前，獨目靖，靖既去，而執拂妓臨軒指吏問曰：「去者處士第幾？住何處？」吏具以對，妓頷而去。

靖歸逆旅，其夜五更初，忽聞叩門而聲低者，靖起問焉。乃紫衣戴帽人，杖揭一囊。靖問：「誰？」曰：「妾，楊家之紅拂妓也。」靖遽延入。脫衣去帽，乃十八九佳麗人也。素面華衣而拜。靖驚，答曰：「妾侍楊司空久，閱天下之人多矣，未有如公者。絲蘿非獨生，願託喬木，故來奔耳。」靖曰：「楊司空權重京師如何？」曰：「彼屍居餘氣，不足畏也。諸妓知其無成，去者眾矣。彼亦不甚逐也。計之詳矣。幸無疑焉。」問其姓，曰：「張。」問伯仲之次，曰：「最長。」觀其肌膚、儀狀、言詞、氣性，真天人也。靖不自意獲之，愈喜懼，瞬息，萬慮不安，而窺戶者足無停履。既數日，聞追訪之聲，意亦非峻，乃雄服乘馬，排闥而去。將歸太原。

行次靈石旅舍，既設床，爐中烹肉且熟，張氏以髮長委地，立梳床前。靖方刷馬。忽有一人，中形，赤髯而虬，乘蹇驢而來，投革囊於爐前，取枕敧臥，看張梳頭。靖怒甚，未決，猶刷馬。張熟視其面，一手握髮，一手映身，搖示令勿怒。急急梳頭畢，斂衽前問其姓。臥客答曰：「姓張。」對曰：「妾亦姓張，合是妹。」遽拜之。問：「第幾？」曰：「第三。」問：「妹第幾？」曰：「最長。」遂喜曰：「今日幸逢一妹。」張氏遙呼曰：「李郎且來見三兄！」靖驟拜之。遂環坐。曰：「煮者何肉？」曰：「羊肉，計已熟矣。」客曰：「飢甚！」靖出市胡餅。客抽腰間匕首切肉共食。食竟，餘肉亂切送驢前食之，甚速。客曰：「觀李郎之行，貧士也，何以致斯異人。」曰：「靖雖貧，亦有心者焉。他人見問固不言，兄之問，則無隱耳。」具言其由。曰：「然則將何之？」曰：「將避地太原耳。」曰：「然，吾故謂非君所能致也。」曰：「有酒乎？」曰：「主人西，則酒肆也。」靖取酒一斗。既巡，客曰：「吾有少下酒物，李郎能同之乎？」靖曰：「不敢。」於是開革囊，取一人頭並心肝，卻收頭囊中，以匕首切心肝，共食之。曰：「此人天下負心者，銜之十年，今始獲之，吾憾釋矣。」又曰：「觀李郎儀形器宇，真丈夫也。亦知太原有異人乎？」曰：「嘗識一人，愚謂之真人也。其餘，將相而已。」曰：「何姓？」曰：「靖之同姓。」曰：「年幾？」曰：「近二十。」曰：「今何為？」曰：「州將之愛子也。」曰：「似矣，亦須見之，李郎能致吾一見否？」曰：「靖之友劉文靜者，與之狎，因文靜見之可也。然兄欲何為？」曰：「望氣者言，太原有奇氣，使吾訪之，李郎明發，何日到太原？」靖計之。曰：「某日當到。」曰：「達之，明日方曙，候我於汾陽橋。」言訖，乘驢而去。其行若飛，回顧已遠。公與張氏且驚且喜，久之，曰：「烈士不欺人，固無畏。」促鞭而行。

及期，入太原候之，相見大喜，偕詣劉氏所，詐謂文靜曰：「有善相者，思見郎君，請迎之。」文靜素奇其人，一旦聞有客善相，遽致酒延焉。既而太宗至，不衫不屨，裼裘而來，神氣揚揚，貌與常異。虬髯默居坐末，見之心死，飲數巡，起招靖曰：「真天子也。」靖以告劉，劉益喜，自負。既出，而虬髯曰：「吾得十八九矣。然須道兄見之。李郎宜與一妹復入京，某日午時，訪我於馬行東酒樓下。下有此驢及一瘦騾，即我與道兄俱在其上矣。到即登焉。」又別而去，公與張氏復應之。及期訪焉，即見二乘。攬衣登樓，虬髯與一道士方對飲，見靖驚喜，召坐環飲。十數巡。曰：「樓下櫃中有錢十萬，擇一深隱處駐一妹畢，某日，復會我於汾陽橋。」

如期至，道士與虬髯已先到矣。俱謁文靜。時方弈棋，起揖而語。少焉，文靜飛書迎文皇看棋。道士對弈，虬髯與靖傍侍焉。俄而文皇來，精采驚人，長揖就坐，神氣清朗，滿坐風生，顧盼暐如也。道士一見慘然，斂棋子曰：「此局全輸矣！於此失卻局，奇哉！救無路矣！復奚言！」罷奕請去，既出，謂虬髯曰：「此世界非公世界也。他方可圖。勉之；勿以為念！」因共入京。虬髯曰：「計李郎之程，某日方到。到之明日，可與一妹同詣某坊曲小宅相訪。李郎相從，一妹懸然如磬，欲令新婦祗謁，兼議從容，無前卻也。」言畢，吁嗟而去。

靖策馬遄征，即到京，遂與張氏同往，乃一小板門子，叩之，有應者，拜曰：「三郎令候李郎、一娘子久矣。」延入重門，門益壯麗，婢四十人羅列庭前，奴二十人引靖入東廳。廳之陳設，窮極珍異，箱中妝奩冠鏡首飾之盛，非人間之物。巾櫛妝飾畢，請更衣，衣又珍奇。既畢，傳云：「三郎來！」乃虬髯紗帽裼裘而來，有龍虎之姿，相見歡然。催其妻出拜，蓋亦天人也。遂延中堂，陳設盤宴之盛，雖王公家不侔也。四人對饌訖，陳女樂二十人，列奏於前。飯食妓樂，若從天降，非人間之曲，食畢，行酒。家人自東堂舁出二十床，各以錦繡帕覆之，既陳，盡去其帕，乃文簿鎖匙耳。虬髯謂曰：「此盡是寶貨泉貝之數，吾之所有，悉以充贈。何者？某本欲於此世界求事，或當龍戰三二十載，建少功業。今既有主，住亦何為？太原李氏，真英主也。三五年內，即當太平。李郎以英特之才，輔清平之主，竭心盡善，必極人臣。一妹以天人之姿，蘊不世之藝，從夫而貴，榮極軒裳。非一妹不能識李郎，非李郎不能榮一妹。聖賢起陸之漸，際會如期。虎嘯風生，龍吟雲萃，固非偶然也。將余之贈，以佐真主，贊功業。勉之哉！此後十餘年，當東南數千里外有異事，是吾得志之秋也。一妹與李郎可瀝酒東南相賀。」因命家童列拜曰：「李郎、一妹，是汝主也。」言訖，與其妻從一奴戎裝乘馬而去；數步，遂不復見。

靖據其宅，乃為豪家，得以助文皇締構之資，遂匡天下。貞觀十年，靖位至左僕射平章事，適東南蠻入奏曰：「有海船千艘，甲兵十萬，入扶餘國，殺其主自立。國已定矣。」靖心知虯髯得事也，歸告張氏，具禮相賀，瀝酒東南祝拜之。乃知真人之興也，非英雄所冀，況非英雄者乎？人臣之謬思亂者，乃螳臂之拒走輪耳。我皇家垂福萬葉，豈虛然哉！或曰：「衛公之兵法，半是虯髯所傳也。」

【作者】

杜光庭（850~933），字賓至，一說字聖賓，號東瀛子，處州縉雲（今中國浙江）人。唐朝時著名道士。杜光庭精通儒、道典籍，又對道教作過不少實地調查，生平著述極豐。收入《正統道藏》的有二十七種，《全唐文》收有三百零二篇。杜光庭精注重研究《道德經》。他將以往關於老子的神話傳說進行系統化，樹立老子在道教中的牢固地位。他還編錄了關於洞天福地的宗教神學地理。另著有傳奇小說〈虯髯客傳〉。

〈虯髯客傳〉，是一篇豪俠類唐人傳奇，收錄在宋人李昉所編《太平廣記》中第一九三篇。故事以隋末天下群雄爭霸為背景，牽引出三個名傳後世的英雄人物—李靖、紅拂女與虯髯客之間的俠義故事，後人合稱為「風塵三俠」。敘述虯髯客欲起兵圖謀天下，後見李世民具天子之氣，乃天命所歸；於是將家產慷慨贈予李靖，以協助李世民取天下。虯髯客則遠赴海外，最後取得扶餘國的王位。「唐有天下，天命所歸」為小說主旨，內容雖為虛構，但人物描繪生動，廣為流傳。〈虯髯客傳〉一直被後人尊為武俠小說的典範，故事塑造的人物如紅拂女、虯髯客都是耳熟能詳的人物，金庸尊其為「武俠小說的鼻祖」，後世也有許多深受〈虯髯客傳〉影響的作品，影響力可見一斑。

【注釋】

1.「幸」江都：天子所至。
2.「踞」床：踞，音ㄐㄩˋ。伸開腿坐。
3.頗「僭」於上：僭，音ㄐㄧㄢˋ。超越本分。
4.來「謁」：謁，音ㄧㄝˋ。下見上。
5.「斂」容：端正，動詞。
6.騁辯：施展辯才。
7.「臨」軒：到、至。
8.處士：隱居不當官者。
9.妓「頷」而去：頷，音ㄏㄢˋ。點頭，動詞。
10.逆旅：旅舍。
11.「逆」旅：迎接。
12.「遽」延入：立刻。

13. 來「奔」：嫁娶不經媒。
14. 屍居餘氣：行屍走肉，僅剩一絲氣息。
15. 不甚「逐」：追究。
16. 足無停「屨」：屨，音ㄐㄩˋ。鞋。
17. 意亦非「峻」：嚴厲。
18. 行「次」旅舍：住宿。
19. 排闥：闥，音ㄊㄚˋ。推開大門。
20. 「蹇」驢：蹇，音ㄐㄧㄢˇ。跛足。
21. 「攲」臥：攲，音ㄑㄧ。傾斜。
22. 送驢前「食」之：食，音ㄙˋ。同「飼」，餵。
23. 吾「故」謂：同「固」，本來。
24. 「銜」之十年：銜，音ㄒㄧㄢˊ。懷恨於心。
25. 器宇：胸襟度量。
26. 狎：狎，ㄒㄧㄚˊ。親近。
27. 不衫不屨：未穿正式服裝。
28. 裼裘：在裘衣外罩背心，不拘小節。
29. 神氣「揚揚」：得意貌。

隋煬帝修築的運河

30.「攬」衣：提起。
31.「駐」一妹畢：通「住」，安頓、安置。
32.少焉：不久。
33.俄而：不久。
34.顧盼「暐」如：同「煒」，比喻光亮。
35.坊曲：街坊里巷。
36.懸然如罄：罄，音ㄑㄧㄥˋ。比喻孤單。
37.新婦「祗」謁：祗，音ㄓ。恭敬的，謙詞。
38.遄征：遄，音ㄔㄨㄢˊ。快速前行。
39.妝奩：奩，音ㄌㄧㄢˊ。梳妝用的鏡匣。
40.巾櫛：洗臉梳頭。
41.不「侔」：侔，音ㄇㄡˊ。相等。
42.舁：舁，音ㄩˊ。扛抬。
43.寶貨泉貝：指錢幣。
44.龍戰：群雄爭戰。
45.「不世」之藝：世間少有。
46.「起陸」之漸：騰躍而上。

紅拂女之墓

47. 起陸之「漸」：初始。
48. 龍吟雲「萃」：聚集。
49. 「贊」功業：幫助。
50. 「從」一奴：帶領。
51. 「締構」之資：經營。
52. 「謬」思亂：錯誤、胡亂。
53. 「拒」走輪：抵擋。
54. 垂福萬「葉」：世代。

【譯文】

隋煬帝巡幸揚州，命司空楊素留守都城長安。楊素位尊而驕橫，又認為時局混亂，天下掌握大權、有重望的人，沒有誰比得上自己，因而生活奢侈驕貴，禮節排場也超出臣子所應有的，每逢公卿大臣言事，賓客拜謁，楊素都兩腳岔開坐在床榻上接見，態度傲慢無禮，又令美女簇擁而出，侍婢排列兩旁，可說是輕慢僭上到了極點。楊素晚年這種過度奢貴的情景更加厲害，不再知道自己負有扶持王室，免於顛危的責任。

一天，衛國公李靖以平民身分拜見楊素，獻上奇策。楊素也以輕慢無禮的態度接見。李靖陳指楊素說：「天下正亂，英雄競相崛起。您身為王室重臣，如此傲慢地接見賓客，將無法網羅天下豪傑的心。」楊素因而收斂起傲慢的儀容，素然起立，不但向李靖道歉，與他交談得非常高興，並接受李靖所進獻的計策才從正堂退出。正當李靖滔滔不絕辯論之時，有一女子相貌出眾，手執紅色拂塵，站在前面，獨自看著李靖。李靖走了之後，手拿拂塵者憑欄指著士卒說：「去問問剛剛那個離開未作官的讀書人排行第幾？住在哪裡？」官吏一一回答了，女子口裡念著離開了。

李靖回到旅舍，五更剛過，忽然聽見有人輕聲叩門，李靖起來詢問。是一個紫衣戴帽的人，用木杖上挑著一個行囊。李靖問：「誰？」答道：「我是楊素家執紅拂的女子。」李靖於是趕快請她進來。脫去紫衣摘去帽子，是一個十八、九歲的美麗女子。未施脂粉，身著花衣向前拜禮，李靖吃驚地還禮。女子說：「我侍奉楊素這麼久，看天下的人也多，沒有比得上你的。兔絲、女蘿不能獨自生長，願意託身於喬木之上，所以跑來了。」李靖說：「楊司空在京師的權勢很重。怎麼辦？」紅拂女答：「他不過是垂死之人，不值得害怕。眾女子知道他成不了事，走的人多了。他也不會有追回的行動。考慮已很周詳了，希望你不要疑慮。」李靖問她的姓，答：「姓張。」問她排行，答：「最長。」看她的肌膚、儀容舉止、脾氣性情，真是天仙一般。李靖意外獲得這樣一個女子，又高興又害怕、不安，不停地察看門外，楊府是否有派人追討。幾天裡，也聽到了追查尋訪紅拂女的消息，但沒有嚴厲追索的意思。於是紅拂女穿著男裝推門而出，乘馬和李靖一起回太原。

途中留宿在靈石的旅舍中，擺好几案，爐中煮的肉將熟了。張氏放下長髮，站在床前梳理。李靖則在外面洗刷馬匹。忽然有一個人，中等身材，滿腮捲曲的紅鬍鬚，緩緩騎著虛弱的驢子而來。把皮革的包裹扔在爐前，拿枕頭倚臥著，看著張氏梳頭。李靖非常生氣，但沒有發作，還在刷馬。張氏注目細看來者的面容，一手握著頭髮，一手放在身後向李靖搖手示意，讓他不要發怒。張氏急忙梳理好，整理衣襟上前問姓氏。臥在那兒的客人答：「姓張。」張氏回答道：「我也姓張。應該是妹」。於是向他行禮。問排行第幾。答：「第三。」他就問張氏第幾，答：「最長。」虬髯客於是高興地說：「今天真幸運遇上一妹。」張氏遠遠地叫道：「李郎快來拜見三哥。」李靖急忙拜見。於是三人環繞桌子坐下。客問：「煮的什麼肉？」答：「羊肉，估計已熟了。」客說：「餓了。」李靖出去買芝麻燒餅。客人抽出腰間的匕首，切肉一起吃。吃完，剩下的肉亂切了幾刀遞到驢前餵給驢吃，速度很快。客人說：「看李靖的樣子，是貧士。如何得到此一出色之人？」李靖說：「我雖貧困，也是有心的人。他人問我，我一定不說。兄長問，就不瞞你。」一一說出事情的由來。客問：「那麼將去哪？」李靖說：「將到太原躲避。」客說：「那麼我本就不是你要投奔的人了。」又問：「有酒嗎？」李靖說：「客店西邊就是酒肆。」李靖取來一斗酒。斟過一遍酒後，客說：「我有些下酒物，你能和我一起吃嗎？」李靖說：「不敢。」客打開革製的包裹，取出一個人頭和心肝。把頭扔回囊中，用匕首切心肝，一塊吃。說：「這人是天下的負心人，含恨已有十年，如今捉住此一負心人，我已經沒有遺憾了。」又說：「看李郎你的儀表氣度，是真正的男子漢大丈夫。也聽說太原有個不尋常的人嗎？」李靖答：「曾經認識一個人，我認為他是真命天子。其餘的人不過可作將帥罷了。」客問：「他姓什麼？」李靖答：「和我同姓。」客說：「多大年紀？」答道：「僅二十歲。」客說：「現在做什麼？」李靖說：「是州將的兒子。」客說：「像是了。我也須見他。你能讓我見他一面嗎？」李靖說：「我的朋友劉文靜和他親近。憑藉劉文靜可以見他。但是你為什麼要見呢？」客說：

「望氣的人說太原有奇異的氣象，讓我尋訪這王氣。你明天出發，何日能到太原？」李靖計算到達的日子。客說：「到達的第二天，天剛亮時在汾陽橋等我。」說完，騎驢而去，速度如飛，回頭間再看就看不見了。

李靖和張氏又驚又喜，很久才說：「豪俠之士不會騙人，本來就不要畏懼。」到了約定的日子去尋訪，清楚地看見兩頭坐騎。提著衣襟登上樓，虯髯客與一道士正在對飲，見李靖很是驚喜，招呼坐下，圍坐飲酒。酒斟過十多遍，客說：「樓下的櫃中有錢十萬。選一隱秘處把一妹安頓。某日再到汾陽橋會我。」

李靖在約定的日子到了汾陽橋，道士和虯髯客已經到了。一同去拜見劉文靜，劉文靜當時正在下棋。作揖之後就談心了。劉文靜連忙派人去接李世民來。道士和劉文靜下棋，虯髯客和李靖在一旁陪著。不一會兒，李世民到來。神采驚人，作了個長揖坐下。神清氣爽滿坐氣氛頓時活躍，左顧右盼，目光炯炯有神。道士一見十分傷心，下了一棋子說：「這局全輸了！在此失掉全局了！無路可救！還說什麼！」停止下棋，請求離去。出了府，道士對虯髯客說：「這個世界不是你的世界，別的地方可以。勉力為之；不要把這放在心上。」於是共同入京。分別的時候虯髯客對李靖說：「計算你的行程，某日才到。到的第二天，可與大妹同往某個里巷的小屋中找我。你和大妹相從，結為夫婦，貧窮得什麼都沒有。想讓我的妻子出來拜見，順帶隨便談談，不要推辭。」說完，歎息而去。

李靖策馬而回。一到京城，就與張氏同去拜訪虯髯客。見到一小板門，敲門，有人應聲，說：「三郎讓我們恭候李郎和娘子已多時了。」請進裡門，門更壯闊。四十位婢女，排列庭前。二十位奴僕引領李靖進入東廳，廳上的陳列擺設，都是極為珍貴稀有的東西。箱子中的裝扮飾物非常多，不是人間尋常之物。裝飾完畢，又請去換衣，衣服也非常珍奇。換好衣服，有人傳話道：「三郎來了！」正是虯髯客，頭戴紗帽，身著裘衣而來，也有龍虎之氣，相貌不凡。大家高興地相見。客催促他的妻子出來拜見，也是天仙一般的人。於是引進中堂，擺設下的酒筵非常豐盛，即使王公貴族之家也不能相比。四人入席後，又叫出二十位歌舞女，在面前排列演奏，樂聲似從天降，不是人間的曲子。吃完飯，又行酒令。家人從東堂抬出二十個几案，每個都用錦繡織成的巾帕蓋著。排列擺放好後，全部揭去巾帕，是文簿和鑰匙。虯髯客說：「這是全部的寶物錢幣的數量。我所有的東西，全部贈送給你。為什麼？想要在這世界求得成事，就當征戰三、二十年，建少許功業。現在既然天下有主，還住在這裡幹什麼？太原的李氏，是真正的英明的君王！三五年內，就能遇上太平。你憑著奇特的才能，輔佐太平君主，全力為善，一定會做上最高的官。大妹憑著天仙般的容貌，藏有不尋常的才藝，隨著丈夫富貴，可以享受榮華富貴的生活。不是大妹，就不能使李郎受到賞識；不是李郎，就不能使大妹享受榮華。帝王的興起，就會有一些輔佐他的人就像是約定好一樣如期而至，就像虎嘯生風，龍吟雲中一樣，本來就不是偶然的。拿著我的贈送，輔佐真命天子，幫助他成就功業，勉力為之吧！這之後再過十年，東南方數千里之外有不尋常的事，就是我得以成事的時候。大妹和李郎可以向東南方灑酒恭賀我。」於是命家中童僕排列叩拜，說：「李郎、大妹是你們的主人。」說完，和他的妻子帶著一個奴僕，騎馬離去。走了幾步，就看不見了。

李靖擁有了這個宅子，就成了豪富之家，得以用資財資助李世民創業，於是平定天下。貞觀十年，李靖任左僕射平章事。適逢南蠻入朝上奏說：「有千艘海船，十萬兵士，進入扶餘國，殺死它的君王，自立為王。現在國家已經平定了。」李靖心知是虬髯客已經成事。回來告訴張氏，穿著禮服一同拜賀，向東南方灑酒祝禱叩拜。這就知道真命天子的出現，不是英雄所能希望的，何況那些不是英雄的人呢！作為別人的臣子而荒謬地妄想作亂的人，就是螳臂擋車罷了。我皇家垂福於萬世，哪裡是虛假的！有人說：「衛國公李靖的兵法，半數是虬髯客所傳授的。」

【賞析】

〈虬髯客傳〉以楊素寵妓紅拂私奔李靖的愛情故事為線索，寫二人在赴太原途中與隋末豪俠虬髯客相逢，結為至交。虬髯客志向甚大，欲謀帝位，但見到李世民後，為其英氣所折服，遂與李靖、紅拂慨然辭別，退避海上，另謀出路。這是三位極具英雄氣概的人物，他們不像一般俠士那樣在乎個人恩怨，也不以非凡的武功見長，卻能居於亂世而縱觀天下，以其對時勢的清醒認識和對未來的明智抉擇展示出大俠的膽氣和精神境界。

風塵三俠

〔唐朝〕祭十二郎文

韓愈

年月日，季父愈聞汝喪之七日，乃能銜哀致誠，使建中遠具時羞之奠，告汝十二郎之靈：

嗚呼！吾少孤，及長，不省所怙，惟兄嫂是依。中年，兄歿南方，吾與汝俱幼，從嫂歸葬河陽，既又與汝就食江南，零丁孤苦，未嘗一日相離也。吾上有三兄，皆不幸早世。承先人後者，在孫惟汝，在子惟吾。兩世一身，形單影隻。嫂嘗撫汝指吾而言曰：「韓氏兩世，惟此而已！」汝時尤小，當不復記憶；吾時雖能記憶，亦未知其言之悲也。

吾年十九，始來京城。其後四年，而歸視汝。又四年，吾往河陽省墳墓，遇汝從嫂喪來葬。又二年，吾佐董丞相於汴州，汝來省吾；止一歲，請歸取其孥。明年，丞相薨，吾去汴州，汝不果來。是年，吾佐戎徐州，使取汝者始行，吾又罷去，汝又不果來。吾念汝從於東，東亦客也，不可以久；圖久遠者，莫如西歸，將成家而致汝。嗚呼！孰謂汝遽去吾而歿乎？吾與汝俱少年，以為雖暫相別，終當久相與處，故捨汝而旅食京師，以求斗斛之祿。誠知其如此，雖萬乘之公相，吾不以一日輟汝而就也。

去年，孟東野往。吾書與汝曰：「吾年未四十，而視茫茫，而髮蒼蒼，而齒牙動搖。念諸父與諸兄，皆康彊而早世，如吾之衰者，其能久存乎？吾不可去，汝不肯來，恐旦暮死，而汝抱無涯之戚也！」孰謂少者歿而長者存，彊者夭而病者全乎？嗚呼！其信然邪？其夢邪？其傳之非其真邪？信也，吾兄之盛德而夭其嗣乎？汝之純明而不克蒙其澤乎？少者、彊者而夭歿，長者、衰者而存全乎？未可以為信也。夢也，傳之非其真也，東野之書，耿蘭之報，何為而在吾側也？嗚呼！其信然矣！吾兄之盛德而夭其嗣矣！汝之純明宜業其家者，不克蒙其澤矣！所謂天者誠難測，而神者誠難明矣！所謂理者不可推，而壽者不可知矣！雖然，吾自今年來，蒼蒼者或化而為白矣，動搖者或脫而落矣；毛血日益衰，志氣日益微，幾何不從汝而死也！死而有知，其幾何離；其無知，悲不幾時，而不悲者無窮期矣！汝之子始十歲，吾之子始五歲，少而彊者不可保，如此孩提者，又可冀其成立邪！嗚呼哀哉！嗚呼哀哉！

汝去年書云：「比得軟腳病，往往而劇。」吾曰：「是疾也，江南之人，常常有之。」未始以為憂也。嗚呼！其竟以此而殞其生乎？抑別有疾而致斯乎？汝之書，六月十七日也。東野云：汝歿以六月二日。耿蘭之報無月日。蓋東野之使者，不知問家人以月日；如耿蘭之報，不知當言月日。東野與吾書，乃問使者，使者妄稱以應之耳。其然乎？其不然乎？

今吾使建中祭汝，弔汝之孤，與汝之乳母。彼有食，可守以待終喪，則待終喪而取以來；如不能守以終喪，則遂取以來。其餘奴婢，並令守汝喪。吾力能改葬，終葬汝於先人之兆，然後惟其所願。

嗚呼！汝病吾不知時，汝歿吾不知日；生不能相養以共居，歿不得撫汝以盡哀；斂不憑其棺，窆不臨其穴。吾行負神明，而使汝夭；不孝不慈，而不得與汝相養以生，相守以死。一在天之涯，一在地之角；生而影不與吾形相依，死而魂不與吾夢相接。吾實為之，其又何尤！彼蒼者天，曷其有極！自今以往，吾其無意於人世矣！當求數頃之田，於伊潁之上，以待餘年，教吾子與汝子，幸其成；長吾女與汝女，待其嫁，如此而已！嗚呼！言有窮而情不可終，汝其知也邪！其不知也邪！嗚呼哀哉！尚饗！

【作者】

韓愈（768～824，唐代宗大曆三年至穆宗長慶四年，年五十七），字退之，河南河陽（今河南孟縣）人，祖籍郡望昌黎（今屬河北徐水縣西，一說遼寧義縣），自稱昌黎韓愈，世稱韓昌黎；晚年任吏部侍郎，又稱韓吏部。卒謚文，世稱韓文公。唐代文學家，與柳宗元是當時古文運動的倡導者。蘇軾稱讚他「文起八代之衰，道濟天下之溺。」散文、詩，均有名。著作有《昌黎先生集》。

【注釋】

1. 年月日：舊注是唐德宗禎元十九年五月十六日。與祭文中所說的時間有矛盾。

2. 季父：古人排兄弟次序為伯、仲、叔、季。韓愈在兄弟中最小，故對十二郎自稱季父。今通稱叔父。喪：死。

3. 銜：同「含」。
4. 建中：僕人名。
5. 羞：同「饈」，食物。
6. 奠：祭，這裡指祭品。
7. 十二郎：韓愈的姪子韓老成，他在同輩兄弟中排行第十二，故稱。韓老成本是二哥韓介所生，後過繼給大哥韓會。
8. 少：小。
9. 怙：古人以幼年喪父為孤。
10. 省：明白，知曉。
11. 兄嫂是依：依靠兄嫂（韓會及其妻鄭氏）
12. 兄歿南方：韓會在大歷十二年死於紹州（在今廣東省）刺使任內，年四十一歲。歿，死亡。
13. 河陽：今河南孟縣，韓愈的故鄉。
14. 就食江南：去江南莊園過日子。就，向、歸。江南，只長江以南的宣州。韓家在宣州（今安徽宣城）有座莊園。唐德宗建中二年，北方幾個節度使叛亂，韓家避難到宣州莊園。
15. 早世：早死
16. 京城：指唐王朝首都長安（今陝西西安市）。
17. 省：看望，探視。

18.喪：喪事。

19.董丞相：董晉，時為宣武軍節度使，駐汴州（今河南開封市），韓愈在董晉的幕下任觀察推官（主管刑獄的官）。

20.孥：音ㄋㄨˊ。妻子和兒女。

21.薨：音ㄏㄨㄥ。古時諸侯和二品以上大官死亡稱。

22.左戎徐州：徐州，今屬江蘇省。貞元十五年，韓愈在徐泗濠節度使張建封幕下任節度推官，駐徐州。

23.吾又罷去：罷，解除官職。去，離開。貞元十五年夏，韓愈離開徐州住洛陽。

24.東：指州、徐州。西：指長安。

25.遽：匆忙。

26.斗斛之祿：斗、斛，都是量器。祿，官吏薪俸。斗斛之祿，即微薄的薪俸。

27.萬乘：萬輛車，形容車馬很多。

28.公相：指三公（太師、太傅、太保，或大司馬、大司徒、大司空），宰相。

29.輟：中止，離開。

30.就：趨從，接受。

31.孟東野：即孟郊，唐代著名詩人，韓愈的朋友。當時孟郊任溧陽尉，十二郎在宣州韓家莊園，兩地相距不遠，所以韓愈託孟郊帶信給十二郎。

32. 諸父：伯父、叔父的統稱。
33. 戚：悲傷。
34. 耿蘭：韓家僕人名。
35. 蒼蒼者：指頭髮。
36. 動搖者：指牙齒。
37. 毛血：指體質。
38. 志氣：指精神。
39. 汝之子：十二郎的兒子韓湘。吾之子：韓愈的大兒子韓昶。
40. 比：近來。軟腳病：即腳氣病，以腿足軟弱，病從腳起，故名。
41. 殞：死亡。
42. 六月十七日：這是「去年（貞元十八年）」十二郎寫信的日子。
43. 孤：指十二郎的兒子。
44. 先人之兆：祖宗墓地。兆：本指目的的界域，也指墓地。
45. 斂：同「殮」。給死人穿衣入棺。
46. 穴：落葬，即把棺材放進墓穴。
47. 天涯地角：形容相距遙遠，不能見面。
48. 影、魂：指十二郎的身影、靈魂。

韓愈的〈祭十二郎〉

49. 彼：那。
50. 蒼者天：蒼天，即天。
51. 曷：難道。
52. 其：代指上述生離死別的痛苦。
53. 人世：人世間事，意指做官。
54. 頃：百畝唯一頃。
55. 伊、潁：二水名，都在今河南省境。這裡指韓愈的家鄉。
56. 尚饗：也做「尚享」

【譯文】

某年某月某日，叔父愈聽到你死訊後的第七天，才能含著哀傷，表達內心的誠意，派遣建中從遠處備辦應時佳肴為祭品，祭禱十二郎的亡靈：

唉！我年幼就沒有父親，等到長大以後，始終不記得父親的模樣，只有依靠哥哥嫂嫂過活。哥哥中年死於南方，那時我和你年紀都還很小，跟著嫂嫂護送哥哥的靈柩回到河陽安葬；不久以後，又和你到江南謀生。雖然孤單困苦，卻不曾有一天分開過。我上面有三位哥哥，都不幸很早就去世了。承繼先人香火的，孫輩裡只有你，兒輩裡只有我；兩代都是單傳，孤獨無依。嫂嫂曾抱著你並指著我說：「韓家兩代，只有你們兩人了！」那時候你年紀比我更小，應當不會記得的；我那時雖能記憶，

韓愈畫像

卻也不了解她話中的悲痛。

我十九歲那年，才來到京城。以後過了四年，回去看過你一次；又過了四年，我到河陽去掃墓，正遇到你護送嫂嫂的靈柩回來安葬。又過了兩年，我在汴州輔佐董丞相做事，你來探望我；只住了一年，就請求回去接你的妻兒同來。第二年，丞相去世了，我離開汴州，你不能來。這一年，我到徐州佐理事務，我派遣去接你的人剛走不久，我又離職，你又不能前來。我想就算你能跟我一起到徐州，也只是暫時作客，不能久居；若要圖謀長久之計，最好是往西回到故鄉，等我成立家業以後，再接你來同住。唉！誰想得到你竟忽然離開我而去世了！我和你都還年輕，以為雖然暫時相別，以後終能長久住在一起，因此才離開你到京城去謀生，以求取微薄的俸祿；如果那時知道會這樣的話，就算是大國的公卿宰相，我也不會片刻離開你而去就任。

去年，孟東野到江南去，我託他帶給你的信裡說：「我年紀還不到四十歲，可是視力已經有點模糊，頭髮也漸漸變成灰白，牙齒也動搖了。想到父親和諸位叔父及哥哥們，都是身體健康卻早年去世，那麼像我這樣衰弱的體質，豈能長久存活？我無法到江南去，你又不肯前來，恐怕有一天我去世了，會讓你懷著無窮的悲傷！」誰料得到年輕的竟然先去世而年長的反而活著，強壯的人竟會夭折而病弱的人反而健在呢！唉！這消息是真的嗎？還是作夢呢？或是傳來的消息不確實呢？如果是真的，以我哥哥那樣的美德，為何使他的後嗣夭折呢？像你這樣的純正賢明，為何不能承受他的福澤嗎？年輕的、強壯的竟然夭折死亡，年長的、病弱的反而存活保全，不能認為這是真的；是作夢，是傳聞不確實，可是東野的信函，耿蘭寄來的喪報，為什麼在我的身邊呢？唉！這消息是真的了！以我哥哥那樣的美德，卻夭折了他的後嗣！像你這樣的純正賢明，應該能繼承其家業的，卻不能承受他的福澤了！所謂天理實在難以測度，而神意實在難以明白！所謂情理真的不可預測，而壽命真的無法預知啊！雖然如此說，我從今年以來，灰白的頭髮有些已經變成全白了，動搖的牙齒有些已經脫落了。體力一天比一天衰弱，精神一天比一天萎靡，還能有多久就會跟著你死去。如果死後還能有知覺的話，那麼我們分離不了多久；如果死後沒有知覺的話，那麼，悲傷的日子便沒有多久，而不悲傷的日子就沒有盡期了！你的兒子才十歲，我的兒子才五歲；年輕而強壯的都不能保全，像這樣幼小的孩子，又怎麼能期望他們能長大成人呢？唉！悲傷啊！唉！悲傷啊！

你在去年來信說：「近來得了軟腳病，常常痛得很厲害。」我說：「這種病，住在江南的人，常常會有。」不曾把它當做是值得憂慮的事。唉！難道說你竟因此而喪命嗎？還是另外有別的病而致死的呢？你的來信，是六月十七日寫的。東野卻說你是在六月初二去世；耿蘭的喪報裡，沒有寫日期。大概是東野的僕人，不知道向家人問清楚日期，而耿蘭的喪報，不知道應該說明日期。東野寫給我的信，是向僕人詢問的，僕人隨便說個日期來回答他罷了。是這樣呢？或者不是這樣呢？

現在我派遣建中來祭奠你，並慰問你的孩子和你的乳母。他們如果還有吃的食物，能夠守滿你的喪期，那麼就等到喪期滿了再接他們到這裡來；如果不能守滿你的喪期，那麼就立即接他們到這裡來。其餘的奴婢，也要他們為你守喪。我有能力為你改葬，一定將你安葬在先人的墓地上，這樣才算是我的心願。

唉！你生病我不知道時間，你去世我也不知道日期；你在世的時候，不能照料你和你住在一起，你去世時，不能撫屍以傾訴哀痛之情；入殮時，不能守在你棺木旁邊，下葬時不能親臨墓穴。我的行為辜負了神明，因而使你夭折；我對上不孝，對下不慈，不能和你相依為命，廝守到死。一個在天涯，一個在地角；你在世時不能和我形影相依，死後不能和我魂夢相接。這都是我造成的，還能埋怨誰呢？蒼天啊，我的悲傷何時才有盡頭呢！從今以後，我將不再留戀人世間的榮華了！我將在伊水或潁水邊購買幾頃田地，度過我的餘年，教導我的兒子和你的兒子，希望他們長大成材；撫養我的女兒和你的女兒，等到他們出嫁，我的心願就是這樣罷了。

唉！話有說完的時候而情意卻沒有盡頭，你是知道呢？還是不知道呢？唉！悲傷啊！希望你來享用這些祭品吧！

【賞析】

這篇祭文強烈的感情力量，如此深刻地感染讀者，得力於作者高超的語言文字技巧。作者全用散文句調和平易曉暢的家常生活語言，長長短短，錯錯落落，奇偶駢散，參差駢散，行於所當行，止於不得不止；疑問、感嘆、陳述等各種句式，反覆、重疊、排比、呼告等多種修辭手法，任意調遣，全依感情需要。再加之作者取與死者促膝談心的形式，呼「汝」喚「你」，似乎死者也能聽到「我」的聲音，顯得異常自然而真切。這樣全文就形成了一種行雲流水般的語言氣勢和令人如聞咳謦的感情氛圍。

〔唐朝〕祭鱷魚文

韓愈

維年月日，潮州刺史韓愈，使軍事衙推秦濟，以羊一豬一，投惡谿之潭水，以與鱷魚食，而告之曰：

昔先王既有天下，烈山澤，罔繩擉刃，以除蟲蛇惡物，為民害者，驅而出之四海之外。及後王德薄，不能遠有，則江、漢之閒，尚皆棄之，以與蠻、夷、楚、越，況潮嶺海之閒，去京師萬里哉？鱷魚之涵淹卵育於此，亦固其所。

今天子嗣唐位，神聖慈武。四海之外，六合之內，皆撫而有之。況禹跡所揜，揚州之近地，刺史縣令之所治，出貢賦以供天地宗廟百神之祀之壤者哉？鱷魚其不可與刺史雜處此土也！

刺史受天子命，守此土，治此民。而鱷魚睅然不安谿潭，據處食民畜，熊豕鹿獐，以肥其身，以種其子孫；與刺史抗拒，爭為長雄。刺史雖駑弱，亦安肯為鱷魚低首下心。伈伈睍睍，為民吏羞，以偷活於此耶？且承天子命以來為吏，固其勢不得不與鱷魚辨。鱷魚有知，其聽刺史言！潮之州，大海在其南。鯨鵬之大，蝦蟹之細，無不容歸，以生以食，鱷魚朝發而夕至也。今與鱷魚約：盡三日，其率醜類南徙於海，以避天子之命吏！三日不能，至五日；五日不能，至七日；七日不能，是終不肯徙也；是不有刺史，聽從其言也；不然，則是鱷魚冥頑不靈，刺史雖有言，不聞不知也。夫傲天子之命吏，不聽其言，不徙以避之，與冥頑不靈而為民物害者，皆可殺。刺史則選材技吏民，操強弓毒矢，以與鱷魚從事，必盡殺乃止。其無悔！

【注釋】

1. 維：在。
2. 潮州：州名，治所海陽（今廣東潮安縣），轄境相當於今廣東省平遠縣、梅縣、豐順縣、普寧縣、惠來縣以東地區。
3. 刺史：州的行政長官。軍事衙推：州刺史的屬官。
4. 惡溪：在潮安境內，又名鱷溪、意溪，韓江經此，合流而南。

5. 列：同「烈」。

6. 罔：同「網」。

7. 搐：音ㄔㄨˋ。刺。

8. 蠻：古時對南方少數民族的貶稱。

9. 夷：古時對東方少數民族的貶稱。

10. 楚、越：泛指東南方偏遠地區。

11. 嶺海：嶺，即越城、都龐、萌渚、騎田、大庾等五嶺，地處今湘、贛、桂、粵邊境。海，南海。

12. 今天子：指唐憲宗李純。

13. 禹：大禹，傳說中古代部落聯盟的領袖。曾奉舜之命治理洪水，足跡遍於九州。

14. 揜：音ㄧㄢˇ。同「掩」。

15. 揚州：傳說大禹治水以後，把天下劃為九州，揚州即其一。

16. 睅然：睅，音ㄏㄢˋ。瞪起眼睛，很兇狠的樣子。

17. 長：音ㄓㄤˇ。用作動詞。

18. 駑：音ㄋㄨˊ。劣馬。

19. 伈伈：伈，音ㄒㄧㄣˇ。恐懼貌。

20. 睍睍：睍，音ㄒㄧㄢˋ。眯起眼睛看，喻膽怯。

21. 鵬：傳說中的巨鳥，由鯤變化而成，也能在水中生活。

陽山韓愈石雕像

22. 冥頑：愚昧無知。

【譯文】

某年某月某日，潮州刺史韓愈派遣部下軍事衙推秦濟，把羊一頭、豬一頭，投入惡溪的潭水中，送給鱷魚吃，同時又警告它：

古時候的帝王擁有天下後，放火焚燒山嶺和澤地的草木，用繩索去網捉、用利刃去刺殺，以除滅蟲、蛇等那些給人民帶來危害的可惡動物，並把它們驅逐到四海之外去。到了後世，帝王的德行威望不夠，不能統治遠方；於是，長江、漢水之間的大片土地只得放棄給東南各族；更何況潮州地處五嶺和南海之間，離京城有萬里之遙呢！鱷魚之所以潛伏、生息在此地，也就很自然了。

當今天子繼承了大唐帝位，神明聖偉，仁慈英武，四海之外，天地四方之內，都在他的安撫統轄之下；更何況潮州是大禹足跡所到過的地方，是古代揚州的地域，是刺史、縣令治理的地區，又是交納貢品、賦稅以供應皇上祭天地、祭祖宗、祭神靈的地方呢？鱷魚，你是不可以同刺史一起生活在這塊土地上的。

刺史受天子之命，鎮守這塊土地，治理這裡的民眾，而鱷魚竟敢不安份守己地待在溪潭水中，卻占據一方吞食民眾的牲畜、熊、豬、鹿、獐、來養肥自己的身體、繁衍自己的後代；又膽敢與刺史抗衡，爭當統領一方的英雄；刺史雖然軟弱無能，又怎麼肯向鱷魚低頭屈服，膽怯害怕，給治理百姓的官吏丟臉，並在此地苟且偷安呢！而且刺史是奉天子的命令來這裡當官的，勢必不得不與鱷魚爭辯明白。

鱷魚如果能夠知道，你就聽刺史我說：潮州這地方，大海在它的南面，大至鯨、鵬，小至蝦、蟹，沒有不在大海裡歸宿藏身，生活取食的，鱷魚早上從潮州出發，晚上就能到達大海。現在，刺史與鱷魚約定：為多三天，務必率領那批醜類南遷到大海去，以躲避天子任命的地方官；三天辦不到，就放寬到五天；五天辦不到，就放寬到七天；七天還辦不到，這就表明最終不肯遷移了。這就是不把刺史放在眼裡，不肯聽他的話；不然的話，就是鱷魚愚蠢頑固，雖然刺史已經有言在先，但還是聽不進，不理解。凡對天子任命的官吏傲慢無禮，不聽他的話，不肯遷移躲避，以及愚蠢頑固而又殘害民眾的牲畜，都應該處死。刺史就要挑選有才幹有技能的官吏和民眾，操起強硬的弓弩，安上有毒的箭鏃，來同鱷魚作戰，一定要把鱷魚全部殺盡才肯罷手。你們可不要後悔啊！

【賞析】

元和十四年（819），韓愈因諫迎佛骨，觸怒了唐憲宗，幾乎被殺，幸虧裴度救援才被貶為潮州刺史。韓愈剛到潮州，就聽說境內的惡溪中有鱷魚為害，把附近百姓的牲口都吃光了。於是寫下這篇〈祭鱷魚文〉，勸戒鱷魚搬遷。不久，惡溪之水西遷六十里，潮州境內永遠消除了鱷魚之患。這一傳說固然不可信，但這篇文章仍不失為佳作，體現了韓愈為民除害的思想；文章雖然短小，卻義正詞嚴，跌宕有力。一般祭文的內容都是哀悼或禱祝，此文卻實為檄文，如興問罪之師，這也是韓愈為文的大膽之處。

〔唐朝〕

進學解

韓愈

國子先生，晨入太學，召諸生立館下，誨之曰：「業精於勤，荒於嬉。行成於思，毀於隨。方今聖賢相逢，治具畢張，拔去兇邪，登崇俊良。占小善者率以錄，名一藝者無不庸。爬羅剔抉，刮垢磨光。蓋有幸而獲選，孰云多而不揚？諸生業患不能精，無患有司之不明；行患不能成，無患有司之不公。」

言未既。有笑於列者曰：「先生欺余哉！弟子事先生，於茲有年矣。先生口不絕吟於六藝之文，手不停披於百家之編。記事者必提其要，纂言者必鉤其玄。貪多務得，細大不捐。焚膏油以繼晷，恆兀兀以窮年：先生之於業，可謂勤矣。

觝排異端，攘斥佛老。補苴罅漏，張皇幽眇。尋墜緒之茫茫，獨旁搜而遠紹。障百川而東之，迴狂瀾於既倒：先生之於儒，可謂有勞矣。

沈浸醲郁，含英咀華，作為文章，其書滿家。上規姚姒，渾渾無涯。周誥殷盤，佶屈聱牙。春秋謹嚴，左氏浮誇。易奇而法，詩正而葩。下逮莊騷，太史所錄。子雲、相如，同工異曲；先生之於文，可謂閎其中而肆其外矣！

少始知學，勇於敢為。長通於方，左右俱宜：先生之於為人，可謂成矣。

然而公不見信於人，私不見助於友。跋前躓後，動輒得咎。暫為御史，遂竄南夷。三年博士，冗不見治。命與仇謀，取敗幾時！冬暖而兒號寒，年豐而妻啼飢。頭童齒豁，竟死何裨？不知慮此，而反教人為！」

先生曰：「吁！子來前。夫大木為杗，細木為桷。欂櫨侏儒，椳闑扂楔。各得其宜，施以成室者，匠氏之工也。玉札、丹砂，赤箭、青芝，牛溲，馬勃，敗鼓之皮，俱收並蓄，待用無遺者，醫師之良也。登明選公，雜進巧拙，紆餘為妍，卓犖為傑，校短量長，惟器是適者，宰相之方也。

昔者孟軻好辯，孔道以明。轍環天下，卒老於行。荀卿守正，大論是宏。逃讒於楚，廢死蘭陵。是二儒者，吐辭為經，舉足為法。絕類離倫，優入聖域，其遇於世何如也？

今先生學雖勤而不繇其統，言雖多而不要其中。文雖奇而不濟於用，行雖修而不顯於眾。猶且月費俸錢，歲靡廩粟。子不知耕，婦不知織。乘馬從徒，安坐而食。踵常途之促促，窺陳編以盜竊。然而聖主不加誅，宰臣不見斥，茲非其幸歟？動而得謗，名亦隨之。投閑置散，乃分之宜。若夫商財賄之有亡，計班資之崇庳。忘己量之所稱，指前人之瑕疵。是所謂詰匠氏之不以杙為楹，而訾醫師以昌陽引年，欲進其豨苓也。」

【注釋】

1. 國子先生：韓愈自稱，當時他任國子博士。唐朝時，國子監是設在京都的最高學府，下面有國子學、太學等七學，各學置博士為教授官。國子學是為高級官員子弟而設的。

2. 太學：這裡指國子監。唐朝國子監相當於漢朝的太學，古時對官署的稱呼常有沿用前代舊稱的習慣。

3. 嬉：戲樂，遊玩。

4. 隨：不經意，隨便。

5. 治具：治理的工具，主要指法令。

6. 畢：全部。

7. 張：指建立、確立。

8. 畯：通「俊」，才智出眾。

9. 率：都。

10. 庸：通「用」，採用、錄用。

11. 爬羅剔抉：意指仔細搜羅人才。爬羅，爬梳搜羅。剔抉，剔除挑選。刮垢磨光：刮去污垢，磨出光亮，意指精心造就人才。

12. 有司：負有專責的部門及其官吏。

13. 六藝：指儒家六經，即《詩》、《書》、《禮》、《樂》、《易》、《春秋》六部儒家經典。

14. 纂：編集。纂言者，指言論集、理論著作。

15. 膏油：油脂，指燈燭。

16. 晷：音ㄍㄨㄟˇ。日影。

17. 恒：經常。

18. 兀兀：兀，音ㄨˋ。辛勤不懈的樣子。

19.窮：終、盡。
20.異端：儒家稱儒家以外的學說、學派為異端。
21.攘：音ㄖㄤˇ。排除。
22.老：老子，道家的創始人，這裡借指道家。
23.苴：音ㄐㄩ。鞋底中墊的草，這裡做動詞用，是填補的意思。
24.罅：音ㄒㄧㄚˋ。裂縫。
25.皇：大。
26.幽：深。
27.眇：微小。
28.緒：前人留下的事業，這裡指儒家的道統。韓愈〈原道〉認為，儒家之道從堯舜傳到孔子、孟軻，以後就失傳了，而他以繼承這個傳統自居。
29.英、華：都是花的意思，這裡指文章中的精華。
30.姚姒：相傳虞舜姓姚，夏禹姓姒。周誥：《尚書•周書》中有《大誥》、《康誥》、《酒誥》、《召誥》、《洛誥》等篇。誥是古代一種訓誡勉勵的文告。
31.殷《盤》：《尚書》的《商誥》中有《盤庚》上、中、下三篇。
32.佶屈：屈曲。
33.聱牙：形容不順口。

34.《春秋》：魯國史書，記載魯隱西元年（前722）到魯哀公十四年（前481）間史事，相傳經孔子整理刪定，敘述簡約而精確，往往一個字中寓有褒貶（表揚和批評）的意思。

35.《左氏》：指《春秋左氏傳》，簡稱《左傳》。相傳魯史官左丘明作，是解釋《春秋》的著作，其鋪敘詳贍，富有文采，頗有誇張之處。

36.《易》：《易經》，古代占卜用書，相傳周人所撰。通過八卦的變化來推算自然和人事規律。

37.《詩》：《詩經》，我國最早的一部詩歌總集，保存西周及春秋前期詩歌三百零五篇。

38. 逮：及、到。

39.《莊》：《莊子》，戰國時思想家莊周的著作。

40.《騷》：《離騷》。戰國時大詩人屈原的長詩。

41. 太史：指漢代司馬遷，曾任太史令，也稱太史公，著《史記》。

42. 子雲：漢代文學家揚雄，字子雲。

43. 相如：漢代辭賦家司馬相如。

44. 見信、見助：被信任、被幫助。見在動詞前表示被動。

45. 跋：音ㄅㄚˊ。踩。

46. 躓：音ㄓˋ。絆。

47. 輒：常常。

48. 竄：竄逐，貶謫。

49. 南夷：韓愈於貞元十九年（803）授四門博士，次年轉監察御史，冬，上書論宮市之弊，觸怒德宗，被貶為連州陽山令。陽山在今廣東，故稱南夷。
50. 三年博士：韓愈在憲宗元和元年（806）六月至四年任國子博士。一說「三年」當作「三為」。韓愈此文為第三次博士時所作（元和七年二月至八年三月）。
51. 冗：音ㄖㄨㄥˇ。閒散。
52. 見：通「現」。表現，顯露。
53. 吁：音ㄒㄩ。嘆詞。
54. 宊：音ㄇㄤˊ。屋樑。
55. 桷：音ㄐㄩㄝˊ。屋椽。
56. 欂櫨：音ㄅㄛˊ ㄌㄨˊ。斗栱，柱頂上承托棟樑的方木。
57. 侏儒：梁上短柱。
58. 椳：音ㄨㄟ。門樞之臼。
59. 闑：音ㄋㄧㄝˋ。門中央所豎的短木，在兩扇門相交處。
60. 扂：音ㄉㄧㄢˋ。門閂之類。
61. 楔：音ㄒㄧㄝˋ。門兩旁長木柱。
62. 玉札：草名，即地榆。
63. 丹砂：朱砂。

64. 赤箭：天麻。

65. 青蘭：龍蘭。以上四種都是名貴藥材。

66. 牛溲：牛尿，一說為車前草。

67. 馬勃：馬屁菌。以上兩種及「敗鼓之皮」都是賤價藥材。

68. 紆餘：紆，音ㄩ。委婉從容的樣子。

69. 妍：美。

70. 卓犖：犖，音ㄌㄨㄛˋ。突出，超群出眾。

71. 校：比較。

72. 孟軻好辯：《孟子‧滕文公下》載：孟子有好辯的名聲，他說：予豈好辯哉！予不得已也。意思說：自己因為捍衛聖道，不得不展開辯論。

73. 轍：車輪痕跡。

74. 荀卿：即荀況，戰國後期時儒家大師，時人尊稱為卿。曾在齊國做祭酒，被人讒毀，逃到楚國。楚國春申君任他做蘭陵（今山東棗莊）令。春申君死後，他也被廢，死在蘭陵，著有《荀子》。

75. 離、絕：都是超越的意思。

76. 倫、類：都是「類」的意思，指一般人。

77. 繇：通「由」。

78.靡：浪費，消耗。
79.廩：音ㄌㄧㄣˇ。糧倉。
80.踵：腳後跟，這裡是跟隨的意思。
81.促促：拘謹局促的樣子。
82.窺：從小孔、縫隙或隱僻處察看。
83.陳編：古舊的書籍。
84.財賄：財物，這裡指俸祿。
85.班資：等級、資格。
86.亡：通「無」。
87.庳：音ㄅㄟ。通「卑」，低。
88.前人：指職位在自己前列的人。
89.瑕：玉石上的斑點。疵：病。瑕疵，比喻人的缺點。
90.杙：音ㄧˋ。小木樁。
91.楹：柱子。
92.訾：音ㄗˇ。詆謗非議。
93.昌陽：昌蒲。藥材名，相傳久服可以長壽。
94.豨苓：豨，音ㄒㄧ。又名豬苓，利尿藥。

韓愈紀念館的韓愈雕像

【譯文】

國子先生清晨走進太學，召集學生在校舍館下，教導他們說：「學業的精進在於勤勉，而荒廢在於嬉戲的態度；德行的成就在於慎思，而敗壞在於放任。現在君聖臣賢，治國措施都已完備。除掉凶惡奸邪的小人，提拔俊傑賢良之才。稍有優點的人都被錄取，凡有一技之長的人無不被任用。多方搜羅、選擇人才、培訓造就。大概有幸運而獲選的，誰說有優秀而不能顯揚的呢！同學們只要擔心自己的學業不夠精進，不用擔心主管官員不能明察；只須擔心自己的德行不能成就，不必擔心主管官員不公正。」

話還未說完，在行列一個學生笑著說：「先生是在騙我們啊！我跟先生學習至今已有好幾年。先生口不停地吟誦六經的文章，手不停地翻閱百家的著作。對記事的作品一定摘錄綱要，對思想性的著作一定探索精義。多方閱讀，務求有所收獲，不管大小學問都不放過。點燃油燈，夜以繼日，長年累月努力讀書。先生在學業方面，可稱得上勤奮了。

抵制異端邪說，排除佛、老思想，填補儒學的缺漏，發揚隱微的聖道；在茫無頭緒中尋找那行將失傳的儒家道統，獨自廣泛搜尋，遠遠繼承；阻止百川橫決亂流，引導它們正向東流；力挽已經潰決的狂瀾回到正途。先生對於儒學，可說是有功勞了。

沉浸在醇厚濃郁的書香中，咀嚼體味當中的精華，寫出來的文章堆滿房間。向上取法《尚書》中的《虞書》、《夏書》，內容博大深遠，無邊無際；周代的誥文、商代的《盤庚》，文詞艱澀拗口；《春秋》謹嚴精當，《左傳》鋪張誇大；《易經》奇妙變化卻有法則可循，《詩經》內容純正而文辭華美；六經以下，直到《莊子》、《離騷》，《史記》，以至楊雄、司馬相如的辭賦，風格不同，卻又都十分工巧。先生的文章，可說是內容深博而文辭奔放流暢。

少年時便懂得努力向學，敢於有所作為；長大以後通達待人處世的方法，言行舉止無不合宜。先生在為人方面，可說是修養有成。

不過，先生於公方面，不被人信任，在私領域方面，得不到朋友的幫助，進退兩難，一動就惹來罪責。剛剛擔任御史，就被貶到南方蠻荒之地。擔任三年國子博士，職位閒散，不能展現治國的長才。命運險惡多舛，不時遭遇失敗。儘管冬天和暖，可是兒女因缺少衣服而喊冷，雖然年歲豐收，可是妻子因飢餓而啼哭。先生頭髮掉，牙齒落，就這樣到死又有什麼益處？先生你不知道自己思慮，卻反過來教導別人？」

先生說：「唉！你到前面來！粗大的木材做屋樑，細小的木材做屋椽，柱上的斗拱、樑上的短柱、門樞、門檻、門閂、門柱，各選用合適的材料，用以建造成房屋，這是木工的技藝。地榆、朱砂、天麻、青芝、牛溲、馬勃菌，破鼓的皮，都收藏備用，使用時沒有缺漏，這是良醫的高明。用人明察、選才公平，聰明的、樸拙的各方面的人才兼容並用，舒緩從容的是美才，卓越超群的是俊傑。衡量各人的長短，適才任用，這是宰相的方略。

從前，孟子喜好辯論，孔子的學說因而得以闡明，周遊列國，車轍遍布天下，奔走至於老死；荀子堅持正道，博大精深的儒學得以弘揚。為了逃避讒言而跑到楚國，最終被罷免官職，老死在蘭陵。這兩位儒者，說出來的話就是經典，行為舉止就是榜樣，超群出眾，優秀到足以進入聖人的境界，但是他們在人世的際遇又怎樣呢？

而現在我學習雖然勤奮，卻沒有遵循正統，言論雖然多，卻未夠秉持中道，文章雖然奇妙，卻不能實用於世，德行雖然修美，卻很少人知道。尚且每月領取公家俸祿，每年耗費官倉糧米，兒子不會種田，妻子不懂織布，出入可騎著馬，身後跟有僕人，安安樂樂地吃飯。平平凡凡隨著眾人的腳步，抄襲古書而沒有創見。可是聖明的君主不加責罰，賢能的宰相不予貶斥，這不是很幸運嗎？我一有作為，便遭到毀謗，但是名聲也得以提高。被安置在閒散的位置，這其實是本分所應宜的。至於計算錢財的有無，計較官位品級的高低，忘記了自己的能力有多少，指責那些官長上司的錯誤，那就等於質問木工為何不用小木條做大柱，批評醫師用白菖來延年益壽，卻想進用沒有補益作用的豬苓。」

【賞析】

全文假託先生勸學、生徒質問、先生再予解答，故名〈進學解〉；實際上是感歎不遇、自抒憤懣之作。〈進學解〉篇幅很短，但內容極為豐富，既用精闢的語句說出了「業精於勤，荒於嬉，行成於思，毀於隨。」這樣的格言，說明了學習應遵守的規律，又用許多生動具體的實例說明什麼是精和思。介紹了儒學經典和古代文獻名著的精要，為學生點出頭緒，並用具體生動、形象的比喻說出選材之要。特別是文體用對話形式，以自嘲為誇，以反語為諷刺，對當時社會的庸俗腐敗，表現一個有理想的士大夫在黑暗現實中不能妥協的精神。

〔唐朝〕師說

韓愈

古之學者必有師。師者，所以傳道、受業、解惑也。人非生而知之者，孰能無惑？惑而不從師，其為惑也，終不解矣。

生乎吾前，其聞道也，固先乎吾，吾從而師之；生乎吾後，其聞道也，亦先乎吾，吾從而師之。吾師道也，夫庸知其年之先後生於吾乎？是故無貴、無賤、無長、無少，道之所存，師之所存也。

嗟乎！師道之不傳也久矣！欲人之無惑也難矣！古之聖人，其出人也遠矣，猶且從師而問焉；今之眾人，其下聖人也亦遠矣，而恥學於師。是故聖益聖，愚益愚，聖人之所以為聖，愚人之所以為愚，其皆出於此乎？

愛其子，擇師而教之，於其身也，則恥師焉，惑矣！彼童子之師，授之書而習其句讀者也，非吾所謂傳其道、解其惑者也。句讀之不知，惑之不解，或師焉，或不焉，小學而大遺，吾未見其明也。

巫、醫、樂師、百工之人，不恥相師；士大夫之族，曰師、曰弟子云者，則群聚而笑之。問之，則曰：「彼與彼年相若也，道相似也。」位卑則足羞，官盛則近諛。嗚呼！師道之不復可知矣。巫、醫、樂師、百工之人，君子不齒，今其智乃反不能及，其可怪也歟！

聖人無常師，孔子師郯子、萇弘、師襄、老聃。郯子之徒，其賢不及孔子。孔子曰：「三人行，必有我師。」是故弟子不必不如師，師不必賢於弟子，聞道有先後，術業有專攻，如是而已。

李氏子蟠，年十七，好古文，六藝經傳，皆通習之；不拘於時，學於余，余嘉其能行古道，作〈師說〉以貽之。

【注釋】

1. 學者：求學的人。
2. 道：指儒家孔子、孟軻的哲學、政治等原理、原則。
3. 受：通「授」。傳授。

4. 業：泛指古代經、史、諸子之學及古文寫作。
5. 人非生而知之者：人不是生下來就懂得道理。之，指知識和道理。
6. 其為惑也：那些成為疑難的問題。
7. 聞道：聞，聽見，引伸為懂得。道：這裡作動詞用，學習、從師的意思。
8. 從而師之：跟從他，拜他為老師。師之，即以之為師。
9. 夫庸知其年之先後生於吾乎：哪管他的生年是比我早還是比我晚呢？庸，豈，哪。知，瞭解，知道。
10. 道之所存，師之所存：知識、道理存在的地方，就是老師存在的地方。
11. 師道：從師學習的風尚。
12. 出人：超出一般人。
13. 眾人：普通人。
14. 恥學於師：以向老師學習為恥。
15. 是故聖益聖、愚益愚：因此聖人更加聖明，愚人更加愚昧。益，更加，越發。
16. 惑矣：真糊塗啊！
17. 彼童子之師：那些教小孩子的啟蒙老師。
18. 句讀：也叫句逗。古代稱文辭意盡處為句，語意未盡而須停頓處為讀（逗），句號為圈，逗號為點。古代書籍上沒有標點，老師教學童讀書時要進行句逗的教學。讀，通「逗」。

19. 或師焉，或不焉：有的像「句讀之不知」這樣的小事，要請教老師，有的像「惑之不解」這樣的大事，卻不問老師。「不」同「否」。

20. 小學而大遺：小的方面像是「句讀之不知」要學習，大的方面像是「惑之不解」卻放棄了。

21. 巫醫：古代用祝禱、占卜等迷信方法或兼用藥物醫治疾病為業的人，連稱為巫醫。視為一種低下的職業。

22. 百工：泛指手工業者。

23. 相若：相像，差不多的意思。

24. 位卑則足羞：以地位低的人為師，就感到恥辱。

25. 諛：音ㄩˊ。阿諛、奉承。

26. 復：恢復。

27. 君子：一是指地位高的人，一是指品德高的人。這裡用前一種意思，相當於士大夫。

28. 不齒：不屑與之同列，即看不起。或作「鄙之」。

29. 其可怪也歟：難道值得奇怪嗎？其，語氣詞，起加強反問語氣作用。

30. 聖人無常師：聖人沒有固定的老師。

31. 郯子：郯，音ㄊㄢˊ。春秋時郯國（今山東郯城一帶）的國君，孔子曾向他請教過少皞氏（傳說中古代帝王）時代的官職名稱。

32. 萇弘：東周敬王時候的大夫，孔子曾向他請教古樂。

33. 師襄：春秋時魯國的樂官，名襄，孔子曾向他學習彈琴。師，樂師。
34. 老聃：聃，音ㄉㄢ。即老子，春秋時楚國人，思想家，道家學派創始人。孔子曾向他請教禮儀。
35. 三人行，必有我師：指幾個人走在一起，其中就一定有能教我的老師。
36. 不必：不一定。
37. 術業有專攻：學問和技藝上各有專門研究。攻：學習、研究。
38. 李氏子蟠：李蟠，唐德宗貞元十九年（803）進士。
39. 六藝經傳：六藝的經文和傳文。六藝，指六經，即《詩》、《書》、《禮》、《樂》、《易》、《春秋》六部儒家經典。經，兩漢及其以前的散文。傳，注解經典的著作。
40. 不拘於時：不被時俗所限制。時，時俗，指當時士大夫中恥於從師的不良風氣。於，被。
41. 余「嘉」：讚許。
42. 貽：贈送。
43. 不齒：不屑與之同列，表示鄙視。齒，原指年齡，也引伸為排列。幼馬每年生一齒，故以齒計馬歲數，也以指人的年齡。古人常依年齡長少相互排列次序。

【譯文】

古時求學的人一定有老師。老師是傳授道理、傳授學業、解釋疑難的人。人不是生下來就懂得道

韓愈銅雕像

理的，誰能沒有疑惑？有疑惑而不從師學習，那他對於疑惑的問題，就始終得不到解決。

出生比我早的人，他知道道理本來比我早，我跟從他向他學習；比我出生遲的人，他知道道理如果也比我早，我也跟從向他學習，而且把他當作老師，我學習的是道理，哪計較他生年比我早還是晚呢？所以，不論地位顯貴還是低下，不論年長年少，道理存在的地方，也是老師存在的地方。

唉！從師學道的道理沒人傳佈已經很久了，要人們沒有疑惑很難哪！古代的聖人，他們超過一般人很遠了，而且跟從老師向老師請教；現在的許多人，他們跟聖人相比相差很遠了，卻以向老師學習為羞恥。所以聖人就更加聖明，愚人就更加愚昧。聖人之所以成為聖人，愚人之所以成為愚人，大概都是由於這個原因而引起的吧！

眾人喜愛他們的孩子，選擇老師教育孩子；對於他們自己呢，卻恥於讓老師教他們，這真是糊塗啊！那孩子的老師，教孩子讀書來熟悉書中的句子，尚不是我所說的給人傳授道理，給人解釋疑惑的老師。文句不理解，疑惑不能解決，有的人向老師學習，有的人卻不向老師求教，小的方面學習，大的方面丟擲，我看不出他們有什麼明智的呢！

巫醫、樂師及各種工匠，不以互相學習為恥。士大夫這類人中，如有人稱人家為老師，稱自己為學生，這些人就聚集在一起笑他。問那些嘲笑者，他們就說：「那個人與某個年齡相近，修養和學業也差不多，怎麼能稱他為老師呢？以地位低的人為師，那是很使人丟臉的事，稱官位高的人為師就近於諂媚。」啊！從師學習的道理不能恢復，由此就可以知道了。巫醫、樂師及各種工匠，士大夫之族是不屑與他們並列的，現在士大夫們的智慧反而趕不上他們，這不是很奇怪的事嗎？

聖人沒有固定的老師，孔子曾以郯子、萇弘、師襄、老聃為師。郯子這一類人，他們的品德才能當然趕不上孔子。孔子說：「幾個人走在一起，其中就一定有我的老師。」所以學生不一定不如老師，老師也不一定比學生強，知道道理有先有後，技能學業各有專門研究，如此而已。

李蟠，十七歲，愛好古文，《詩》、《書》等六經經文及解釋經文的著作都普遍地研習過，又不被恥學於師的習俗所約束，向我學習。我贊許他能實行古人從師學習的道理，特別寫了這篇〈師說〉來贈給他。

【賞析】

〈師說〉起筆，託古言事，直接明瞭的提出文章的中心論點：「學者必有師。」緊接著對老師的職責提出自己的卓越見解：「師者，所以傳道受業解惑也。」並對如何擇師也提出獨到見解：「無貴、無賤、無長、無少，道之所存，師之所存。」第一段的理性陳述完畢，第二段以感慨發端，對當時社會恥學於師的浮靡之風進行了深刻的批判，盡吐不平之氣，也指明了文章的現實意義。

〔唐朝〕與元微之書

白居易

四月十日夜，樂天白：

微之，微之，不見足下面已三年矣；不得足下書欲二年矣。人生幾何，離闊如此！況以膠漆之心，置於胡越之身，進不得相合，退不能相忘，牽攣乖隔，各欲白首。微之，微之，如何！如何！天實為之，謂之奈何！

僕初到潯陽時，有熊孺登來，得足下前年病甚時一札，上報疾狀，次敘病心，終論平生交分。且云：「危惙之際，不暇及他，惟收數帙文章，封題其上，曰：『他日送達白二十二郎，便請以代書。』」悲哉！微之於我也，其若是乎！又睹所寄聞僕左降詩，云：「殘燈無焰影幢幢，此夕聞君謫九江。垂死病中驚坐起，暗風吹雨入寒窗。」此句他人尚不可聞，況僕心哉！至今每吟，猶惻惻耳。且置是事，略敘近懷。

僕自到九江，已涉三載，形骸且健，方寸甚安。下至家人，幸皆無恙。長兄去夏自徐州至，又有諸院孤小弟妹六、七人，提挈同來。昔所牽念者，今悉置在目前，得同寒暖飢飽，此一泰也。江州風候稍涼，地少瘴癘，乃至蛇虺蚊蚋，雖有甚稀。湓魚頗肥，江酒極美，其餘食物，多類北地。僕門內之口雖不少，司馬之俸雖不多，量入儉用，亦可自給，身衣口食，且免求人，此二泰也。

僕去年秋始遊廬山，到東、西二林間香爐峰下，見雲水泉石，勝絕第一，愛不能捨，因置草堂前有喬松十數株，修竹千餘竿；青蘿為牆垣，白石為橋道；流水周於舍下，飛泉落於簷間；紅榴白蓮，羅生池砌；大抵若是，不能殫記。每一獨往，動彌旬日，平生所好者，盡在其中，不惟忘歸，可以終老，此三泰也。

計足下久得僕書，必加憂望；今故錄三泰，以先奉報。其餘事況，條寫如後云云。

微之，微之，作此書夜，正在草堂中，山窗下，信手把筆，隨意亂書，封題之時，不覺欲曙。舉頭但見山僧一、兩人，或坐或睡；又聞山猿谷鳥，哀鳴啾啾。平生故人，去我萬里。瞥然塵念，此際暫生。餘習所牽，便成三韻云：「憶昔封書與君夜，金鑾殿後欲明天。今夜封書在何處？廬山庵裡曉燈前。籠鳥檻猿俱未死，人間相見是何年？」

微之，微之！此夕此心，君知之乎！

樂天頓首

【作者】

白居易（772～846），字樂天，號香山居士，其先祖太原（今屬山西）人，後遷居唐下邽（今陝西渭南縣附近）人，生於唐代宗大曆七年，卒於武宗會昌六年。貞元進士，官至校書郎、贊善大夫，後因宰相武元衡事貶江州。長慶年間（821～824）任杭州刺史，寶曆二年（825），調任蘇州刺史，後任太子少傅，因不緣附黨人，乃移病分司東都。會昌二年，以刑部尚書致仕，最後卒於洛陽的香山。白居易文章精切，尤工詩，作品平易近人，老嫗能解，是新樂府運動的倡導者。晚年放意詩酒，號醉吟先生。初與元稹相酬詠，號為「元白」，又與劉禹錫齊名稱為「劉白」。著有《白氏長慶集》等。尊號為「詩魔」。

【注釋】

1. 足下：書信中同輩相稱的敬詞。在古代，下稱上，或同輩相稱，皆用「足下」，意即「您」。
2. 欲：將要。
3. 離闊：闊別，久別。闊，久遠。
4. 膠漆之心：比喻感情親密。
5. 胡越：胡在北，越在南，形容相距遙遠。
6. 牽攣乖隔：牽攣，牽掣。乖隔，隔離。指各有拘牽，不得相見。攣，音ㄌㄨㄢˊ。
7. 潯陽：古縣名，即現在江西省九江市。
8. 熊孺登：鍾陵（在現在江西省進賢縣）人，元和年間，在四川任職，與白居易、元稹、劉禹錫等多有交往。
9. 札：短信。
10. 交分：交誼，情分。
11. 危惙：指病危。惙，音ㄔㄨㄛˋ。疲乏。
12. 數帙：幾包。帙，音ㄓˋ。包書的包袱或口袋。

13. 白二十二郎：指白居易，他在家族同輩中排行第二十二。

14. 代書：代替信。

15. 左降：即左遷，貶官。

16. 幢幢：幢，音ㄔㄨㄤˊ。影子搖晃的樣子。

17. 且置是事：暫且放下這事不談。

18. 涉：經歷，過。

19. 方寸：指心緒。

20. 諸院：同一大家族中的各支。

21. 提挈：挈，音ㄑㄧㄝˋ。提攜，扶助。

22. 頃：不久前。

23. 泰：安適。

24. 風候：氣候。

25. 瘴癘：指南方濕熱地區流行的惡性瘧疾等傳染病。

26. 虺：音ㄏㄨㄟ。毒蛇。

27. 湓魚：湓江出產的魚。湓，音ㄆㄣˊ。湓江，今名龍開河，發源於江西省瑞昌市西南青山，經九江市西入長江。

28. 門內之口：家裡的人口。

29. 量入儉用：衡量收入，節儉用度。
30. 東西二林：指廬山的東林寺和西林寺。
31. 勝絕：絕妙。
32. 喬松：大松樹。喬，高大。
33. 修竹：長竹。
34. 牆援：籬笆牆。援，用樹木圍成的園林護衛物。
35. 殫：盡，全。
36. 動彌旬日：常常滿十天。動，動不動、常常。彌，滿。旬日，十天。
37. 憂望：掛念，盼望。
38. 條寫：一條條地寫。
39. 瞥然：形容時間短暫。
40. 塵念：世俗的思念之情。
41. 余習：沒有改掉的習慣，這裡指作詩。
42. 籠鳥檻猿：籠中的鳥，木柵欄中的猿。這裡比喻作者自己和元稹都不得自由。
43. 頓首：叩頭。

白居易畫像

【譯文】

四月十日晚上，樂天啟：

微之啊，微之，沒見你的面已三年了；沒接到你的信也將近兩年了。人生能有多少日子呢？而離別的日子卻這樣的長久！況且以我們如膠似漆的交情。置身於南北遙隔的兩個地方，進一步不能彼此相聚，退一步又不能互相忘懷；心相牽繫，身相隔離，你我都快年老了。微之啊，微之，怎麼辦！怎麼辦！上天真的這樣安排，您說該怎麼辦呢？

我剛到潯陽的時候，有個叫熊孺登的人來訪，帶來您前年病得厲害時的一封信，信上先報告病況，其次陳述您病中的心情，最後又談到我們平日交往的情分。並且說：「當病危的時候，沒有時間顧及其他事情，只收集了幾篇文章，把它封好，在上面題字，寫著：『以後送給白二十二郎，就請用來代替書信。』」真叫我悲痛哪！微之您對待我，竟是這麼情深哪！又看到您所寄的聽到我被貶官後所作的詩說：

「將熄滅的燈沒有火焰了，只有影子在搖曳著，今夜聽到您被貶謫九江的消息。即將死去的我從病中驚慌地坐了起來，只見晚風吹著雨點打進寒冷的窗內。」這詩句別人尚且不忍聽聞，何況我這樣的心情呢！到現在每當吟起這首詩，依然悲悽不已。暫且擱下這件事，說點兒我最近的心情吧。

我自從來到九江，已過了三年，身體還算健康，心境也很安定。以及我的家人，所幸也都沒事。大哥去年夏天從徐州來到這裡，還有同族各房中已經失去父親的幼弟弱妹等六、七個人，也都帶領著一同前來了，從前所掛念的人，現在都來到眼前，能夠在一起過著同甘共苦的生活，這是第一件感到安心的事。

九江的氣候比較涼爽，地方上很少有瘴癘之氣，甚至毒蛇蚊蟲雖然有，但也很少。湓水的魚相當肥嫩，江州所釀的酒非常醇美，其他吃的東西，多半和北方一樣。我家裡的人口雖然不少，司馬的官俸雖然不多，衡量收入，節省花用，倒也可以自己供應，衣著和食物，還不用向人求助；這是第二件感到安心的事。

我去年秋天開始遊覽廬山，到了東林西林二寺間的香爐峰下，看見白雲流水、幽泉怪石，景色超絕可說天下第一，我喜歡得捨不得離開，就在那裡蓋了一間草堂。前面有十幾棵高大的松樹，一千多棵細長的竹子；用青綠的藤蘿當作圍牆，用白色的石子鋪成橋樑走道；流水環繞在房子下面，飛淺的泉水灑落在屋簷中間；紅色的石榴，白色的蓮花，羅列生長在池塘邊、臺階下，景物大致如此，無法詳盡記載。每次獨自前往，一去就超過十天，平日所喜愛的，全部都在這裡。不但讓人流連忘返，還可以在這裡度過晚年。這是第三件感到安心的事。

算起來您已很久沒有接到我的信了，一定更加擔憂和盼望；現在我特地選錄了這三件使我感到安心的事，先用來向您報告。其他的事情，一一寫在後面。

微之啊，微之！寫這一封信的夜晚，我正在草堂裡，靠山的窗下，順手拿起筆來，隨意亂寫，寫好要加封題字的時候，沒想到天已快亮了。抬頭只看到山僧一、兩個人，有的坐著，有的在睡；還聽到山中的猿猴、山谷的鳥禽，哀傷地鳴叫著，發出啾啾的聲音。平日的老朋友，離開我萬里般的遙遠。紛紛而過的俗念，這時忽然湧上心頭。在舊習的牽絆下，就寫成了三組詩句：

「回想上次寫信給您的夜晚，是在京城金鑾殿後面天快亮的時候。今天寫成這封信又是在那裡呢？竟是在廬山庵裡清晨的燈前。我們就像籠中鳥、檻裡猿一樣，雖然都還沒死，但是想在人世間相見，不知要等到那一年？」

微之啊，微之！今天晚上我的這番心情，您知道嗎？

樂天叩頭

【賞析】

唐憲宗元和十二年（817），也就是白居易被貶為江州司馬的第三年，他在廬山營建了一座草堂。草堂落成的第二天深夜，白居易給好友元稹寫了這封信，敘述他在九江的生活狀況，抒發了離別相思之情。夜深不寐，以筆墨暢談，可見兩人交誼之厚。

信的開頭直呼友人，分別三年的離愁別緒也隨這一呼而出。然後敘述近年的交往，對朋友的關懷和信任表示深深感念。敘說自己近況一段，是書信的主體部分。寫三件感到寬慰的事，表現出知足常樂、隨遇而安的曠達情懷。寫建成草堂後的遊玩之樂，道出許多文人雅趣。信的結尾，又歸於強烈的抒情。「信手把筆，隨意亂書」，表明關係密切；信中附詩，更見思念之殷。本文是一篇比較典型的文人書信，濃烈的抒情色彩，靈活的敘事方式，雅潔的語言風格，使這篇書信具有很強的藝術感染力。

〔宋朝〕愛蓮說

周敦頤

水陸草木之花，可愛者甚蕃。晉陶淵明獨愛菊；自李唐來，世人盛愛牡丹；予獨愛蓮之出淤泥而不染，濯清漣而不妖，中通外直，不蔓不枝，香遠益清，亭亭靜植，可遠觀而不可褻玩焉。予謂菊，花之隱逸者也；牡丹，花之富貴者也；蓮，花之君子者也。噫！菊之愛，陶後鮮有聞；蓮之愛，同予者何人；牡丹之愛，宜乎眾矣。

【作者】

周敦頤（1017～1073），北宋時代道州營道（今湖南道縣）人，字茂叔，出生於書香世宦之家，自小受到良好的文化薰陶。十五歲隨母入京，在舅舅龍圖閣學士鄭向督促下，刻苦攻讀經史，二十歲時，已是「行誼早聞於時」。周敦頤知識十分廣泛，他善於博取眾家之長，融會貫通，自成一家之言。他的哲學思想以儒學為主，兼治佛學與道家之說，對於以後儒學發展有關鍵性影響。之後的理學兩大宗師—程頤、程顥兄弟，便是他的得意門生。其主要著作有太極圖說與易通書。

西元1072年，周敦頤來到江西，創辦濂溪書院，從此開始設堂講學，收徒育人。他將書院門前的溪水命名「濂溪」，並自號「濂溪先生」。因他一生酷愛蓮花，便在書院內建造了一座愛蓮堂，堂前鑿一池，名「蓮池」，以蓮之高潔，寄託自己畢生的心志。先生講學研讀之余，常漫步賞蓮於堂前。

【注釋】

1. 蕃：多。
2. 濯：洗滌、清洗。
3. 妖：妖媚。
4. 不蔓不枝：蓮梗挺直，不旁生枝條。
5. 香遠益清：香氣越遠越清。益，更，越。
6. 亭亭：聳立的樣子。
7. 褻玩：玩弄。褻，音ㄒㄧㄝˋ。親近而不莊重。
8. 隱逸者：隱居的人。封建社會裡，有些人不願意跟統治者同流合汙，便隱居避世。
9. 牡丹，花之富貴者也：牡丹是花中的「富人」。
10. 君子：道德高尚的人。
11. 噫：嘆詞，相當於「唉」。
12. 菊之愛：對於菊花的愛好。
13. 鮮有聞：很少聽到。鮮，音ㄒㄧㄢˇ。少。

愛蓮堂內廳

14. 宜乎：當然。宜，當。

【譯文】

生長在水中、陸地的各種草本、木本花木，值得喜愛的很多。晉朝的陶淵明特別喜愛菊花；從唐朝以來，世人非常喜愛牡丹。我卻特別喜愛蓮，蓮從水中的爛泥長出而不受污染，生長在清水中而不妖媚；蓮的葉柄中心通達，外表挺直，沒有瓜藤類蔓生纏繞的細莖，也沒有一般植物歧出的枝枒；它的味道飄的越遠聞起來越清香，高挺而潔淨的直立水中，可以從遠處觀看卻不能輕佻的玩弄。我認為：菊，是花中隱士；牡丹，是花中富貴者；蓮，是花中君子。唉，喜愛菊花的，陶淵明之後極少聽說，喜愛蓮花的，和我相同的有誰呢？至於喜愛牡丹的，自然是很多了。

【賞析】

文章從「出淤泥而不染」起，以濃墨重彩描繪了蓮的氣度、蓮的風節，寄予作者對理想人格的肯定和追求，也反射出作者鄙棄貪圖富貴、追逐名利的世態心理和自己追求潔身自好的美好情操。同時，文章還運用了對比，反襯的手法，在文中幾次以菊、牡丹反襯蓮之美；還把菊花的隱逸，牡丹的富貴和蓮花的高潔相對比，使「愛蓮」之一主題得以加深，沒有空洞的說教，而是通過三種形象的對比，起到了突出中心，加深立意的作用，手法可謂高明之極。而且，文章以一「愛」字貫通全文，使得文章結構謹嚴。

〔宋朝〕傷仲永

王安石

金谿民方仲永，世隸耕。仲永生五年，未嘗識書具，忽啼求之。父異焉，借旁近與之；即書詩四句，並自為其名。其詩以養父母、收族為意，傳一鄉秀才觀之。自是指物作詩，立就，其文理皆有可觀者。邑人奇之，稍稍賓客其父，或以錢幣乞之。父利其然也，日扳仲永環謁於邑人，不使學。

余聞之也久。明道中，從先人還家，於舅家見之，十二三矣。令作詩，不能稱前時之聞。又七年，還自揚州，復到舅家，問焉。曰：「泯然眾人矣！」

王子曰：「仲永之通悟，受之天也；其受之人也，賢於材人遠矣；卒之為眾人，則其受於人者不至也。彼其受之天也，如此其賢也，不受之人，且為眾人；今夫不受之天，固眾人，又不受之人，得為眾人而已耶？」

【作者】

王安石（1021.12.18～1086.5.21），字介甫，號半山，諡文，封荊國公。世人又稱王荊公。北宋臨川人。中國歷史上傑出的政治家、文學家、思想家、改革家。北宋帝國首相、新黨領袖。歐陽脩稱讚王安石：「翰林風月三千首，吏部文章二百年。老去自憐心尚在，後來誰與子爭先。」有《王臨川集》、《臨川集拾遺》等存世。其亦擅長詩詞，流傳最著名的莫過於〈泊船瓜洲〉裡：「春風又綠江南岸，明月何時照我還。」

【注釋】

1. 書具：書寫的用具，指筆、墨、紙、硯等。
2. 文理：文辭義理。
3. 以錢幣乞之：給予金錢。乞，音ㄑㄧˋ。給、給予。
4. 扳：音ㄅㄢ。領著。
5. 環謁：四處求見。謁，音ㄧㄝˋ。晉見。
6. 泯然眾人：平凡的跟普通人沒什麼兩樣。泯然，全消失的樣子。眾人，平常人。
7. 王子：作者自稱。
8. 卒之：最終、最後。之，語末助詞。

王安石畫像

【譯文】

金溪平民方仲永，世代以種田為業。仲永長到五歲時，不曾見過書寫工具，忽然哭著要這些東西。父親對此感到驚異，從鄰近人家借來給他，他當即寫了四句詩，並且自己題上名字。這首詩以贍養父母、團結同宗族的人作為內容，傳送給全鄉的秀才觀賞。從此有人指定事物叫他寫詩，他能立刻完成，詩的文采和道理都有值得欣賞的地方。同縣的人對他感到驚奇，漸漸地請他的父親去作客，有人用錢財和禮物求仲永寫詩。他的父親認為那樣有利可圖，每天牽著方仲永四處拜訪同縣的人，不讓他學習。

我聽說這件事很久了。明道年間，跟隨先父回到家鄉，在舅舅家見到方仲永，他已經十二三歲了。叫他寫詩，已經不能與從前聽說的相稱了。再過了七年，我從揚州回來，又到舅舅家，問起方仲永的情況，舅舅說：「他的才能完全消失，跟普通人一樣了。」

安石說：「仲永的通曉、領悟能力是天賦的。他的天資比一般有才能的人高得多。他最終成為一個平凡的人，是因為他沒有受到後天的教育。像他那樣天生聰明，如此有才智，沒有受到後天的教育，尚且要成為平凡的人；那麼，現在那些不是天生聰明，本來就平凡的人，又不接受後天的教育，想成為一個平常的人恐怕都不能夠吧？」

【賞析】

文章的主旨在說明：即使是天賦異稟的人，若不努力充實自己，時間一久，一樣淪為凡人，和眾人沒有差別。告誡人們應重視教育和學習，並進一步說明天賦條件不足恃，後天努力不可缺的道理。全文雖僅兩百三十五字，但是敘述有條不紊，議論深入淺出，不論內容思想或章法技巧，王安石寫作此文，除勸誡世人之外，也有提醒自己仍須不斷努力學習的用意，至今仍值得借鏡。

王安石雕像

（宋朝）賣油翁

歐陽脩

陳康肅公善射，當世無雙，公亦以此自矜。嘗射於家圃，有賣油翁釋擔而立，睨之，久而不去，見其發矢十中八九，但微頷之。康肅問曰：「汝亦知射乎？吾射不亦精乎？」翁曰：「無他，但手熟爾。」康肅忿然曰：「爾安敢輕吾射！」翁曰：「以我酌油知之。」乃取一葫蘆置於地，以錢覆其口，徐以杓酌油瀝之，自錢孔入，而錢不濕。因曰：「我亦無他，惟手熟爾。」康肅笑而遣之。

【作者】

歐陽脩，字永叔，號醉翁、六一居士。宋吉州廬陵。生於真宗景德四年，卒於神宗熙寧五年，年六十六，後人輯有《歐陽文忠公全集》。歐陽脩是宋代散文革新運動的卓越領導者，唐宋八大家之一。由於憂國憂民，剛正直言，歐陽脩宦海升沉，歷盡艱辛，但是創作卻「愈窮則愈工」。他取韓愈「文從字順」的精神，極力反對浮靡雕琢、怪僻晦澀的「時文」，提倡簡而有法、流暢自然的風格，作品內涵深廣，形式多樣，語言精緻，富情韻美和音樂性。許多名篇，如：醉翁亭記、秋聲賦等，傳揚千古。

【注釋】

1. 陳康肅公：本名陳堯咨，北宋人，康肅是他的謚號。公，舊時對男性尊長的尊稱。
2. 當世無雙：在當時沒有第二個人可與他相比。
3. 自矜：自誇、自負。矜，音ㄐㄧㄣ。自大、驕傲。
4. 圃：此指射箭場地。
5. 釋擔：放下擔子。擔，音ㄉㄢˋ。
6. 睨：音ㄋㄧˋ。斜著眼睛看。
7. 去：離開。
8. 矢：音ㄕˇ。箭。
9. 但微頷之：指略微點頭。頷，音ㄏㄢˋ。下巴，此做動詞用，是點頭之意。
10. 汝亦知射乎：你也懂得射箭嗎？汝，音ㄖㄨˇ。你。
11. 無他：沒有別的，此指射箭沒有什麼奧妙。
12. 但手熟爾：只是手藝熟練而已。但，只。爾，同「耳」，而已、罷了。
13. 忿然：憤怒的樣子。忿，音ㄈㄣˋ。

14. 爾安敢輕吾射：你怎麼敢輕視我的射箭技術！爾，你。安，怎麼。

15. 酌油：倒油。酌，音ㄓㄨㄛˊ。舀起液體倒入容器中。

16. 以錢覆其口：用銅錢蓋在葫蘆的口上。

17. 杓：音ㄕㄠˊ。取水、舀東西的器具。

18. 瀝：音ㄌㄧˋ。液體慢慢往下倒。

19. 因：於是、就。

20. 遣：音ㄑㄧㄢˇ。打發、使某人離開。

【譯文】

陳康肅擅長射箭，在當時無人能出其左右，而康肅亦以此自滿。曾在家中射箭時，看到一位賣油老者放下擔子站著，看很久而不離開，見康肅射箭，十箭可中九發，微微點了點頭，康肅問賣油老者：「你也懂射箭嗎？我射箭技術難道不是很精進嗎？」賣油老者回答：「沒什麼，只是熟練罷了。」康肅聽到後生氣的說：「你竟然輕視我射箭的技術！」賣油翁說：「讓我拿點油試試！」賣油翁取出一個葫蘆放置於地，拿銅錢覆蓋著葫蘆口，慢慢的將油倒於葫蘆中，油自錢孔入卻不被油沾溼，賣油翁說：「這也沒什麼，只是熟練罷了！」康肅笑著請賣油翁離開。

【賞析】

這篇文章記述生活中的小故事，藉以說明任何高超技藝，都從「熟能生巧」而來。

「人一能之，己十之；人十能之，己百之」。即所謂「勤能補拙」、「熟能生巧」的意思，天底下少有生而知之者？有成者哪一個人不是下了一番工夫？只要有恆心、毅力，再加上專一，總能有成。

〈賣油翁〉一文是篇筆記小說，以隨筆雜錄的筆法與簡潔的文言短篇為特點的文學作品，主要以記述人物活動為中心，簡單的故事情節，蘊含深刻的人生哲理。篇幅極短，文字卻生動異常，難得的事具有完整結構及鮮明的人物形象，情節發展曲折有趣，對話簡單雋永。而文中寓涵「熟能生巧」的道理頗值得深思。

賣油翁銅雕像

〔宋朝〕瀧岡阡表

歐陽脩

嗚呼！惟我皇考崇公，卜吉于瀧岡之六十年，其子脩始克表於其阡。非敢緩也，蓋有待也。

脩不幸，生四歲而孤。太夫人守節自誓；居窮，自力於衣食，以長以教，俾至於成人。太夫人告之曰：「汝父為吏，廉而好施與，喜賓客；其俸祿雖薄，常不使有餘。曰：『毋以是為我累。』故其亡也，無一瓦之覆，一壟之植，以庇而為生；吾何恃而能自守邪？吾於汝父，知其一二，以有待於汝也。自吾為汝家婦，不及事吾姑；然知汝父之能養也。汝孤而幼，吾不能知汝之必有立；然知汝父之必將有後也。吾之始歸也，汝父免於母喪方逾年，歲時祭祀，則必涕泣，曰：『祭而豐，不如養之薄也。』間御酒食，則又涕泣，曰：『昔常不足，而今有餘，其何及也！』吾始一二見之，以為新免於喪適然耳。既而其後常然，至其終身，未嘗不然。吾雖不及事姑，而以此知汝父之能養也。汝父為吏，嘗夜燭治官書，屢廢而歎。吾問之，則曰：『此死獄也，我求其生不得爾。』吾曰：『生可求乎？』曰：『求其生而不得，則死者與我皆無恨也；矧求而有得邪？以其有得，則知不求而死者有恨也。夫常求其生，猶失之死，而世常求其死也。』回顧乳者劍汝而立於旁，因指而歎，曰：『術者謂我歲行在戌將死，使其言然，吾不及見兒之立也，後當以我語告之。』其平居教他子弟，常用此語，吾早熟焉，故能詳也。其施於外事，吾不能知；其居於家，無所矜飾，而所為如此，是真發於中者邪！嗚呼！其心厚於仁者邪！此吾知汝父之必將有後也。汝其勉之！夫養不必豐，要於孝；利雖不得博於物，要其心之厚於仁，吾不能教汝，此汝父之志也。」脩泣而志之，不敢忘。

先公少孤力學，咸平三年進士及第。為道州判官，泗、綿二州推官；又為泰州判官，享年五十有九，葬沙溪之瀧岡。

太夫人姓鄭氏，考諱德儀，世為江南名族。太夫人恭儉仁愛而有禮；初封福昌縣太君，進封樂安、安康、彭城三郡太君。自其家少微時，治其家以儉約；其後常不使過之。曰：「吾兒不能苟合於世，儉薄所以居患難也。」其後脩貶夷陵，太夫人言笑自若，曰：「汝家故貧賤也，吾處之有素。汝能安之，吾亦安矣。」

自先公之亡二十年，脩始得祿而養。又十有二年，列官于朝，始得贈封其親。又十年，脩為龍圖閣直學士，尚書吏部郎中，留守南京，太夫人以疾終于官舍，享年七十有一。又八年，脩以非才入副樞密，遂參政事，又七年而罷。自登二府，天子推恩，褒其三世；蓋自嘉祐以來，逢國大慶，必加寵錫。皇曾祖府君，累贈金紫光祿大夫、太師、中書令；曾祖妣累封楚國太夫人。皇祖府君累贈金紫光祿大夫、太師、中書令兼尚書令；祖妣累封吳國太夫人。皇考崇公，累贈金紫光祿大夫、太師、中書令兼尚書令。皇妣累封越國太夫人。今上初郊，皇考賜爵為崇國公，太夫人進號魏國。

於是小子脩泣而言曰：「嗚呼！為善無不報，而遲速有時，此理之常也。惟我祖考，積善成德，宜享其隆，雖不克有於其躬，而賜爵受封，顯榮褒大，實有三朝之錫命，是足以表見於後世，而庇賴其子孫矣。」乃列其世譜，具刻于碑，既又載我皇考崇公之遺訓，太夫人之所以教，而有待於脩，並揭于阡。俾知夫小子西之德薄能鮮，遭時竊位，而幸全大節，不辱其先者，其來有自。

熙寧三年，歲次庚戌四月辛酉朔十有五日乙亥，男推誠保德崇仁翊戴功臣、觀文殿學士、特進行兵部尚書、知青州軍州事、兼管內勸農使、充京東東路安撫使、上柱國、樂安郡開國公、食邑四千三百戶、食實封一千二百戶、脩表。

【注釋】

1.惟：發語詞，無義。
2.皇考：敬稱已死的父親。
3.崇公：指歐陽脩之父，名觀，字仲賓，宋神宗時追封崇國公。
4.卜吉：選擇吉地。
5.瀧岡：瀧，音ㄕㄨㄤ。地名，屬江西吉安府，即今江西省永豐縣鳳凰山附近之沙溪。
6.阡：墓道。
7.太夫人：母親之尊稱。
8.俾：音ㄅㄧˋ。使。

9. 無一瓦之覆：謂無瓦片覆蓋，指無屋可居。

10. 無一壟之植：無一行農作物可種植。壟，田埂。

11. 姑：婦稱夫之母為姑。

12. 歸：女子出嫁曰歸。

13. 間御：間，偶然。御，進也。

14. 官書：公文。

15. 廢：停止。

16. 矧：音ㄕㄣˇ。何況。

17. 猶失之死：猶不免入於死罪。

18. 劍：將嬰兒挾於臂下，如帶劍。

19. 術者：算命者。

20. 歲行在戌將死：歲指木星。古者以木星之方位紀年，歐陽脩之父卒於宋真宗大中祥符三年庚戌，果如術者所言。

21. 矜飾：驕誇虛飾。矜，自誇、自負。飾，虛假。

22. 要：總要，有期望之意。

23. 咸平三年：咸平，宋真宗年號。三年，即西元1000年。

24. 道州：今湖南道縣。

25. 判官：官名，為節度使、觀察屬之僚屬。
26. 泗綿二州推官：泗，今安徽泗縣。綿，今四川綿陽縣。推官，為節度使、觀察屬之僚屬，掌刑獄。
27. 泰州：今江蘇泰縣。
28. 考諱：稱亡父為考。諱，音ㄏㄨㄟˋ。與名同，生曰名，死曰諱。
29. 福昌縣太君：福昌，今河南宜陽縣。縣太君，為人母者之封號。宋制，郎中、京府少尹、縣令之母，封為縣太君。
30. 樂安：今安徽霍山縣。
31. 安康：今陝西漢陰縣。
32. 彭城：今江蘇銅山縣。
33. 郡太君：為四品官如侍郎、翰林學士、給事中、諫議大夫之母之封號。
34. 脩貶夷陵：夷陵，今湖北宜昌縣境。宋仁宗景祐三年（1036），因范仲淹觸怒宰相呂夷簡，歐陽脩言其不當，被貶為夷陵令，時年三十歲。
35. 得祿而養：宋仁宗天聖八年（1030），脩年二十四，中進士。授將仕郎，試秘書省校書郎，充西京留守推官，距其父歿正二十年，故曰「始得祿而養」。
36. 龍圖閣直學士：宋建龍圖閣於禁中，初入直館閣，稱為直學士。
37. 郎中：六部諸司之長官。

38. 留守：職官名。唐太宗時初置京城留守之職，五代時洛陽或開封亦置之。宋代沿之，西北南三京皆置此官，專掌宮鑰及京城修葺等事。

39. 南京：在今河南商邱縣。

40. 入副樞密：仁宗嘉祐五年（1060），歐陽脩入京任樞密院副使。樞密院掌全國軍事。

41. 參政事：仁宗嘉祐六年，歐陽脩轉任戶部侍郎參知政事，即宰相之副貳。

42. 二府：宋制，中書省與樞密院分掌文武，號稱二府。

43. 皇曾祖府君：皇，對先父之敬稱。府君，子孫尊稱其先世之詞。歐陽脩之曾祖，名彬。

44. 金紫光祿大夫：金紫，金印紫綬。光祿大夫為二品官。

45. 太師：天子之師為三公（太師、太傅、太保）之最尊者。

46. 中書令：中書省長官，唐時為宰相，宋以為贈官。

47. 曾祖妣：稱已死之曾祖母。

48. 皇祖府君：歐陽脩之祖父，名偃。

49. 尚書令：尚書省長官。宋以為贈官，不實授。

50. 今上初郊：今上，指神宗。郊，祭天。熙寧元年十一月，初行郊祀之禮，故推恩封贈群臣。

51. 三朝：指仁宗、英宗、神宗三朝。

52. 遭時竊位：作者自謙之詞。言幸逢時機而無才德居高位。

53. 推誠保德崇仁翊戴功臣：宋帝賞賜之榮銜。

54. 觀文殿學士：宋觀文殿，置大學士、學士，非曾任執政者不授。
55. 兵部尚書：兵部為六部之一，掌軍政。尚書為部長。
56. 勸農使：獎勵農作之官。
57. 安撫使：官名。宋於諸路置安撫司。
58. 上柱國：勳官之最尊者。

【譯文】

唉！我的父親崇國公，在瀧岡占卜吉地安葬六十年之後，他的兒子脩才能夠在墓道上立碑，這並不是膽敢有意遲緩，是因為有所等待。

我出生不幸，四歲喪父。母親立志守寡，在貧窮的環境下盡力謀取衣食，養育、教導我，使我得以長大成人。母親告訴我說：「你的父親作官時，十分廉潔，又喜歡施與別人，樂於接待客人。他的俸祿雖然不多，但經常花盡而刻意不攢積起來，他說：『不要讓錢財成為我的累贅。』所以他死後，家中無屋可居住，無地可種植，以作為我們生活的依靠。我倚仗什麼才能夠守寡呢？我對於你父親的日常行事，也略知一二，因此寄望你繼承父志，光大家業。自從我嫁入你家當媳婦時，家姑已經過世，趕不及侍奉她，可是我知道你的父親能夠孝養侍奉他的雙親。你的父親死了，你的年紀又小，我不知道你將來能否長大成人，可是我相信你的父親一定會有一個好後代。我剛嫁到你家時，你的父親脫去為母親所穿的孝服才一年，每逢年節祭祀時，他必定流淚說：『祭祀再豐盛，也不如生前微薄的奉養。』有時吃一頓好酒菜，又流淚說：『從前母親在時衣食不足，如今足夠有餘，可是已經來不及孝養她了。』我起初看到一兩次，還以為他剛除喪才會這樣。但後來常常如此，一直到死從未間斷。雖然我趕不及侍奉家姑，但從這些事看來，知道你父親很孝養他的母親。你父親作官，曾經在夜裡點著蠟燭看案卷，他多次停下來歎氣。我問他，就說：『這是一個判了死罪的案子，我想為他求得一條生路卻辦不到。』我問：『可以為死囚找生路嗎？』他說：『想為他尋求生路卻無能為力，那麼，死者和我就沒有遺憾了，何況去尋求生路而又辦到呢！正因為有得到赦免的，才明白不認真推求而被處死的人可能有遺恨啊！經常為死囚求生路，還不免錯殺；偏偏世上總有人想置犯人於死地呢！』他回頭看見奶娘抱著你站在旁邊，於是指著你歎氣說：『算命的說我遇上戌年就會死，假使他的話應驗了，我就看不見兒子長大成人了，將來你要把我的話告訴他。』他也常常用這些話教育其他晚輩，我聽慣了，所以記得很清楚。他在外面怎麼樣，我不知道；但在家裡，從不裝腔作勢，他行事厚道，是發自內心的。唉！他是很重視仁的啊！因此我就知道你父親一定會有好的後代。你一定要努力啊！奉養父母不一定要豐厚，最重要的是孝敬。利益雖然不能遍施於所有的人，重在仁愛之心。我沒什麼可教你的，這些都是你父親的願望。」我流著淚記下了這些教誨，不敢忘記。

先父年幼喪父，努力讀書。咸平三年考中進士，曾任道州判官，泗、綿二州推官，又做過泰州判官，享年五十九歲，葬在沙溪的瀧岡。

太夫人姓鄭，她的父親名諱德儀，世代都是江南有名望的家族。太夫人恭敬、儉約、仁愛又有禮儀教養，起初誥封為福昌縣太君，進封為樂安、安康、彭城三郡太君。從我們家道中落以後，她就儉約持家，後來家境富裕了，也不許花費過多，她說：「我的兒子不能苟且迎合世人，儉約一些，才能度過那可能要遭受的患難。」後來，我被貶夷陵，太夫人言笑如常，說：「你的家本來就貧賤，我已經習慣這種日子。你能安樂對待，我也能安樂。」

先父死後二十年，我才取得俸祿來供養母親。又過了十二年，列位於朝廷作京官，才獲得贈封雙親。又過了十年，我擔任龍圖閣直學士、尚書吏部郎中，留守南京。母親因病逝世於官邸，享年七十二歲。又過了八年，我以不相稱的才能，作了朝廷的副樞密使，進為參知政事。又過了七年才解除職務。自從進入軍、政二府後，天子施恩，褒獎三代宗親。自從仁宗嘉佑年間以來，每逢國家大慶，必定對我的先祖加以賜恩。曾祖父追贈為金紫光祿大夫、太師、中書令，曾祖母追贈為楚國太夫人。祖父追贈為金紫光祿大夫、太師、中書令兼尚書令，祖母追贈為吳國太夫人。先父崇國公追贈為金紫光祿大夫、太師、中書令兼尚書令，先母追贈為越國太夫人。皇上初次舉行祭天大禮，先父賜爵為崇國公，先母進爵為魏國太夫人。

於是我流著淚說：「唉！做善事無不得到好報的，時間或遲或早，這是必然的道理。我先祖和父親積善有德，理應享有這種盛大的酬報。雖然他們在有生之年不能享受到，但是賜爵位、受封官，經表彰而光榮，因褒獎而崇大，具有三朝恩賞誥封，這就足夠使其德行顯揚於後世，庇蔭支持子孫。」於是排列我家世代的譜系，詳細刻在石碑上，接著又記下先父崇國公的遺訓，以及太夫人的教育，以及對我有所期待的原因，都寫在阡表上，好讓大家知道我德行淺薄，能力微小，只是適逢其時才能得到高位，有幸保全操守，沒有辱及先祖，都由於上述的原因。

歐陽脩紀念館

神宗熙寧三年，庚戌年，四月初一辛酉，十五日乙亥，男推誠保德崇仁翊戴功臣、觀文殿學士、特進、行兵部尚書，知青州軍州事、兼管內勸農使、充京東路安撫使、上柱國、樂安郡開國公、食邑四千三百戶、食實封一千二百戶，歐陽脩立表。

【賞析】

〈瀧岡阡表〉是歐陽脩在其父下葬六十年之後所寫的一篇追悼文章，是他精心創作的一篇佳作。全文平易質樸，情真意切，如話家常，歷來被視為歐文的代表作品。與唐韓愈的〈祭十二郎文〉、清袁枚的〈祭妹文〉同被稱為「千古至文」。

由於歐陽脩父親亡故時，他才四歲，無法知悉亡父的生平行跡，這就使他在撰述本文時遇到了困難。作者的高明之處亦即本文最大的特點之一，即是在文章中採取了避實就虛、以虛求實、以虛襯實的寫作方法，巧妙地穿插了其母太夫人鄭氏的言語，以她口代己口，從背面和側面落筆。一方面以此為依據，追念和表彰其父的仁心惠政；另一方面，在表父阡的同時，也順水行舟，同時頌揚其母德婦節，使一位賢妻良母型的女性形象，栩栩如生地凸顯在讀者眼前。父因母彰，母受父成。文章構思高明的地方，即在於一碑雙表，二水分流；明暗交叉，互襯互托。而其舒徐有致、簡易平實的文風，其謙恭平和、實事求是的態度，更使一切浮華失實的諛墓文字黯然失色。

〔宋朝〕

醉翁亭記

歐陽脩

環滁皆山也。其西南諸峰，林壑尤美。望之蔚然而深秀者，瑯琊也。山行六七里，漸聞水聲潺潺；而瀉出於兩峰之間者，釀泉也。峰回路轉，有亭翼然臨於泉上者，醉翁亭也。作亭者誰？山之僧智僊也。名之者誰？太守自謂也。太守與客來飲於此，飲少輒醉，而年又最高，故自號曰醉翁也。醉翁之意不在酒，在乎山水之間也。山水之樂，得之心而寓之酒也。

若夫日出而林霏開，雲歸而巖穴暝，晦明變化者，山間之朝暮也。野芳發而幽香，佳木秀而繁陰，風霜高潔，水落而石出者，山間之四時也。朝而往，暮而歸，四時之景不同，而樂亦無窮也。

至於負者歌於塗，行者休於樹，前者呼，後者應，傴僂提攜，往來而不絕者，滁人遊也。臨谿而漁，谿深而魚肥；釀泉為酒，泉香而酒洌；山肴野蔌，雜然而前陳者，太守宴也。宴酣之樂，非絲非竹，射者中，弈者勝，觥籌交錯，起坐而諠譁者，眾賓懽也。蒼顏白髮，頹然乎其間者，太守醉也。

已而夕陽在山，人影散亂，太守歸而賓客從也。樹林陰翳，鳴聲上下，遊人去而禽鳥樂也。然而禽鳥知山林之樂，而不知人之樂；人知從太守遊而樂，而不知太守之樂其樂也。醉能同其樂，醒能述以文者，太守也。太守謂誰？廬陵歐陽脩也。

【注釋】

1.林壑：意指樹木和山谷，或是山林幽深之處。

2.蔚然：草木茂盛的樣子。

3.深秀：幽深秀美。

4.琅邪：音ㄌㄤˊ ㄧㄝˊ。山名，在滁州市西南十里，東晉元帝為琅邪王時，曾避居此山，故名。

5.釀泉：山泉名，因水清可以釀酒為名。

6.翼然：指簷角翹起，像鳥兒展翅的樣子。

7.智僊：為琅邪山琅邪寺的僧人。僊，音ㄒㄧㄢ。同「仙」。

8.太守：作者自指；漢時，郡的首長稱太守，宋以後改郡為府，故知府亦別稱為「太守」。

9.寓：寄託。

10. 林霏開：樹林間的霧氣消散。霏，霧氣。
11 雲歸：指浮雲聚集山間；古人認為雲生於山時，故把傍晚山間雲湧稱之為雲歸。
12. 暝：音ㄇㄧㄥˊ。昏暗貌。
13. 野芳：野花。
14. 繁陰：繁榮茂盛而形成濃密樹蔭。
15. 風霜高潔：即風高霜潔，風高氣爽而霜露潔白。
16. 水落而石出：山澗水位降低，澗石露出水面。
17. 負者：背著東西的人。
18. 塗通：「途」，道路。
19. 傴僂：音ㄩˇ ㄌㄡˊ。彎腰駝背，此指老人。
20. 提攜：攙扶牽引，此指孩童。
21. 谿：同「溪」。
22. 洌：清澄。
23. 山肴野蔌：山中的野味及蔬菜。肴，熟肉，泛指魚、肉之類的葷菜。蔌，蔬菜，音ㄙㄨˋ。
24. 射者中：射，指投壺，為席間遊戲；以盛酒的壺口為目標投以箭矢，以投中多少決勝負，負者罰酒；另一說，「射」為行酒令的一種。
25. 奕：下圍棋。

26. 觥籌交錯：觥，音ㄍㄨㄥ。酒杯、酒籌交互錯雜，形容宴會中賓主盡歡、盡情喝酒的熱鬧。籌，酒籌，行酒令時計算勝負之籌碼。

27. 懽：懽，音ㄏㄨㄢ。同「歡」。

28. 頹然：原是精神不振之狀，此處形容醉態，酒醉昏然欲倒的樣子。

29. 陰翳：樹木枝葉茂密，遮蔽成蔭。翳，音ㄧˋ。遮蓋。

30. 樂其樂：以他們的快樂為快樂；前「樂」為動詞，後「樂」為名詞。其，指滁州人和賓客。

31. 謂誰：是誰。謂，通「為」。

【譯文】

滁州四面環山。其中西南的幾座山峰，樹林、山壑尤其美麗；而一眼望去，蔚然茂盛，幽深秀麗的，正是瑯邪山。沿著琅邪山走六、七里路，漸漸可以聽到潺潺的水聲，而從兩座山峰之間流瀉出來的，正是釀泉。繞轉山峰、旁轉山路，有座亭子像飛鳥般展開翅膀，靠近泉水的上面，就是醉翁亭。是誰建造這座亭子？是山上和尚智僊。是誰為這亭子命名的呢？就是自名「醉翁」的太守。太守和賓客們到這兒喝酒，往往只喝一些些就酣醉了，而且年齡又是最長，所以就自稱叫做「醉翁」。其實醉翁的本意並不是在於喝酒，而是在於欣賞山水之間的美景。欣賞山水美景的樂趣，是從內心體會而又寄託在喝酒上面啊！

有時候太陽出來，林中的煙霧慢慢散開；有時候浮雲歸返，山洞就跟著晦暗下來。黑暗、光明

歐陽脩紀念館

交替變化，那是山中的黎明和黃昏。野花綻放、充滿幽香，高樹茂秀、多有蔭涼，風高高地吹、霜潔白地下，水位退落、河石現出，那是山中的四季。清晨前往，黃昏歸來，四季都不一樣，而去遊玩的樂趣也是無窮無盡啊！

至於背著東西的人在路上邊走邊唱歌，來往行路的人在樹下休息，前面的人招呼，後面的應答，扶著老人、牽著小孩，不斷地來來往往的人，這些都是到這兒來玩的滁州百姓。臨靠溪邊釣漁，溪水深而魚兒肥；用釀泉來造酒，泉水香而酒醇洌；山中魚肉、野地蔬菜，紛雜地擺在前面，正是太守設下的宴席。宴飲酣醉的樂趣，不在於琴瑟、也不在於蕭管，投射的人中了，下棋的人贏了，酒杯、籌碼交相錯雜，有人站起、有人坐下，有人大聲諠譁，眾客們都盡歡盡樂啊！裡頭有位蒼顏白髮的老翁，昏昏地坐在人群之間，原來正是喝醉了的太守。

不久，太陽落山，人影散散亂亂，太守要回去了，賓客們也跟著走了。樹林黯淡，陣陣鳥鳴聲上下響起，原來遊人走了後，鳥兒開始快樂了起來。鳥兒只知道山林間的快樂，並不知道人們的快樂；人們知道跟隨太守遊山玩水的快樂，而不知道太守是以人們生活快樂而快樂啊！在酣醉的時候能夠和人們一起快樂，在清醒的時候又能寫文章敘述這些事情的人，正是太守啊！太守是誰呢？太守就是廬陵歐陽脩。

【賞析】

本文以樂民之樂為主旨。並以一樂字貫串全文。至於構篇之法，先藉醉翁亭帶出山水之樂乃得之於心，中間分述山水景致，來遊之樂乃官與民一同，末段文字層層迴疊，由淺入深，迭轉出全文主旨。

醉翁亭

〔宋朝〕

前赤壁賦

蘇軾

壬戌之秋，七月既望，蘇子與客泛舟遊於赤壁之下。清風徐來，水波不興，舉酒屬客，誦明月之詩，歌窈窕之章。少焉，月出於東山之上，徘徊於斗牛之間。白露橫江，水光接天。縱一葦之所如，凌萬頃之茫然。浩浩乎如馮虛御風，而不知其所止；飄飄乎如遺世獨立，羽化而登仙。

於是飲酒樂甚，扣舷而歌之，歌曰：『桂櫂兮蘭槳，擊空明兮泝流光。渺渺兮予懷，望美人兮天一方。』客有吹洞簫者，倚歌而和之，其聲嗚嗚然：如怨、如慕、如泣、如訴；餘音嫋嫋，不絕如縷；舞幽壑之潛蛟，泣孤舟之嫠婦。

蘇子愀然，正襟危坐而問客曰：「何為其然也？」

客曰：「『月明星稀，烏鵲南飛』。此非曹孟德之詩乎？西望夏口，東望武昌，山川相繆，鬱乎蒼蒼。此非孟德之困於周郎者乎？

方其破荊州，下江陵，順流而東也，舳艫千里，旌旗蔽空，釃酒臨江，橫槊賦詩，固一世之雄也，而今安在哉！況吾與子，漁樵於江渚之上，侶魚蝦而友麋鹿；駕一葉之扁舟，舉匏樽以相屬；寄蜉蝣於天地，渺滄海之一粟。哀吾生之須臾，羨長江之無窮；挾飛仙以遨遊，抱明月而長終；知不可乎驟得，託遺響於悲風。」

蘇子曰：「客亦知夫水與月乎？逝者如斯，而未嘗往也；盈虛者如彼，而卒莫消長也。蓋將自其變者而觀之，則天地曾不能以一瞬；自其不變者而觀之，則物與我皆無盡也。而又何羨乎？且夫天地之間，物各有主。苟非吾之所有，雖一毫而莫取；惟江上之清風，與山間之明月，耳得之而為聲，目遇之而成色。取之無禁，用之不竭。是造物者之無盡藏也，而吾與子之所共適。」

客喜而笑，洗盞更酌。肴核既盡，杯盤狼藉。相與枕藉乎舟中，不知東方之既白。

【作者】

蘇軾，字子瞻，一字和仲，號東坡居士，眉州眉山（今四川眉山市）人，中國北宋大文豪。其詩、詞、賦、散文，成就極高，且善書法和繪畫，是中國文學藝術史上罕見的全才，也是中國數千年歷史，被公認文學藝術造詣最傑出的大家之一。其散文與歐陽脩並稱「歐蘇」。亦列為「唐宋八大家」之一。

【注釋】

1. 赤壁：山名。有四，湖北省境內稱赤壁者有四處：一在嘉魚縣東北，長江南岸。三國時孫權、劉備聯軍大破曹操軍隊於此。二在黃岡縣城外的赤鼻磯。為東坡所遊之處。三在武昌縣東南，或稱「赤磯」。四在漢陽縣沌口的臨嶂山，與烏林峰相對。
2. 壬戌：宋神宗元豐五年，西元1082年。
3. 望：舊曆每月十五日，叫做「望日」，簡稱「望」。
4. 屬：通「注」，把酒注入杯中的意思。
5. 明月之詩：指《詩經・陳風・月出》。
6. 窈窕之章：月出詩的第一章為：「月出皎兮，佼人僚兮。舒窈糾兮，勞心悄兮。」其中「窈糾」，即作「窈窕」解。
7. 斗牛：星名。二十八星宿中的斗宿和牛宿。

8. 一葦：比喻小舟。
9. 如：往。
10. 馮虛御風：在空中乘風行走。馮：即「憑」字，作「凌」解；虛，太空。御風，乘風。
11. 遺世：脫離塵世。
12. 羽化登仙：道家稱人成仙為羽化。此形容人遠離塵囂，飄灑如臨仙境。
13. 舷：船邊。
14. 桂棹兮蘭槳：棹、槳，行船撥水之具，棹在船尾，槳在船邊。以桂為棹，以蘭為槳，故曰桂棹，蘭槳。
15. 擊：指搖槳。
16. 空明：指水中的月亮。
17. 泝：同「溯」，逆水而上。
18. 流光：月在水中，波動月亦動，就好像光在流動一樣。
19. 美人：喻在朝之賢人君子。
20. 嫋嫋：嫋，音ㄋㄧㄠˇ。形容輕盈柔弱。
21. 潛蛟：潛藏在水底的蛟龍。

赤壁圖（明代畫家仇英繪）

22. 嫠婦：嫠，音ㄌㄧˊ。寡婦。
23. 愀然：容色變動，憂愁的樣子。
24. 月明星稀，烏鵲南飛：此是曹操所作短歌行裡的兩句詩。
25. 夏口：即湖北漢口。
26. 繆：同「繚」，纏繞之意。
27. 孟德之困於周郎：周郎，周瑜。建安十三年，操軍由荊州沿江而下，孫權使周瑜與劉備合力破之，大敗操兵於赤壁。
28. 江陵：今湖江陵縣。
29. 舳艫：船首、船尾相連，綿延千里。形容船隻眾多。舳，船尾。艫，船頭。
30. 釃：音ㄌㄧˊ。酌酒、喝酒。
31. 槊：音ㄕㄨㄛˋ。馬上所持之長矛。
32. 匏樽：匏，音ㄆㄠˊ。以乾匏製成的酒器，後泛指一般酒器。
33. 寄蜉蝣於天地：蜉蝣，蟲名，朝生暮死。比喻人生短暫。
34. 遺響：餘音。
35. 悲風：悲音，指洞簫聲。
36. 逝者如斯：《論語‧子罕》：「子在川上曰：逝者如斯夫！不舍晝夜。」比喻時光、事情的消逝如同河水流去般迅速。

37. 盈虛：指月的圓缺。
38. 肴核：熟肉為肴，水果為核。
39. 枕藉：交橫相枕而臥。

【譯文】

壬戌年的秋天，七月十六日，我和朋友在赤壁之下泛舟遊覽。清風徐徐吹來，水面波浪平靜。我舉起酒杯，勸朋友飲酒，高聲朗誦《詩經‧月出》篇的詩句，唱著「窈窕」那一章。不久，月亮從東邊山上升起，緩慢地在斗宿星和牛宿星之間移動。白色的水氣瀰漫整個江面，水光與天色接連為一片。任隨小船游蕩，漂浮在茫茫無邊的江面上。心境開闊舒暢，就好像乘風駕御在虛空之間，不知道將要止於何處；輕飄飄地好像遠離了世俗，超然獨立，飛上天成了神仙。

此時，眾人飲著酒，歡樂極了，我叩著船舷，唱起歌來。歌詞說：「桂木棹呀，木蘭槳，拍擊水中倒映的明月，逆行水流，追逐著隨波浮動的光影。我那悠遠的情懷，內心思慕的佳人呀，究竟在什麼地方？」朋友中有人吹洞簫，和著歌聲伴奏起來。簫聲嗚嗚地，像幽怨，像思慕，像哭泣，又像在傾訴；餘音迴盪悠揚，如絲縷般繚繞不絕；彷彿能使潛藏在幽谷中的蛟龍隨之起舞、讓獨守在孤舟中的孀婦跟著悲泣。

我的臉色變得嚴肅凝重，整理好衣襟，直起身子端坐，問那位朋友：「為什麼簫聲如此地哀傷呢？」

朋友回答道：「『月明星稀，烏鵲南飛』，這不是曹操的詩嗎？西邊望去是夏口，東邊望去是武昌，山水環繞，草木茂盛。這不是當年曹操被周瑜所圍困的地方嗎？當曹操攻破荊州、占領江陵，順著長江東下時，接連的戰船有千里那麼長，旗幟多得遮蔽天空。他面對長江喝酒，橫著長矛吟詠詩歌，實在是一代英雄，可是如今又在那裡呢？何況我和您，在江邊和沙洲上捕魚砍柴，與魚蝦作伴，和麋鹿交朋友，駕著一葉小舟，拿起酒杯互相勸酒。生命短暫得像蜉蝣寄居天地間，個人渺小得像滄海中的一粒粟米。我感傷人生短促，羨慕長江流水無盡；希望能隨仙子逍遙自在地遨遊，懷抱明月與它長存。知道不可能在一時之間實現，只好將簫聲的餘音寄託在悲涼的秋風中。」

我說：「您也知道江水和月亮的道理嗎？像是江水般不斷地流轉，可是長江的水卻從來不曾消逝；像是月亮一樣地有圓有缺，可是它本身始終沒有增減。如果從變的角度來看，那麼天地萬物沒有片刻時間不在變；從不變的觀點來看，那麼萬物和我都是無窮無盡，永恆不變的，還有什麼值得羨慕的呢？天地之間，萬物各有它的主人，假如不是我所擁有的，即使一絲一毫，也不能取用。只有那

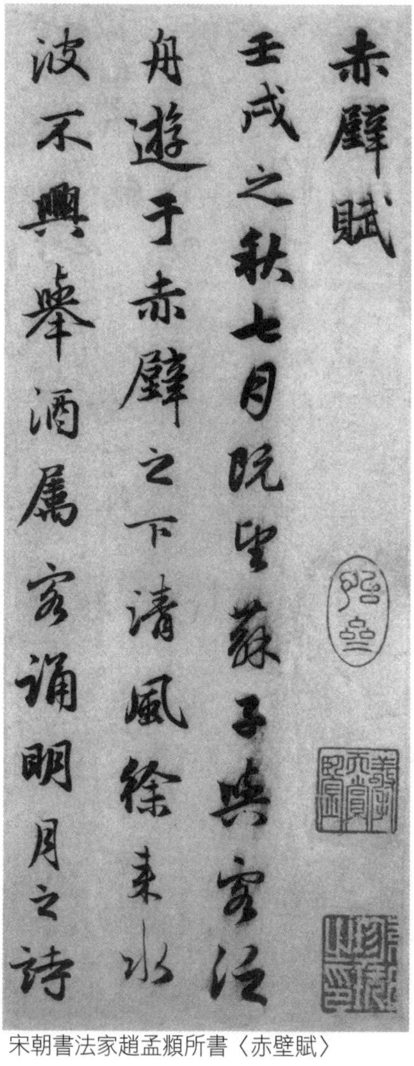
赤壁賦
壬戌之秋七月既望蘇子與客泛
舟遊于赤壁之下清風徐來水
波不興舉酒屬客誦明月之詩
宋朝書法家趙孟頫所書〈赤壁賦〉

江上的清風，和山間的明月，耳朵聽到了就成為美妙的聲音，眼睛看到了就成為美好的景色；沒有人禁止我們去取用它，使用它也不會有枯竭的時候。這是造物者賜給人類無窮盡的寶藏，也是我和您所共同享受的。」

朋友聽後開懷地笑了，洗淨了酒杯，相互斟酒。等到菜肴水果吃完了，杯盤雜亂不整。我們彼此交相橫躺在小船裡睡著了，不知不覺東方已經發白了。

【賞析】

本文乃作者貶官黃州時，和賓客遊歷赤壁所寫。當時作者誤認為所遊之赤壁即為赤壁之戰的赤壁，所以文中對周瑜、曹操興起一些感慨。蘇軾這次遊赤壁是在秋天，同年冬天又重遊一次，也寫一篇賦，為了所區別，故有前後赤壁賦之分。

赤壁

〔宋朝〕記承天寺夜遊

蘇軾

元豐六年十月十二日，夜。解衣欲睡，月色入戶，欣然起行，念無與為樂者，遂至承天寺，尋張懷民。懷民亦未寢，相與步於中庭。

庭中如積水空明，水中藻荇交橫，蓋竹柏影也。

何夜無月，何處無竹柏？但少閒人如吾兩人耳！

【注釋】

1. 元豐：北宋神宗的年號。
2. 解衣欲睡：脫下衣服正想睡覺。
3. 月色入戶：月光從門外照進來。
4. 欣然起行：心裡一高興，便起來到戶外走走。
5. 念無與樂者：又想到沒有一起行樂的人。
6. 遂步至：於是步行到……。

7. 亦未寢：也還沒睡。
8. 相與：共同。
9. 步於中庭：在堂前的庭院中散步。
10. 中庭：堂前的庭院中。
11. 庭下：庭院中的地上。
12. 積水空明：月光有如積水一樣，給人清澈透明的感覺。
13. 藻荇交橫：荇，音ㄒㄧㄣˋ。水裡又像有水藻、荇菜縱橫交錯著。
14. 蓋竹柏影也：原來只是竹子和柏樹影子。。
15. 何夜：那一個晚上。
16. 但：只是。
17. 少閑人如吾兩人耳：很少有像我們兩個這樣悠閒的人去欣賞罷了。閑，悠閒，同「閒」。耳，而已、罷了。

蘇堤景色

【譯文】

元豐六年十月十二日，我解開衣服打算睡覺時，月光照進房門裡，我高興地坐到門外。想到沒有可與自己一起遊樂的人，於是到承天寺去找張懷民。張懷民也還沒有睡覺，我們便一起在庭院中散步。

月光照在院子裡，像水一樣空明澄澈，竹子和柏樹的影子就像水中交錯的藻荇。

哪夜沒有月光？哪裡沒有竹子和松柏？只是缺少像我倆這樣清閒的人罷了！

【賞析】

這篇文章一開始就說明了「夜遊」的時間是「元豐六年十月十二日」，這時的東坡正因「烏台詩案」被謫貶，住在黃州。當時的他雖然擁有「黃州團練副史」的虛銜，卻奉命「不得簽書公事」，所以整天過著閒居的日子。這篇生活中隨手寫的短文，正描繪出他當時的心境。短短的八十五個字中，表達出朋友相知的喜悅，也描繪出東坡因為內心的寂靜淡遠，而感到整個天地間都像水底一樣清明了，這真是一篇淡而有味的好文章啊！

蘇軾雕像

〔宋朝〕上樞密韓太尉書

蘇轍

太尉執事：轍生好為文，思之至深，以為文者氣之所形。然文不可以學而能，氣可以養而致。孟子曰：「我善養吾浩然之氣。」今觀其文章，寬厚宏博，充乎天地之間，稱其氣之小大。太史公行天下，周覽四海名山大川，與燕、趙間豪俊交遊；故其文疎蕩，頗有奇氣。此二子者，豈嘗執筆學為如此之文哉？其氣充乎其中，而溢乎貌，動乎其言，而見乎其文，而不自知也。

轍生十有九年矣。其居家所與遊者，不過其鄰里鄉黨之人，所見不過數百里之間，無高山大野，可登覽以自廣。百氏之書雖無所不讀，然皆古人之陳述，不足以激發其志氣。恐遂汩沒，故決然捨去，求天下奇聞壯觀，以知天地之廣大。

過秦漢之故鄉，恣觀終南、嵩、華之高；北顧黃河之奔流，慨然想見古之豪傑。至京師，仰觀天子宮闕之壯，與倉廩府庫、城池苑囿之富且大也，而後知天下之巨麗。見翰林歐陽公，聽其議論之宏辯，觀其容貌之秀偉，與其門人賢士大夫遊，而後知天下之文章聚乎此也。

太尉以才略冠天下，天下之所恃以無憂，四夷之所憚以不敢發。入則周公、召公，出則方叔、召虎，而也未之見焉。且夫人之學也，不志其大，雖多而何為？轍之來也，於山見終南、嵩、華之高，於水見黃河之大且深，於人見歐陽公，而猶以為未見太尉也！故願得觀賢人之光耀，聞一言以自壯，然後可以盡天下之大觀而無憾者矣。

轍年少，未能通習吏事。嚮之來，非有取於升斗之祿；偶然得之，非其所樂。然幸得賜歸待選，使得優游數年之前，將歸益治其文，且學為政。太尉苟以為可教而辱教之，又幸矣！

【作者】

蘇轍，字子由，一字同叔，晚年自號潁濱遺老，眉州眉山（今四川眉山市）人。宋孝宗淳熙年間，追謚文定。蘇洵之子、蘇軾之弟，北宋嘉祐二年（1057）與其兄蘇軾同登進士。蘇家父子三人，均在「唐宋八大家」之列，人稱「三蘇」，蘇轍則是「小蘇」。作品有《欒城集》傳世，包括《後集》、《三集》，共84卷。

【注釋】

1. 執事：對人之尊稱。書信中之敬辭，因不敢直接與言，猶如左右，以示謙讓之意。
2. 寬厚宏博：謂文章有寬大溫厚，宏深廣博之氣勢。
3. 太史公：即司馬遷，嘗為太史令，著有史記。
4. 周覽：遍視也。
5. 燕、趙：燕，今河北一帶。古代豪俠之士，多出於此。
6. 疏蕩：豪放恢宏。
7. 鄰里鄉黨：鄉里近鄰。周制，五家為鄰，二十五家為里，萬二千五百家為鄉，五百家為黨。
8. 自廣：增廣自己的見聞。
9. 汩沒：汩，音ㄍㄨˇ。埋沒。
10. 秦漢之故都：秦都咸陽，今陝西咸陽縣。漢都長安，今陝西長安縣。
11. 恣觀：恣，音ㄗˋ。盡情觀賞。
12. 終南：即終南山。
13. 嵩、華：中嶽嵩山，在河南省登封縣北。西嶽華山，在陝西華陰縣南。

14.京師：宋都汴京，即今河南開封縣。
15.倉廩府庫：倉廩，貯藏米糧之所。府庫，儲藏文書財帛之所。廩，音ㄌㄧㄣˇ。
16.翰林歐陽公：歐陽脩，曾任翰林院仕讀學士。蘇轍考取進士，歐陽脩是主考官。
17.四夷：指中國邊境以外未開化的人，古時所稱之四夷為東夷、北狄、西戎、南蠻。
18.入則周公、召公：言在朝有如周公、召公佐武王定天下。周公，姬旦。召公，姬奭。
19.出則方叔、召虎：言經略在外有如方叔、召虎，為周宣王平定蠻夷，中興周室。方叔，周宣王之武將，奉命南征，荊蠻來服。召虎，召公之後裔，為宣王輔，伐淮夷有功。
20.嚮：往昔。
21.升斗之祿：菲薄之俸祿。
22.待選：等候詮選任職。
23.辱教之：謂屈身教我。辱，屈也。

【譯文】

太尉閣下：我生性喜歡作文章，對這件事思考得很深入，我認為文章是個人氣質的表現。雖然文章不是光靠學習就作得好，但氣質卻可以透過脩養而得到。孟子說：「我善於培養我的浩然正氣。」現在我們看他的文章，寬厚宏博，充塞於天地之間，和他的浩然之氣相當。太史公走遍天下，看遍四海名山大川，和北方豪傑之士交往。所以他的文章疏暢奔放，很有奇偉的氣息。這兩個人，難道光靠拿筆學作這樣的文章，就能到達這一地步嗎？他們的氣質充滿在心中，而流露在外表，反映在言語之中，表現在文字之間，而自己並沒有察覺到。

我出生已十九年了，在家中所交往的人，只不過是左鄰右舍鄉里之人，所見識的也不過是百里的景物，沒有高山曠野可以登臨觀賞以開拓自己的胸襟。諸子百家書籍，雖然無所不讀，然而都是古人陳舊的事跡，不足以激發自己的志氣，我害怕就此被埋沒，因而斷然離開家鄉，去探求天下間的奇聞壯觀，以了解天地的廣大。

我經過秦朝、漢朝的故都，盡情觀賞終南山、嵩山、華山的高峻；北望黃河奔騰的流水，慷慨激昂地想起古代的英雄豪傑。來到京城，仰觀皇帝宮殿的宏偉，以及糧倉、財庫、城池、苑囿的富足與廣大，然後才知道天下是多麼的宏偉壯麗。我也見過翰林學士歐陽公，聽到他宏偉雄辯的言論，看到他秀美奇偉的容貌，和他的門人交往，然後才知道天下間的文章都匯聚在這裡。

太尉才能謀略天下第一，是天下人所依恃而不必憂慮，也是四方蠻夷所害怕而不敢侵犯的。在朝，就像周公、召公一樣輔佐人君；守邊，就像方叔、召虎一樣的威鎮蠻夷，可是我至今還沒有見過您。更何況，一個人求學問，如果不立志於學習那最偉大的，學得再多又有什麼用？我來京城的時候，就山而言，已經見過終南山、嵩山、華山的高峻；就水而言，已經見過黃河的寬廣與深度；就人而言，已經見過歐陽公，可是仍以沒能謁見您為憾事。所以說希望見到賢人的手采，聽到您的一句話便足以使自己心志壯闊。這樣就算看盡天下的壯觀，也不會再有任何遺憾了！

我還很年輕，不能通曉作官的事務。先前來京，並不是想要求得一官半職，就算偶然得到，也不是我所喜歡的。可是今天中進士而僥倖等待吏部選用，使我能夠用幾年的時間，準備回家努力研究文章，順便學學作官為政的道理。太尉您如果認為我還值得教誨而辱蒙教誨的話，那又是我十分慶幸的事情了！

【賞析】

嘉祐元年，蘇轍與父、兄同至汴京，頗受歐陽脩等人賞識，次年與蘇軾同榜及第，名震京師，卻未曾見過身居要位的韓琦，就寫了這一封情理暢達的自薦信求見。

凡自薦之文，難脫自我標榜或奉承諂媚之嫌。本篇獨以作文之道入手，以孟子的養浩然之氣與太史公的行天下貫串為文，既已說明自己襟懷之壯闊，又藉「已知」天下巨麗與「已見」歐陽脩，來襯托「未見」韓琦的遺憾，以此逼出求見旨意。構思獨到，自負而不自誇，恭敬而不阿諛。以十九歲的青年而言，實屬難能。

讀本篇，除了對作文之道有所幫助之外，對求職信函言語的掌握，當有啟發。

蘇轍畫像

〔宋朝〕

訓儉示康

司馬光

吾本寒家，世以清白相承。吾性不喜華靡，自為乳兒，長者加以金銀華美之服，輒羞赧棄去之。二十忝科名，聞喜宴獨不戴花。同年曰：「君賜不可違也。」乃簪一花。平生衣取蔽寒，食取充腹；亦不敢服垢弊以矯俗干名，但順吾性而已。

眾人皆以奢靡為榮，吾心獨以儉素為美。人皆嗤吾固陋，吾不以為病。應之曰：孔子稱「與其不遜也寧固」；又曰「以約失之者鮮矣」；又曰「士志於道，而恥惡衣惡食者，未足與議也。」古人以儉為美德，今人乃以儉相詬病。嘻，異哉！

近歲風俗尤為侈靡，走卒類士服，農夫躡絲履。吾記天聖中，先公為群牧判官，客至未嘗不置酒，或三行、五行，多不過七行。酒酤於市，果止於梨、栗、棗、柿之類；肴止於脯醢、菜羹，器用瓷漆。當時士大夫家皆然，人不相非也。會數而禮勤，物薄而情厚。近日士大夫家，酒非內法，果、肴非遠方珍異，食非多品，器皿非滿案，不敢會賓友，常數月營聚，然後敢發書。苟或不然，人爭非之，以為鄙吝。故不隨俗靡者蓋鮮矣。嗟乎！風俗頹敝如是，居位者雖不能禁，忍助之乎！

又聞昔李文靖公為相，治居第於封丘門內，廳事前僅容旋馬，或言其太隘。公笑曰：「居第當傳子孫，此為宰相廳事誠隘，為太祝奉禮廳事已寬矣。」參政魯公為諫官，真宗遣使急召之，得於酒家，既入，問其所來，以實對。上曰：「卿為清望官，奈何飲於酒肆？」對曰：「臣家貧，客至無器皿、肴、果，故就酒家觴之。」上以無隱，益重之。張文節為相，自奉養如為河陽掌書記時，所親或規之曰：「公今受俸不少，而自奉若此。公雖自信清約，外人頗有公孫布被之譏。公宜少從眾。」公歎曰：「吾今日之俸，雖舉家錦衣玉食，何患不能？顧人之常情，由儉入奢易，由奢入儉難。吾今日之俸豈能常有？身豈能常存？一旦異於今日，家人習奢已久，不能頓儉，必致失所。豈若吾居位、去位、身存、身亡，常如一日乎？」嗚呼！大賢之深謀遠慮，豈庸人所及哉！

御孫曰：「儉，德之共也；侈，惡之大也。」共，同也；言有德者皆由儉來也。夫儉則寡欲，君子寡欲，則不役於物，可以直道而行；小人寡欲，則能謹身節用，遠罪豐家。故曰：「儉，德之共也。」侈則多欲，君子多欲則貪慕富貴，枉道速禍；小人多欲則多求妄用，敗家喪身；是以居官必賄，居鄉必盜。故曰：「侈，惡之大也。」

昔正考父饘粥以餬口；孟僖子知其後必有達人。季文子相三君，妾不衣帛，馬不食粟，君子以為忠。管仲鏤簋朱紘、山楶藻棁，孔子鄙其小器。公叔文子享衛靈公，史鰌知其及禍；及戍，果以富得罪出亡。何曾日食萬錢，至孫以驕溢傾家。石崇以奢靡誇人，卒以此死東市。近世寇萊公豪侈冠一時，然以功業大，人莫之非，子孫習其家風，今多窮困。

其餘以儉立名，以侈自敗者多矣，不可遍數，聊舉數人以訓汝。汝非徒身當服行，當以訓汝子孫，使知前輩之風俗云。

【作者】

司馬光（1019.11.17～1086），字君實，號迂叟。生於宋真宗天禧三年，卒於宋哲宗元祐元年，享年68歲。陝州夏縣（現在屬山西省夏縣）涑水鄉人，出生於河南省光山縣，世稱涑水先生。

司馬光是北宋政治家、文學家、史學家，歷仕仁宗、英宗、神宗、哲宗四朝。他主持編纂了中國歷史上第一部編年體通史《資治通鑑》。司馬光為人溫良謙恭、剛正不阿，其人格堪稱儒學教化下的典範，歷來受人景仰。

【注釋】

1. 華靡：華美奢侈。
2. 輒：總是。
3. 忝：自稱的謙詞。
4. 科名：科舉功名。
5. 聞喜宴：唐、宋時朝廷宴請新科進士及諸科及第者的宴席。宋時曾設宴於瓊林苑，故亦稱為「瓊林宴」。後泛指在禮部宴請新科進士的宴會。
6. 同年：同榜登科的人，彼此稱「同年」。
7. 簪：插、戴。

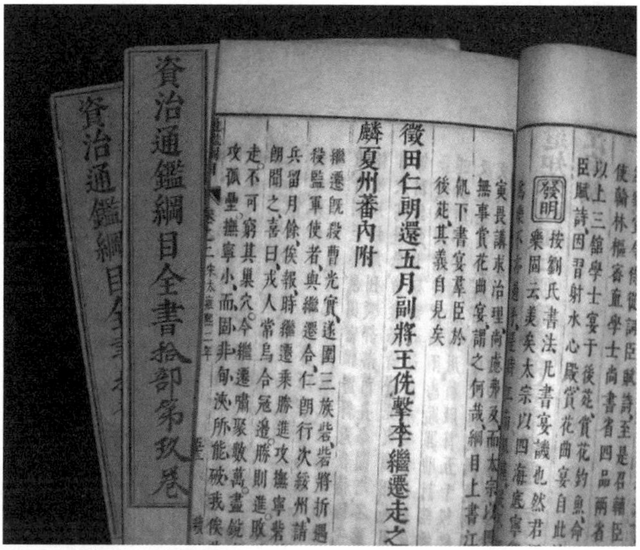

司馬光編撰的《資治通鑑》

8.矯俗干名：故意立異違俗以求取名利。

9.固陋：見聞淺陋。

10.與其不遜也寧固：奢侈就顯得驕傲，節儉就顯得固陋。與其驕傲，無寧固陋。

11.以約失之者鮮矣：因為儉約而犯過失的是很少的。約，儉約。鮮，少。

12.惡衣惡食：惡衣，粗劣的衣服。惡食，粗糙的食物。此形容生活儉約樸實。

13.議：討論、商量。

14.詬病：譏罵、指摘。

15.近歲：指宋神宗元豐年間。

16.侈靡：奢侈淫靡。

17.類：相似。

18.走卒：供人差遣奔走的奴僕。

19.躡絲履：穿絲質的鞋子。躡，踩，這裡作「穿」之意。

20.天聖：北宋仁宗年號（1023～1032）。

21.群牧判官：群牧，即群牧司，宋朝主管國家公用馬匹的機構。判官是群牧司最高長官的屬下官員。

22.置酒：擺設酒席。

23.行：行酒。主人斟酒給客人一次為一行。

24. 酤：音ㄍㄨ。同「沽」，買。
25. 餚止於脯、醢、菜羹：餚，下酒的菜。脯，乾肉。醢，音ㄏㄞˇ。肉醬。羹，湯。
26. 非：譏評、責難。
27. 內法：宮內釀酒的秘法。內，指宮內。
28. 珍異：珍貴奇異之品。
29. 營聚：準備、張羅。
30. 發書：發出請柬。
31. 鄙吝：鄙，粗俗、低賤。吝，捨不得、小器。
32. 隨俗靡：跟著習俗順風倒。靡，順勢倒下。
33. 頹弊：敗壞。
34. 居位者：指職位高有權勢的人。
35. 李文靖公：即李沆，字太初，洛州肥鄉（今河北省肥鄉縣）人。宋真宗時官至宰相，秉性亮直，內行修謹，時稱「聖相」。死後諡號文靖。
36. 治居第：治，建築。居第，住宅。
37. 封丘：宋汴京（今河南省開封市）。
38. 廳事：處理公事或接待賓客的廳堂。
39. 僅容旋馬：僅僅能夠讓一匹馬轉身。形容地方之小。

40. 太祝、奉禮：即太祝和奉禮郎，這是太常寺的兩個官，主管祭祀，往往用功臣的子孫擔任。

41. 參政魯公：魯宗道，字貫之，亳州譙（今安徽省亳縣）人。宋仁宗時拜參知政事（副宰相）。

42. 上：皇上，指宋真宗。

43. 清望官：清高有名望的宮。唐、宋時的中央高級官員，常備顧問。因此等官職多由進士出身有文學成就的人擔任，故名。

44. 故就酒家觴之：所以就著酒館招待他。觴，酒杯，這裡為請人喝酒的意思。

45. 無隱：沒有隱瞞實情。

46. 張文節：即張知白，字用晦，滄州清池（在今河北省滄州市東南）人。宋真宗時為河陽（今河南省洛陽市）節度判官。宋仁宗初年為宰相。死後諡號文節。

47. 掌書記：唐朝官名，相當宋朝的判官，都是主管批公文的官。

48. 所親：親近的人。

49. 清約：清廉節儉。

50. 公孫布被之譏：譏評如同公孫弘蓋布被那樣矯情作偽。公孫弘，漢武帝時為丞相，封平津侯。《漢書・公孫弘傳》：汲黯曰：「弘位在三公，奉祿甚多，然為布被，此詐也。」

51. 少從眾：稍微附和一下眾人行事。

52. 失所：無處安身。

53. 大賢：據上文所述李、魯、張三人。

54. 禦孫：春秋時期魯國的大夫。
55. 不役於物：不為外物所役使，不受外物的牽制。
56. 直道而行：行正直之道。語出《論語‧衛靈公》。意思為一個人既然無所貪慕，那麼任何事情都敢於誠實不欺的去做。
57. 謹身節用：約束自己，節約用途。
58. 遠罪豐家：避免犯罪，豐裕家室。
59. 枉道速禍：不循正道而行，招致禍患。枉，屈。速，招。
60. 多求妄用：多方搜求，任意揮霍。
61. 是以居官必賄，居鄉必盜：所以作官必然貪贓受賄，在鄉間必然盜竊他人財物。
62. 正考父：春秋時期宋國的大夫，孔子之遠祖。他輔佐戴、武、宣三公，地位愈高行為愈檢點。
63. 饘粥：饘，音ㄓㄢ。稠的稀飯稱為饘，稀的稱為粥。後以饘粥做為稀飯的統稱。
64. 孟僖子：春秋時期魯國的大夫。
65. 季文子：春秋時期魯國的大夫季孫行父。
66. 三君：即魯文公、魯宣公、魯襄公。
67. 鏤簋朱紘：鏤，雕刻。簋，音ㄍㄨㄟˇ。古代祭祀時盛黍稷的圓形器皿。朱紘，古代繫在冠冕下的帽帶。此句極言器物之華美。
68. 山楶藻棁：楶，音ㄐㄧㄝˊ。柱上支撐梁的方木。山楶，上邊刻著山岳的斗拱。棁，音ㄓㄨㄛˊ。梁上的短柱。藻梲，梁上畫有花紋的短柱。此句是說管仲之奢侈。

69. 公叔文子享衛靈公：公叔文子，春秋時期衛國的大夫公叔發。享衛靈公，請衛靈公到家參加宴會。

70. 史鰌：衛國的大夫。

71. 戍：公叔文子的兒子。

72. 何曾：字穎考，陳國陽夏（今河南省太康縣）人。晉武帝時，官至太傅。

73. 石崇：字季倫，晉渤海南皮（故城在今河北省南皮縣東）人。

74. 東市：指刑場。

75. 寇萊公：寇準，字平仲，宋華州下圭（故城在今陝西省渭南縣東北）人。宋真宗初年任宰相，後封萊國公。

76. 非徒：不但。

【譯文】

我本是寒微出身的人家，世代以清白家風相傳。生性不喜歡奢華，從小，長輩給我戴上金銀華美的服飾，我就會害羞臉紅馬上脫掉。二十歲僥倖考中進士，聞喜宴上只有我沒簪花，同榜的人說：「花是皇上的恩賜，不可不戴。」不得已才插上一朵。平日衣服只求禦寒，食物只求飽肚，但也不敢穿得汙穢破爛、故意違背習俗來求取節儉的名聲，只是順著個性罷了。

一般人都以奢侈華靡為光彩，我心裡卻認為節儉樸素才是美德。別人都笑我固執鄙陋，我卻不以為有什麼不對。我回答他們說：孔子說過：「與其放縱越禮，不如固陋。」又說：「因為儉約謹慎而犯過失是很少的。」還說：「讀書人以求道行道為志向，如果以穿粗布衣、吃粗糙的飯菜為恥，那就不值得和他談論聖賢之道了。」古人認為節儉是一種美德，現在的人卻拿節儉來互相批評。唉！真是奇怪啊！

近年來社會風氣更是奢侈靡爛，僕役穿得像讀書人，而農夫也穿上了絲鞋。我記得天聖年間，先父作群牧判官時，客人來訪也都備酒招待，有時敬三輪酒，有時五輪，最多不超過七輪。酒從市上買來，果品只有梨、栗、棗、柿之類，菜肴也只有肉乾、肉醬、羹湯，器皿用的是瓷器和漆器。當時一般作官人家都這樣，人們也不會互相批評。聚會的次數多而禮節依舊周到，食物雖簡單，情意卻很濃厚。近來作官的人家，如果沒有官家釀造的好酒、來自遠方的奇珍異味、食品樣式不夠多、器皿不夠琳琅滿目，就不招待客人；常常要籌備幾個月，才敢發出請帖。如果不這樣，人們就爭相批評，認為他太吝嗇。因而不被風氣感染的人大概是很少的了！唉！風俗這樣的敗壞，在上位的縱然不能禁止，難道還忍心助長它嗎？

我又聽說從前李文靖公做宰相時，把住宅蓋在封丘門內，廳堂前只能容納一匹馬轉身，有人說它太狹窄，文靖公笑著說：「住宅是留給子孫的，這屋子作宰相的廳堂確實嫌窄，作太祝奉禮郎的廳堂已經夠寬了。」參知政事魯公作諫官時，有一回真宗派人緊急召見他，使者卻在酒店找到他，進了宮，皇上問他從何處而來，他照實回答。皇上說：「你身為眾人仰望的諫官，怎麼在酒店裡喝酒呢？」他回答說：「臣家裡窮，來了客人，沒有器皿、菜肴和果品，所以到酒店去請客。」皇上因為他不隱瞞，更加敬重他。張文節做宰相時，生活還跟在河陽做掌書記時一樣，親友有人勸他說：「您現在的俸祿不少，卻過得這樣清苦，您雖然自信是清廉儉約，可是外面有譏笑您沽名釣譽，跟漢朝宰相公孫弘蓋粗布被一樣呢！您應該稍微隨俗一些。」文節公嘆著氣說：「我今天的俸祿，要全家穿好吃好，哪怕辦不到？只是一般人的常情，從節儉到奢侈容易，從奢侈回到節儉困難。我現在的俸祿哪能永久呢？生命哪能長存呢？一旦有了變化，家人奢侈慣了，不能馬上回復節儉，勢必不知所措。哪比得上我作官、不作官、活著、死了，家人的生活都不改變呢？」唉！大賢人想得深、看得遠，哪是一般人比得上的呢？

御孫說：「節儉，是一切德行的共同根源；奢侈，是罪惡中最大的。」共，是同的意思；是說有良好德行的人都是從節儉做起。能節儉，就能減少慾望；有地位的人少有慾望，就不會被外物役使，可以依正道行事；一般人慾望小，就能謹慎做人，節約用度，遠離罪過，豐裕家業。所以說：「節儉，是一切德行的共同根源。」奢侈慾望就大。在上位的人慾望大，就會貪戀富貴，違背正道，招致災禍；一般人慾望大，就會多需求亂花費，敗壞家業，送掉生命，因此，做官一定會受賄賂，在鄉一定會做盜賊，所以說：「奢侈，是罪惡中最大的。」

從前正考父吃稀飯過日子，孟僖子預料他一定有賢達的後代。季文子做過三個君王的宰相，姬妾不穿綾羅綢緞，馬不吃粟米，君子說他盡忠。管仲用雕花器皿，佩紅色帽帶，住宅彩繪華麗，雕樑畫棟，孔子輕視他器量狹小。公叔文子宴請衛靈公，史鰌知道他將招來災禍。等到他兒子戌，果然因為

司馬光畫像

豪驕奢侈而獲罪，逃亡外國。晉時何曾每日花一萬貫錢的食費，到了曾孫那一代終因浪費過度而傾家蕩產。石崇以豪富奢侈死於刑場。近代寇萊公是當代最富有奢侈的，但因為功業太大，沒有人敢批評他，只是子孫習慣了這種家風，現在大多已經窮困了。

其他因為節儉而得美名，因為奢侈而招致失敗的例子太多了，不能一一列舉，姑且舉幾個人來告誡你。你不僅要身體力行，更應當告誡你的後代，讓他們知道前輩的風俗。

【賞析】

這篇文章寫得有理有據，真切動人，司馬光為了教育兒子警惕奢侈的禍害，詳細列舉史事以為借鑒。他對兒子說過：西晉時何曾「日食萬錢，至孫以驕溢傾家」，石崇「以奢靡誇人，卒以此死東市」。近世寇准生活豪侈冠於一時，「子孫習其家風，今多窮困」。兒子司馬康讀後，忍不住流下了眼淚。此後，他一生始終把父親的這篇家訓，當作做人的鏡子，用來鞭策自己。

〔宋朝〕岳陽樓記

范仲淹

慶曆四年春，滕子京謫守巴陵郡。越明年，政通人和，百廢具興。乃重修岳陽樓，增其舊制，刻唐賢、今人詩賦於其上，屬予作文以記之。

予觀夫巴陵勝狀，在洞庭一湖。銜遠山，呑長江，浩浩湯湯，橫無際涯；朝暉夕陰，氣象萬千。此則岳陽樓之大觀也，前人之述備矣。然則，北通巫峽，南極瀟湘，遷客騷人，多會於此，覽物之情，得無異乎？

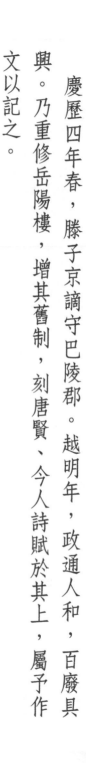

若夫霪雨霏霏，連月不開，陰風怒號，濁浪排空；日星隱耀，山岳潛形；商旅不行，檣傾楫摧；薄暮冥冥，虎嘯猿啼。登斯樓也，則有去國懷鄉，憂讒畏譏，滿目蕭然，感極而悲者矣！

至若春和景明，波瀾不驚，上下天光，一碧萬頃；沙鷗翔集，錦鱗游泳；岸芷汀蘭，郁郁青青。而或長煙一空，皓月千里；浮光耀金，靜影沉璧；漁歌互答，此樂何極！登斯樓也，則有心曠神怡，寵辱皆忘，把酒臨風，其喜洋洋者矣！

嗟夫！予嘗求古仁人之心，或異二者之為。何哉？不以物喜，不以己悲。居廟堂之高，則憂其民；處江湖之遠，則憂其君：是進亦憂，退亦憂。然則何時而樂耶？其必曰：「先天下之憂而憂，後天下之樂而樂」歟？噫！微斯人，吾誰與歸。

時六年九月十五日。

【作者】

范仲淹（989～1052），字希文，謚文正。北宋政治家、文學家、軍事家。蘇州吳縣人（現江蘇蘇州）。生於徐州，隔年父親不幸逝世，母親謝氏改嫁到山東淄州長山縣一戶朱姓人家，范仲淹改姓名叫朱說。范仲淹後來在長白山上的醴泉寺讀書，每天只煮一鍋粥，涼了以後劃成四塊，早晚各取兩塊。范仲俺知道自己身世之後，便辭別母親，一個人去南京唸書。真宗大中祥符八年（1015）登進士第，任命為廣德軍的司理參軍（掌管訟獄）。於宋仁宗親政時期擔任右司諫一職。1038年西夏李元昊叛亂，他與韓琦共同擔任陝西經略安撫招討副使，採取「屯田久守」方針，協助夏竦平定叛亂。慶曆三年（1043）七月升為樞密副使，參知政事（副宰相）等職。慶曆三年（1043）與富弼、韓琦等人組成政治小集團參與政治改革。提出了「明黜陟、均田賦、修武備、減徭役」等十項改革建議，就是史上著名的《答手詔條陳十事》，是當時所謂「慶曆之治」的推動者之一，形成了宋代官僚的風範。後因為遭到嫉恨朋黨的夏竦的反對，被貶為地方官，輾轉於鄧州、杭州、青州，皇佑四年（1052）病逝於徐州。

范仲淹文學素養很高，寫有著名的〈岳陽樓記〉，其中「先天下之憂而憂，後天下之樂而樂」為千古名句。也留下了眾多膾炙人口的詞作，如〈漁家傲〉、〈蘇幕遮〉，蒼涼豪放、感情強烈，為歷代傳誦。歐陽脩嘗稱〈漁家傲〉為「窮塞外之詞」。著作為《范文正公集》。

【注釋】

1.岳陽樓：在湖南岳陽縣，時以滕子京修樓，范希文作記，蘇子美繕書，邵竦篆額，號稱四絕。

2.慶歷四年：西元1044年。慶曆，宋仁宗年號。

3.滕子京：名宗諒，河南人，與范仲淹同舉進士。仁宗時，范仲淹因忤宰相呂夷簡，罷吏部員外郎、權知開封府，貶知饒州，子京自請一同貶謫，出守巴陵郡。巴陵郡故治在今湖南省岳陽縣。

4.制：規模。

5.唐賢：特指唐朝詩人孟浩然、杜甫二人，因其二人皆各有以岳陽、洞庭為題的五律名作。

6. 銜遠山：吸納著遙遠的山。洞庭湖中小山甚多，其中以正對岳陽樓的君山最為有名。
7. 吞長江：洞庭為調節長江水量的大淡水湖，春夏長江水漲時，江水即倒灌入洞庭湖中。這裡指洞庭湖銜接長江，呈一吞吐江水的氣勢。
8. 浩浩：水面廣大的樣子。
9. 湯湯：湯，音ㄕㄤ。水流盛大的樣子。
10. 暉：日色光燦。
11. 大觀：富麗雄奇的景象。
12. 遷客：被貶謫的官吏。
13. 騷人：詩人。
14. 霪雨：久雨。
15. 霏霏：雨綿密的樣子。
16. 曜：日光，這裡泛指日月星辰的光輝。
17. 檣：船的桅桿。
18. 楫：行船划水用的槳。
19. 薄暮：黃昏。
20. 冥冥：幽暗、晦暗。
21. 讒：毀謗。

岳陽樓

22.譏：惡意的批評。
23.蕭然：冷落悽愴。
24.春和：春日和暖。
25.景明：風光明媚。
26.錦鱗：色彩繽紛的魚類。
27.芷：植物名。繖形科白芷屬，多年生草本。莖高二、三尺，密生茸毛，呈紫色。
28.汀：水中的小洲。
29.郁郁：形容香氣濃烈。
30.青青：茂盛的樣子。
31.浮光耀金：月影金黃，在動盪的水中燦燦浮動。
32.靜影沉璧：月影瑩白，在寧靜的水底悄悄沉臥。
33.璧：圓平的玉。
34.物：指外在的環境。
35.己：指自我的遭遇。
36.居廟堂之高：在朝中做大官的意思。
37.處江湖之遠：遷調在外地做小官或平民的意思。
38.微斯人：指文中所指的「古仁人」。微，無、非也。

39.吾誰與歸：「吾歸與誰」的倒裝句。

【譯文】

慶曆四年春天，滕子京遭貶官改任巴陵郡太守。到了第二年，政事通達、民生和樂，各種廢弛的事務，都再度興辦起來。於是重新整修岳陽樓，擴充它舊有的規模，並且刻寫了唐代傑出者以及現代文人的詩賦作品在那上面。囑託我寫篇文章來記述這件事。

依我看來，巴陵郡的美景，都集中在洞庭湖上。它銜接遠處的山嶺，容納長江的流水，洶湧澎湃，寬廣無邊。早晨陽光燦爛，傍晚暮靄沉沉，天氣、景象變化萬千，這就是岳陽樓最壯麗的景觀，以前的人所作的描述已經很詳盡了。然而向北通到巫峽，向南抵達瀟湘二水，失意的逐客、多愁的詩人，多數會聚集在這個地方，他們觀賞景物的心情，難道都會一樣嗎？

細雨綿綿飄下，連續幾個月都不放晴的天氣。陰冷的風猛烈地吹，污濁的波浪激盪到空中，太陽、群星隱沒了光芒，山峰嶺岳遮蔽了形體；商人、旅客無法通行，帆柱傾倒、船槳斷折；到了傍晚天色昏暗，傳來一陣陣老虎怒吼及猿猴哀號的聲音。此時爬上這樓臺，就會有一種遠離祖國、懷念故鄉，擔心受惡言中傷、害怕被奸人嘲諷，滿眼淒涼，感觸至深而悲從中來的心情了。

等到春氣和暖風光明媚的天氣，水面平靜無波，從上到下的天色，橫亙萬里一片碧澄澄；沙洲上成群的鷗鳥在飛舞、棲息，美麗的魚兒在水中游來游去；岸上的芷草、水邊的蘭花，香噴噴的長得很茂盛；有時遠近雲煙全部消散，明月普照無垠的湖面，浮泛的月色閃爍點點金光，靜止的月影有如沉浸在水中的碧玉；漁夫的歌聲此起彼落，這樣的快樂那有止境呢！此時登上這樓臺，就會有一種胸襟開朗、精神愉悅，得失榮辱全都忘記，舉杯迎風，歡喜洋溢的心情了。

唉！我曾經探討古代仁者的心思，和遷客、詩人兩者的行徑有所不同，怎樣呢？不因身外之物而高興，不因個人遭遇而悲傷。身居朝廷高位，就憂慮他的人民，身處民間邊地，就憂慮他的國君。正是進也憂慮，退也憂慮；這樣的話那要到什麼時候才快樂呢？他一定說：「在天下人還沒憂慮之前就先憂慮，在天下人都快樂之後才快樂」吧！啊，如果沒有這種人，我要去追從誰呢！

寫於慶曆六年九月十五日。

范仲淹雕像

【賞析】

作者描寫洞庭湖陰晴景色，刻畫一般登樓者觀景覽物後的悲喜之情。作者藉此突顯出古代仁人「不以物喜，不以己悲」的胸懷，申述自己「先天下之憂而憂，後天下之樂而樂」的政治抱負，以此自勉勉人。

〔宋朝〕夢溪筆談選

沈括

夢溪筆談選・正午牡丹

歐陽公嘗得一古畫牡丹叢，其下有一貓，未知其精粗。丞相正肅吳公與歐公姻家，一見，曰：「此正午牡丹也。何以明之？其花披多而色燥，此日中時花也。貓眼黑睛如線，此正午貓眼也。有帶露花，則房斂而色澤。貓眼早暮則睛圓，日漸中狹長，正午則如一線耳。」此亦善求古人筆意也。

【作者】

沈括（1031～1095），字存中，北宋錢塘（今杭州市）人，宋代著名的改革家和科學家，博學多聞，在天文、曆法、數學、物理、化學、地理、地質、氣象、生物、醫學等學科幾乎都有精深研究。西方人稱他為「中國科學史上的坐標」。二十四歲開始踏上仕途，最初做海州沭陽縣（在今江蘇省）主簿。修築渠堰，開發農田，頗有政績。治平三年（1066），入京編校昭文館書籍。熙寧年間（1068～1077），宋神宗趙頊用王安石為相，銳意改革，沈括被任命為負責觀測天象、制定曆法的司天監長官。他用自己制定的《奉元歷》代替舊曆，提出《十二氣歷》代替農曆。

【注釋】

1. 嘗：曾經。
2. 其下：牡丹叢下。其，指牡丹叢。
3. 精粗：精良和粗劣。這裡指古畫水準的高低。
4. 正肅吳公：即吳育
5. 姻家：兒女親家。
6. 何以明之：何以，即「以何」，憑什麼，根據什麼。明之，辨別它。
7. 披多：張開，下垂。燥，幹。
8. 此日中時花也：這是正午時的花。
9. 黑睛如線：黑睛，瞳孔。如線，像一條線。
10. 有帶露花：帶有露水的花，花冠是收攏的，花色是鮮潤的。
11. 日漸中狹長：太陽漸漸移到正中，貓的瞳孔就漸漸變得狹長。
12. 此：指吳育說的話。
13. 善求：善於探求。求，探求。
14. 筆意：這裡是指繪畫的樂趣。

【譯文】

歐陽脩曾經得到一幅古畫，畫面上是一叢牡丹，牡丹下蹲著一隻貓。歐陽脩不知道這幅畫的優劣。丞相吳育之是歐陽脩的親家，他看到這幅古畫後說：「這是正午的牡丹。根據什麼來判斷它是正午的牡丹呢？畫中的牡丹萎靡無力，顏色乾燥，這恰是花在正午陽光照射下的樣子；貓的瞳孔縮成一條線，也正是正午時貓的神態。如果是帶有露水的花，那麼花心是聚攏著的，而且顏色顯得光澤滋潤。貓的瞳孔早晚都是圓的，太陽漸漸移向正中，貓瞳孔漸漸變成狹長，到了正午就像一條線了。」吳育可以說善於探求古人繪畫的樂趣啊！

【賞析】

寫文章作畫要仔細觀察，實事求是。缺乏崇實的精神，就不能寫出生命力長久的作品。賞文賞畫亦復如是。

正午牡丹

夢溪筆談選．磁石指南

方家以磁石磨針鋒，則能指南，然常微偏東，不全南也，水浮多盪搖。指爪及盌唇上皆可為之，運轉尤速，但堅滑易墜，不若縷懸為最善。其法取新纊中獨繭縷，以芥子許蠟，綴於針腰，無風處懸之，則針常指南。其中有磨而指北者。余家指南、北者皆有之。磁石之指南，猶柏之指西，莫可原其理。

【注釋】

1. 方家：指從事星相、堪輿等方術的人。
2. 微偏東：微微偏向東邊，此乃磁偏角之現象。磁偏角，即磁針的南北線與地球南北線所合成的角。
3. 指爪：手指甲。
4. 盌：音ㄨㄢˇ。「碗」的本字。
5. 新纊：新抽取出之絲線。纊，音ㄎㄨㄤˋ。絲絮。
6. 獨繭縷：單股的蠶絲。
7. 芥子許：約如芥菜種子般微小。許，約略之詞。
8. 綴：綴，音ㄓㄨㄟˋ。連接。

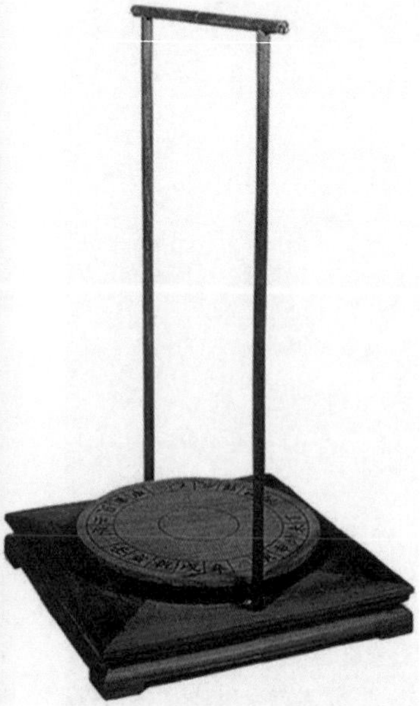

磁石指南

9. 柏之指西：指柏樹偏向西邊生長的現象。

【譯文】

研究方術的專家用磁石摩擦針尖，就能使它指向南方。但經常略為偏東，不完全正南。把磁針浮在水面上常會晃蕩，在指甲上或碗邊上都能放置磁針，運轉很靈活，但堅硬光滑容易墜落，不如用絲懸掛最好。其方法是取新的單根蠶絲，使用大約如芥菜籽大小的蠟粘連在針的腰部，在沒有風的地方懸掛起來，針經常會指向南方。其中也有摩擦後指尖指向北方的。我家指南、指北的針都有。磁石磨的針指向南方，就像柏樹偏西生長，是無法追究其中的道理。

【賞析】

這則記載了磁針的製作方法及其特性。沈括發現，用天然磁石磨鐵針，能使鐵針磁化，這是全世界最早的發現。接著，他又發現了磁針偏差現象。此外，他又驗證了四種指南針的裝置方法：水浮法、指甲旋定法、碗脣旋定法、縷懸法，並透過驗證分析，認為縷懸法最好。短短的篇幅，便將製造指南針的四種方法及優缺點都交代清楚，實屬不易。

在距今九百多年的中世紀，中國便出現沈括這般的科技天才，留下一本博大精深的《夢溪筆談》，成為科技文化中的一朵奇葩。其影響已不限於中國，而早就成為了世界各國科學家、史學家所重視的研究對象。

鄜、延境內有石油，舊說「高奴縣出脂水」，即此也。生於水際，沙石與泉水相雜，惘惘而出，土人以雉尾挹之，用採入缶中。頗似淳漆，然之如麻，但煙甚濃，所沾幄幕皆黑。余疑其煙可用，試掃其煤以為墨，黑光如漆，松墨不及也，遂大為之，其識文為「延川石液」者是也。此物後必大行於世，自余始為之。

蓋石油至多，生於地中無窮，不若松木有時而竭。今齊、魯松林盡矣，漸至太行、京西、江南，松山太半皆童矣。造煤人蓋未知石煙之利也。

【注釋】

1. 鄜、延：鄜，音ㄈㄨ。鄜州、延州，在今陝西延安一帶。
2. 水際：水邊。
3. 惘惘：湧流緩慢的樣子。
4. 土人以雉尾挹之：土人，即當地人；雉，音ㄓˋ。野雞。挹，音ㄧˋ。原指舀水，此處指沾取。全句即當地人用野雞尾沾取它。
5. 缶：音ㄈㄡˇ。陶瓷罐子。
6. 淳：同「純」。
7. 麻：此處指麻杆。
8. 松墨：名墨之一，用松煙製成，故稱「松煙墨」。
9. 識文：標上名稱。
10. 竭：盡、完。

【譯文】

鄜、延境內有石油，過去說高奴縣出產「脂水」，就是指它。石油產生在水邊，與沙石和泉水相混雜，大量地冒出來。當地人用雉鳥尾羽把它沾起來，採集到瓦罐裡，有點像純淨的油漆，燒起來像麻稈一樣，但煙很濃，被它沾染的帳幕都變黑了。我推想它的煙可以利用，試著掃下煙灰來做墨，作成的墨又黑又亮像漆一樣，松煙墨都比不上它，於是就大批製作，上面銘有「延川石液」的就是這種墨。這種墨將來必然會大量應用，它是由我首先製作的。因為石油極多，能從地下無窮無盡地生出來，不像松樹總有用完的時候。現在齊、魯一帶的松林已經砍盡了，逐漸延伸到太行、京西、江南地區的松嶺，也大半都光禿禿了。製墨的人大概還不知道石油煙的優點。

【賞析】

石油在中國很早就被發現，有「石漆」、「石脂水」、「石腦油」等異稱，而「石油」之名則是由沈括首先提出，並沿用至今。

沈括利用燃燒石油產生的黑灰代替松木，製成質地優良的墨條，並注意到以松木煙製造墨條對於自然環境的破壞，如果大家可以知道石油新的運用方式，便可減緩松木林消失的速度。他除了開闢石油利用的新途徑，也預言這種用法將「大行於世」，並自豪是懂得使用這種天然資源的第一人。

石油如今已是現代生活中不可或缺的重要能源，由此可見沈括的智慧及洞悉力。

海底提煉石油

〔宋朝〕四時讀書樂　二首

翁森

四時讀書樂・春

山光照檻水繞廊，舞雩歸咏春風香。好鳥枝頭亦朋友，落花水面皆文章。

蹉跎莫遣韶光老，人生惟有讀書好。讀書之樂樂何如？綠滿窗前草不除。

【作者】

翁森，字秀卿，號一瓢，浙江仙居縣雙廟鄉下支村人。生卒年月不詳。南宋亡，翁森立志不仕，隱居教授。元至元年間，以朱熹白鹿洞學規為訓，堅持以儒術教化鄉人。從學者先後達八百多人。元代廢科舉，鄉里人甚少攻讀，學風日下，本縣地處窮僻，文化尤其日衰，經翁森力挽，耕讀之風又「彬彬稱盛」。

翁森雕像

【注釋】

1.檻：檻，音ㄐㄧㄢˋ。廳堂四周的欄杆。

2.舞雩：本指祭天求雨的儀式，後亦指祈雨壇。語出論語先進篇。雩，音ㄩˊ。求雨的祭典。

3.咏：同「詠」字，歌唱。

4.蹉跎莫遣韶光老：勉人及時努力，不要虛度光陰。蹉跎，音ㄘㄨㄛ ㄊㄨㄛˊ。虛度光陰。遣，使、讓。韶光，美好時光。韶，音ㄕㄠˊ。

【譯文】

山景照映聽堂四周的欄杆，流水圍繞長廊。乘涼後歌唱著回家，春風也送來陣陣花香。樹枝上可愛的小鳥是伴我讀書的朋友，水面上的落花都是大自然的好文章。不要虛度青春，人生只有讀書最好。讀書的樂趣怎麼樣？就像不將窗前的綠草剪除，充滿生機。

【賞析】

這首詩表現的是春天讀書的優美情趣。春光照耀，春風送香，鳥兒歌唱，落花流水，在這美好的春光裡，讀書是多麼愜意的事情啊！

四時讀書樂・夏

新竹壓簷桑四圍，小齋幽敞明朱曦。晝長吟罷蟬鳴樹，夜深燼落螢入幃。北窗高臥羲皇侶，只因素稔讀書趣。讀書之樂樂無窮，瑤琴一曲來薰風。

【注釋】

1. 壓簷：形容竹子高大，籠罩屋簷。
2. 小齋幽敞明朱曦：小書房裡幽靜寬敞，照進了燦爛的陽光。朱曦，紅色的陽光。
3. 燼：音ㄐㄧㄣˋ。物體燃燒後所剩餘的東西，此指燈花。
4. 幃：音ㄨㄟˊ。通「帷」，帳子。
5. 北窗高臥羲皇侶：在北窗下閒躺著，就像羲皇時代的人那樣逍遙自在。在此形容讀書時閒適的樂趣。羲皇，上古帝王伏羲氏。語出陶淵明〈與子儼等疏〉。
6. 素：一向。
7. 稔：稔，音ㄖㄣˇ。熟悉，此指體會、了解。
8. 瑤琴：鑲著美玉的琴。瑤，音ㄧㄠˊ。美玉。

9.薰風：溫和的南風。薰，音ㄒㄩㄣ。

【譯文】

初長成的竹子籠罩屋簷，桑樹圍繞在房屋四周；小書房裡清靜敞亮，照進燦爛的陽光。在漫長的白天讀完書，可以靜聽樹上蟬兒鳴叫；讀到深夜，可以看著燈花一節節地掉落，觀賞螢火蟲飛進帳幕來。有時在北窗閒躺，就像羲皇時代的人那樣逍遙自在，只因為平日體會了讀書的樂趣。夏天讀書的樂趣無窮，就像在陣陣吹來的南風之中，對著鑲有美玉的琴，彈奏一曲一般地美妙。

【賞析】

這首詩著眼於「雅、筆、讀書之樂」，景雅、齋雅、趣雅、事雅，這些雅事都圍繞著「讀書」，讀書是眾多雅事中最富有情趣的一件。夏日，炎炎烈日，蟬聲聒噪，夜晚蚊蟲煩擾，實在不是讀書天。可是在翁森看來，四季都是讀書天，讀書的樂趣來自於平時的累積，只要讀出趣味來，四季都是讀書天，即使是炎炎夏日，讀書的興致一樣高昂。

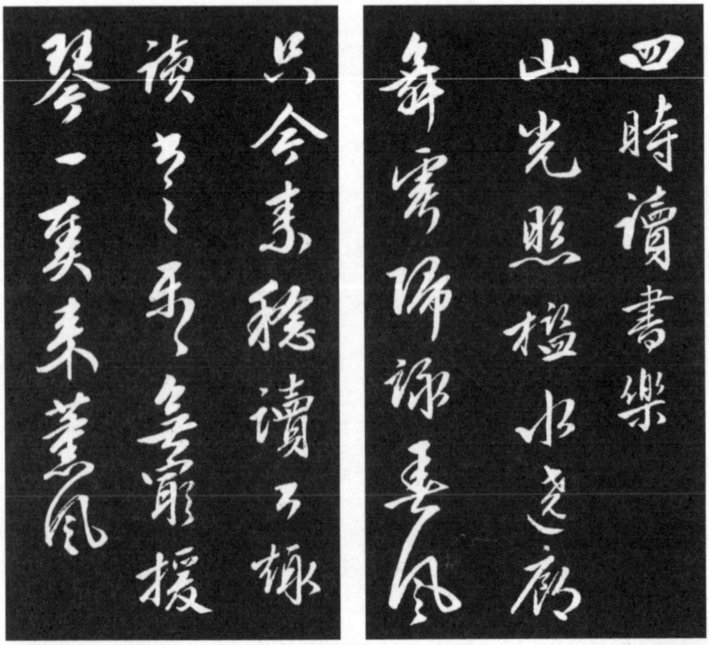

明朝書法家文徵明手書《四時讀書樂》之春、夏

〔宋朝〕良馬對

岳飛

帝問岳飛曰：「卿得良馬否？」

對曰：「臣有二馬，日啗芻豆數斗，飲泉一斛，然非精潔即不受；介而馳，初不甚急，比行百里，始奮迅，自午自酉，猶可兩百里，褫鞍甲而不息不汗，若無事然。此其受大而不苟取，力裕而不求逞，致遠之材也。不幸相繼以死。今所乘者，日不過數升，而秣不擇粟，飲不擇泉，攬轡未安，踴躍疾驅，甫百里，力竭汗喘，殆欲斃然。此其寡取易盈，好逞易窮，駑鈍之材也。」

帝稱善。

【作者】

岳飛（1103.3.24～1142.1.27），字鵬舉，漢族英雄，今河南相州湯陰（今河南安陽市湯陰縣）永和鄉孝悌里人，中國南宋時期的著名將領。岳飛一生與中國北方女真族建立的金國作戰，為宋王朝抵禦異族侵略，但是最後由於受到南宋統治者的猜忌而被監禁、殺害。宋孝宗淳熙六年（1169）追謚武穆，宋寧宗嘉定四年（1211）追封鄂王，後人也稱「岳武穆」或「岳王」。

【注釋】

1. 卿：以前君王對臣下的稱呼。
2. 啗：音ㄉㄢˋ。吃。
3. 芻豆：馬的飼料。芻，音ㄔㄨˊ。餵養牲畜的草料。
4. 斗：容量的單位，十升為一斗。
5. 斛：音ㄏㄨˊ。古代的容量單位，十斗為一斛。
6. 介：鞍甲，這裡當動詞用，指披上鞍甲。
7. 比：音ㄅㄧˋ。等到。
8. 自午至酉：從中午到黃昏。午，從上午十一點到下午一點。酉，從下午五點到七點。
9. 褫：音ㄔˇ。脫掉、卸下。
10. 不息：不喘氣。
11. 受大而不苟取：食量大卻不隨便取用。
12. 力裕而不求逞：精力充沛卻不逞強。
13. 秣不擇粟：指馬吃飼料不選擇較精潔的小米。秣，音ㄇㄛˋ。馬的飼料，這裡做動詞用。粟，音ㄙㄨˋ。小米。

14. 轡：音ㄆㄟˋ。控馭馬的韁繩。
15. 甫：才。
16. 汗喘：流汗喘氣。
17. 殆：大概、差不多。
18. 駑鈍：喻指才能低下愚鈍。駑，音ㄋㄨˊ。劣。

【譯文】

皇帝問岳飛：「你得過良馬嗎？」

岳飛回答說：「我曾有過兩匹馬，每天吃幾斗的飼料，喝十斗的泉水，但不是精美乾淨的就不吃；披上鞍甲奔跑，起初不很快，等到跑了一百里，才快速奔跑，從中午到黃昏，還可以跑二百里，卸下鞍甲，不喘氣也不流汗，好像沒事的樣子。不幸這兩匹馬接續地死了。我現在所騎的馬，每天吃的不過幾升，吃飼料也不選擇穀類，喝水不選擇泉水，韁繩還沒拉好，就跳起來急速奔跑，才跑一百里，就用盡了力氣而流汗喘氣，幾乎快要死

岳飛廟

的樣子。劣馬的這種情況，顯示它吃得少，容易滿足，喜好逞強容易力盡，是才能低下的劣馬。」

皇帝稱讚他說得很好。

【賞析】

岳飛藉物寓意，希望國君知道如何辨識真正的賢才。用映襯對比的手法，以劣馬襯托良馬的難能可貴，而牠們之間的差別就在於能不能自重自愛。本文形式上以四六句居多，且用了不少排比句，顯得井然有序，寓事理於趣味之中，讀時則能體會作者設喻說理的妙處。

岳飛畫像

【第二部】

源自古典散文的成語

書山有路勤為徑，學海無涯苦作舟。

一介書生：王勃的〈滕王閣序〉：勃三尺微命，一介書生。

一年之計在於春：蕭統的《纂要》：一年之計在於春，一日之計在於晨。

一言九鼎：司馬遷的《史記・平原君列傳》。

一狐之腋：司馬遷的《史記・趙世家》。

一敗塗地：司馬遷的《史記・高祖本紀》。

一琴一鶴：沈括的《夢溪筆談》卷九：趙閱道為成都轉運史，出行部內，唯攜一琴一鶴，坐則看鶴鼓琴。

一筆勾銷：朱熹的《宋名臣言行錄》：公取班簿，視不才監司，每見一人姓名，一筆勾之。

一視同仁：韓愈的〈原人〉：是故聖人一視而同仁，篤近而舉遠。

一鼓作氣：左丘明的〈曹劌論戰〉：夫戰，勇氣也。一鼓作氣，再而衰，三而竭。

七手八腳：釋普濟的《五燈會元》第二十卷：上尚七手八腳，三頭兩面，耳聽不聞，眼覷不見，苦樂逆順，打成一片。

三寸不爛之舌：司馬遷的《史記・平原君虞卿列傳》：毛先生一至楚，而使趙重於九鼎大呂。毛先生以三寸之舌，彊於百萬之師。勝不敢復相士。

三豕涉河：呂不韋的《呂氏春秋》：古代「己」與「三」、「亥」與「豕」字形相近，衛國人讀晉史，乃誤將「己亥涉河」讀成「三豕涉河」。後指文字訛誤或傳聞失實。亦作「三豕渡河」。

三顧茅廬：諸葛亮的〈前出師表〉：先帝不以臣卑鄙，猥自枉屈，三顧臣於草廬之中。

大顯身手：顏之推的〈顏氏家訓〉：頃世亂離，衣冠之士，雖無身手，或聚徒眾，違棄素業，徼幸戰功。

山肴野蔌：歐陽脩的〈醉翁亭記〉：山肴野蔌，雜然而前陳者，太守宴也。

不可多得：孔融的〈薦禰衡表〉：若衡等輩，不可多得。

不可收拾：韓愈的〈送高閑上人序〉：泊與淡相遭？頹墮委靡，潰敗不可收拾。

不可言喻：沈括的《夢溪筆談》象數一：其術可以心得，不可以言喻。

不平則鳴：韓愈的〈送孟東野序〉：大凡物不得其平，則鳴。

不求甚解：陶淵明的〈五柳先生傳〉：好讀書，不求甚解，每有會意，便欣然忘食。

不見經傳：羅大經的《鶴林玉露》第六卷：三字雖不見經傳，卻亦甚雅。

不足為道：陶淵明的〈桃花源記〉：不足為外人道也。

不知所云：諸葛亮的〈前出師表〉：臨表涕零，不知所云。

不急不緩，循序漸進：朱熹的〈讀書之要〉：循序而漸進，熟讀而精思。

不相上下：李肇的〈唐國史補〉：貞元中，楊氏、穆氏兄弟，人物氣概，不相上下。

不約而同：司馬遷的《史記・主父偃傳》：應時而皆動，不謀而俱起，不約而同合。

不苟言笑：釋惟白的《續傳燈錄》第三十六卷：其為人也，高古簡儉，不苟為言笑矣。

不時之需：蘇軾的〈後赤壁賦〉：我有鬥酒，藏之久矣，以待子不時之需。

不得要領：司馬遷的《史記・張騫傳》：騫不得其要領。

不蔓不枝：周敦頤的〈愛蓮說〉：予獨愛蓮之出淤泥而不染，濯清漣而不妖，中通外直，不蔓不枝。

不謀而合：蘇軾的〈居士集敘〉：士無賢不肖，不謀而同曰：歐陽子，今之韓愈也。

五馬分屍：司馬遷的《史記・商君列傳》：秦惠王車裂商君以徇曰：「莫如商鞅反者」，遂滅商君之家。

今是昨非：陶淵明的〈歸去來辭〉：實迷途其未遠，覺今是而昨非。

內外夾攻，裡應外合：司馬遷的《史記・晉世家》我擊其外，楚誅其中，內外相應也。

內外和協，其國可安：王羲之的「內外和協，然後其國可安。」

內觀自明：司馬遷的《史記・商君傳》：反聽之謂聰，內視之謂明。

公子王孫：劉向的《戰國策・楚策四》：自以為無患，與人無爭也，不知夫公子王孫左挾彈，右攝丸。

公諸於世：曹植的〈與楊德祖書〉：雖未能藏之於名山，將以傳之於同好。

切齒腐心：司馬遷的《史記・刺客列傳》：此臣之日夜切齒腐心也。

化為烏有：司馬遷的《史記・司馬相如列傳》：烏有先生者，烏有此事也。

反躬自省：朱熹的〈樂記動靜說〉：此一節正天理，人欲之機間不容息處，惟其反躬自省，而外誘不能奪也。

天下無雙：司馬遷的《史記・李將軍列傳》：李廣才氣天下無雙，自負其能，數與虜敵戰。

天地正氣：文天祥的〈正氣歌〉：天地有正氣，雜然賦流形。下則為河嶽，上則為日星；於人曰浩然，沛乎塞蒼冥。

天昏地暗：韓愈的〈龍移詩〉：天昏地黑蛟龍移，雷驚電激雄雌隨。

天涯海角：韓愈的〈祭十二郎文〉：一在天之涯，一在地之角。

天翻地覆：朱熹的〈中庸・或問〉：三辰失行，則必天翻地覆。

少安勿躁：韓愈的〈答呂毉山人書〉：方將坐足下，三浴而三熏之，聽僕之所為，少安毋躁。

少懷大志：蘇軾的〈晁錯論〉：古之立大志者，不惟有超世之才，亦必有堅韌不拔之志。

引喻失義：諸葛亮的〈前出師表〉：不宜妄自菲薄，引喻失義，以塞忠諫之路也。

引錐刺股：劉向的《戰國策・秦策一》：蘇秦讀書欲睡，引錐自刺其股，血流至足。

心如懸旌：劉向的《戰國策・楚策一》：寡人臥不安席，食不甘味，心搖搖如懸旌，而無所終薄。

心安理得：韓愈的〈圬者王承福傳〉：取其直，雖勞無愧，吾心安焉。

宋朝理學家朱熹畫像

心領神會：田穎的〈遊雁蕩山記〉：將午，始到古寺，老僧清高延坐禪房，與之辯論心性切實之學，彼已心領神會。

心醉魂迷：顏之推的〈顏氏家訓・慕賢篇〉：所值名賢，未嘗不心醉魂迷、向慕之也。

心曠神怡：范仲淹的〈岳陽樓記〉：登斯樓也，則有心曠神怡，寵辱皆忘，把酒臨風，其喜洋洋者也。

手忙腳亂：朱熹的《朱子全書卷六》：今亦何所迫切，而手忙腳亂一至於此耶？

手足之情：蘇轍的〈為兄下獄上書〉：臣竊哀其志，不勝手足之情。

文人相輕：曹丕的〈典論・論文〉：文人相輕，自古而然，是以各以其所長，相輕所短。

日薄西山：李密的〈陳情表〉：但以劉日薄西山，氣息奄奄。人命危淺，朝不慮夕。

月白風清：蘇軾的〈後赤壁賦〉：有客無酒，有酒無肴，月白風清，如此良夜何！

毋忘在莒：呂不韋的《呂氏春秋》：春秋時齊國內亂，齊桓公曾遭難逃亡到莒國，後來當上了齊君。有一回，鮑叔向桓公敬酒，勸桓公：勿忘出奔在於莒也。後用以比喻不忘前事。

毛遂自薦：司馬遷的《史記・平原君列傳》。

水天一色：王勃的〈滕王閣序〉：落霞與孤鶩齊飛，秋水共長天一色。

水到渠成：蘇軾的〈答秦太虛書〉：至時別作經畫，水到渠成，不需預慮，以此胸中都無一事。

水落石出：蘇軾的〈後赤壁賦〉：山高月小，水落石出。

火傘高張：韓愈的〈遊青龍寺贈崔太補闕詩〉：光華閃壁見神鬼，赫赫炎官張火傘。

王公將相：顏之推的〈顏氏家訓〉：侯景之亂，王公將相，多被戮辱，妃主姬妾，略無全者。

令人髮指：司馬遷的《史記·項羽本紀》：樊噲遂入，披帷西向立，嗔目視項王，頭髮上指，目眥盡裂。

以貌取人，失之子羽：以貌取人，失之子羽：司馬遷的《史記·仲尼弟子列傳》：吾以言取人，失之宰予；以貌取人，失之子羽。

以暴易暴：司馬遷的《史記·伯夷列傳》：周武王伐紂，天下宗周，獨伯夷叔齊餓於首陽，歌曰：以暴易暴兮，不知其非矣。

出人頭地：《蘇軾傳》：軾以書見歐陽脩，修語梅聖俞曰：吾當避此人出一頭地。

功敗垂成：司馬遷的《史記·樂毅列傳》：集解夏侯玄曰：不幸之變，世所不圖，敗於垂成，時運固然。

加薪助火：劉向的《戰國策·魏策三》：夫以地事秦，譬猶抱薪而救火也，薪不盡則火不止。

叱吒風雲：駱賓王的〈為李敬業傳檄天下文〉：喑嗚則山嶽崩頹；叱吒則風雲變色。

四分五裂：劉向的《戰國策·魏策一》：魏之地勢，故戰場也。此所謂四分五裂之道也。

四面楚歌：司馬遷的《史記·項羽本紀》：項王軍壁垓下，兵少食盡，漢軍及諸侯兵圍之數重。夜聞漢軍四面皆楚歌。

左支右絀：司馬遷的《史記·周本紀》。

左擁右抱：劉向的《戰國策·楚策四》：飲茹谿流，食湘波之魚，左抱幼妾，右擁嬖女，與之馳騁乎高蔡之中，而不以國家為事。

市井之徒：《舊唐書・李密傳》：樊噲市井徒，蕭何刀筆吏，一朝時運會，千古傳名謚。

布衣之交：司馬遷的《史記・廉頗藺相如列傳》：布衣之交，尚不相欺，況大國乎？

平易近人：司馬遷的《史記・魯周公世家》：平易近民，民必歸之。

必然之勢：劉向的《戰國策・秦策三》：處必然之勢，可以少有補於秦，此臣之所大願也，臣又何患乎？

未必盡然：司馬遷的《史記・太史公自序》：夫陰陽四時、八位、十二度、二十四節，各有教令，順之者昌，逆之者不死則亡，未必然也。

未定之天：蘇軾的〈三槐堂銘敘〉：世之論天者，皆不待其定而求之，故以天為茫茫。善者以怠，惡者以肆，盜蹠之壽，孔顏之厄，此皆天之未定者也。

正大光明：朱熹的〈答周益公書〉：至若范公之心，則其正大光明，固無宿怨。

正氣凜然：文天祥的〈正氣歌〉：是氣所磅礴，凜烈萬古存。當其貫日月，生死安足論。

正襟危坐：司馬遷的《史記・日者傳》：宋忠、賈誼瞿然而悟，獵纓正襟危坐。

民不聊生：司馬遷的《史記・張耳陳餘列傳》：頭會箕斂，以供軍費，財匱力盡，民不聊生。

司馬遷畫像

甘之如飴：文天祥的〈正氣歌〉：鼎鑊甘如飴，求之不可得。

白玉微瑕：陶淵明的〈陶淵明集序〉：比喻再好的人或事物都有些小缺點。

目瞪口呆：《敦煌變文集》：朱解低頭親看劄；口呿目瞪忘收唇。

伏屍百萬，血流千里：賈誼的〈過秦論〉：追亡逐北，伏屍百萬，流血漂櫓。

休養生息：韓愈的〈平淮西碑〉：高宗中睿；休養生息；至於玄宗；受報收功；積極而豐。

先發制人：司馬遷的《史記・項羽本紀》。

刎頸之交：司馬遷的《史記・廉頗藺相如列傳》：鄙賤之人，不知將軍寬至此也。卒相與驩，為刎頸之交。

同工異曲：韓愈的〈進學解〉：子雲、相如，同工異曲。

同甘共苦，榮辱與共：劉向的《戰國策・燕策一》：燕王弔死問生，與百姓同其甘苦。

因人成事：司馬遷的《史記・平原君列傳》。

因利乘便：賈誼的〈過秦論〉：因利乘便，宰割天下。

因勢利導：司馬遷的《史記・孫子列傳》：善戰者，因其勢而利導之。

因禍得福：司馬遷的《史記・管晏列傳》：管仲既任政相齊，其為政也，善因禍為福，轉敗而為功。

因噎廢食：呂不韋的《呂氏春秋》：因為怕噎著，而不吃東西。比喻為了某種小問題怕再出錯，而把要緊的事擱下不做。亦作「見噎廢食」、「以噎廢食」。

地大物博：韓愈的〈平淮西碑〉：地大物博，蘖牙其間。

地靈人傑：王勃的〈滕王閣序〉：人傑地靈，徐孺下陳蕃之榻。

多事之秋：司馬遷的《史記・秦始皇紀贊》：天下多事，吏弗能紀。

如坐雲霧：顏之推的〈顏氏家訓・勉學篇〉：及有吉凶大事，議論得失，蒙然張口，如坐雲霧。

朱熹的〈近思錄・觀聖賢〉：朱公掞見明道於汝，歸謂人曰：光庭在春風中坐一個月。

如沐春風：蘇軾的〈前赤壁賦〉：其聲嗚嗚然；如怨如慕；如泣如訴；餘音嫋嫋；不絕如縷。

《詩・小雅・小旻》：戰戰兢兢，如臨深淵，如履薄冰。

如泣如訴：諸葛亮的〈前出師表〉：誠宜開張聖聽，以光先帝遺德，恢弘志士之氣，不宜妄自菲

如履薄冰：薄，引喻失義，以塞忠諫之路也。

妄自菲薄：蘇軾的〈文與可畫篔簹穀偃竹記〉：故畫竹，必先得成竹於胸中。

柳宗元的〈陸文通先生墓表〉：其為書，處則充棟宇，出則汗牛馬。

成竹在胸：呂不韋的《呂氏春秋》：春秋時，宋司馬桓有寶珠，後因畏罪出亡，故投珠於池中。景

汗牛充棟：公派人汲乾池水，但尋珠不著，而池魚卻因此而亡。一說為春秋時，宋人名池中魚者，

池魚之殃：居近城門，城門失火，延及其家。一說為宋城門失火，眾人汲乾池水灌救，致使池乾魚

死。後比喻無辜卻受牽累而遭禍。亦作「池魚之禍」。

百尺竿頭，更進一步：朱熹的〈答鞏仲至書〉：故聊複言之；恐或可以少助百尺竿頭更進一步之勢

也。

百煉成鋼：劉琨的〈重贈盧諶〉：何意百煉鋼，化為繞指柔。

百廢俱興：范仲淹的〈岳陽樓記〉：越明年，政通人和，百廢俱興。

羽化登仙：蘇軾的〈前赤壁賦〉：飄飄乎如遺世獨立，羽化而登仙。

羽扇綸巾：蘇軾的〈前赤壁賦〉：遙想公瑾當年，小喬初嫁了，雄姿英發，羽扇綸巾。

老當益壯：王勃的〈滕王閣序〉：老當益壯，寧移白首之心。

耳熟能詳：歐陽脩的〈瀧岡阡表〉：其平居教他子弟，常用此語，吾耳熟焉，故能詳也。

自高自大：顏之推的〈顏氏家訓・勉學篇〉：見人讀數十卷書，便自高自大，淩忽長者，輕慢同列。

自得其樂：朱熹的《朱子全書一七》：如曾點浴沂風雩，自得其樂。

行雲流水：宋史《蘇軾傳》：軾嘗自謂：作文如行雲流水，初無定質，但行於所當行，止於所不可不止。

何足掛齒：司馬遷的《史記・劉敬叔孫通傳》：此特群盜鼠竊狗偷身，何足置之齒牙間？

作奸犯科：諸葛亮的〈前出師表〉：若有作奸犯科及為忠善者，宜付有司論其刑賞。

作壁上觀：司馬遷的《史記・項羽本紀》：及楚擊秦，諸將皆從壁上觀。

別具匠心：王士源的〈孟浩然集序〉：文不按古；匠心獨妙。

吳下阿蒙：司馬光的《資治通鑑》：卿今者才略，非複吳下阿蒙！

坐井觀天：韓愈的〈原道〉：坐井而觀天，曰天小者，非天小也。

完璧歸趙：司馬遷的《史記・廉頗藺相如列傳》。璧是和氏璧，為戰國時趙國所有，秦昭王派人去謊稱以十五城來換和氏璧，趙王不敢拒絕，但又怕受騙，只好派藺相如攜璧去見秦王，發現秦王的騙局後施巧計奪回和氏璧送回趙國。成語用於比喻把原物完整歸還本人。

形單影隻：韓愈的〈祭十二郎文〉：承先人後者，在孫惟汝，在子惟吾，兩世一身，形單影隻。

束手無策：王柏的《魯齋集》：士大夫念慮不及此，一旦事變之來，莫不束手無策。

沐猴而冠：司馬遷的《史記・項羽本紀》。

肝膽相照：文天祥的《文山全集・與陳察院文龍書》：所恃知己；肝膽相照；臨書不憚傾倒。

並駕齊驅：劉勰的《文心雕龍・附會》：並駕齊驅；而轂統輻。

刻舟求劍：呂不韋的《呂氏春秋》：用以比喻拘泥固執，不知變通。亦作「求劍刻舟」。

卑躬屈膝：魏了翁的〈江陵州叢蘭精舍記〉：公卿大臣皆卑躬屈膝唯後；雖謝安石之賢也；而猶不能免。

奄奄一息：李密的〈陳情表〉：但以劉日薄西山，氣息奄奄，人命危淺，朝不慮夕。

奇文共賞：陶潛的〈移居〉：奇文共欣賞，疑義相與析。

孤苦伶仃：李密的〈陳情表〉：臣少多疾病，九歲不行。零丁孤苦，至於成立。

屈指可數：韓愈的〈憶昨行和張十一〉：自期殞命在春序，屈指數日憐嬰孩。

怡堂燕雀：呂不韋的《呂氏春秋》：燕雀爭處堂上，灶火延燒至棟梁，仍怡樂自安而不變。比喻不知禍之將至。

抱薪救火：司馬遷的《史記・魏世家》。

拖泥帶水：釋道原的《景德傳燈錄》：主人勤拳，帶累闍梨，拖泥涉水。

招搖過市：司馬遷的《史記・孔子世家》。

沾沾自喜：司馬遷的《史記・魏其武安侯列傳》：魏其者，沾沾自喜耳。

波濤洶湧：朱熹的《朱子語類》：蓋因波濤洶湧，水遂為其所激而動也。

物換星移：王勃的〈滕王閣序〉：閒雲潭影日悠悠，物換星移幾度秋。

狐假虎威：劉向的《戰國策・楚策一》：虎求百獸而食之，得狐。狐曰：「子無敢食我也，天帝使我長百獸……子隨我後，觀百獸之見我而敢不走乎？」虎以為然，故遂與之行。獸見之皆走，虎不知獸畏己而走也，以為畏狐也。

知人善任：班彪的《王命論》：四曰寬明而仁恕，五曰知人善任使。

臥薪嚐膽：司馬遷的《史記・越王勾踐世家》。

門可羅雀：司馬遷的《史記・汲鄭列傳》：翟公為廷朝，賓客闐門；及廢，門外可設雀羅。

南轅北轍：劉向的《戰國策・魏策》：以廣地尊名，王之動愈數，而離王愈遠耳。猶至楚而北行。

後來居上：司馬遷的《史記・汲鄭列傳》：陛下用群臣如積薪耳，後來者居上。

怒髮衝冠：岳飛的〈滿江紅〉：怒髮衝冠，憑欄處，瀟瀟雨歇。

急中生智：白居易的〈和微之詩二十三首序〉：今足下果用所長，過蒙見君，然敵則氣生，急則智生，四十二章麾掃並畢，不知大敵以為如何？

指鹿為馬：司馬遷的《史記・秦始皇本紀》

按部就班：陸機的〈文賦〉：觀古今出須臾，撫四海於一瞬，然後選義按部，考辭就班。

春和景明：范仲淹的〈岳陽樓記〉：至若春和景明，波瀾不驚，上下天光，一碧萬。

秋水伊人：《詩・秦風・蒹葭》：蒹葭蒼蒼，白露為霜；所謂伊人，在水一方。

約法三章：司馬遷的《史記・高祖本紀》。

美如冠玉：司馬遷的《史記・陳丞相世家》。古時人們將美玉綴在帽子上，原比喻陳平像帽子綴玉一樣外表好看內裡空虛，後轉用以比喻男性的美貌。

背水一戰：司馬遷的《史記・淮陰侯列傳》：（韓）信乃使萬人行，出，背水陳（陣）。軍皆殊死戰，不可敗。

背道而馳：柳宗元的《楊評事文集後序》：其餘各探一隅，相與背馳於道者，其去彌遠。

負荊請罪：司馬遷的《史記・廉頗藺相如列傳》。

赴湯蹈火：嵇康的〈與山巨源絕交書〉：長而見羈，則狂顧頓纓；赴湯蹈火。

韋編三絕：司馬遷的《史記・孔子世家》。

風平浪靜：陸九淵的《語錄》：因提公昨晚所論事，只是勝心。風平浪靜時，都不如此。

冥頑不靈：韓愈的〈祭鱷魚文〉：不然，則是鱷魚冥頑不靈，刺史雖有言，不聞不知也。

家徒四壁：班固的《漢書・司馬相如傳》：文君夜亡奔相如；相如與馳歸成都；家徒四壁立。

氣象萬千：范仲淹的〈岳陽樓記〉：朝暉夕陰，氣象萬千。

氣勢磅礴：文天祥的《文山集・指南後錄・正氣歌》第十四卷：是氣所磅礴，凜冽萬古存。
破涕為笑：劉琨的《答盧諶書》：時復相與舉觴對膝，破涕為笑。
破釜沉舟：司馬遷的《史記・項羽本紀》。
紙上談兵：司馬遷的《史記・廉頗藺相如列傳》。
胸有成竹：蘇軾的〈文與可畫篔簹穀偃竹記〉：故畫竹，必先得成竹於胸中。
草長鶯飛：丘遲的〈與陳伯之書〉：暮春三月，江南草長，雜花生樹，群鶯亂飛。
軒然大波：韓愈的〈岳陽樓別竇司直〉：軒然大波起，宇宙隘而妨。
酒肉池林：司馬遷的《史記・殷本紀》。
高朋滿座：王勃的〈滕王閣詩序〉：十旬休暇，勝友如雲，千里逢迎，高朋滿座。
高屋建瓴：司馬遷的《史記・高祖本紀》。
動輒得咎：韓愈的〈進學解〉：跋前躓後，動輒得咎。暫為御史，遂竄南夷。
情不自禁：劉遵的〈七夕穿針〉：步月如有意，情來不自禁。
掉以輕心：柳宗元的《答韋中立論師道書》：故吾每為文章，未嘗敢以輕心掉之，懼其剽而留也。
掩耳盜鐘：呂不韋的《呂氏春秋》：有人得到一口鐘，想要背走，但因巨大無法背負，想擊毀它，但撞擊時有鐘聲，恐怕他人聽到聲音來搶奪，於是掩上耳朵。比喻自欺欺人。或作「盜鈴掩耳」、「盜鐘掩耳」、「竊鈴掩耳」、「塞耳盜鐘」、「塞耳偷鈴」、「掩耳盜鈴」、「掩耳偷鈴」。

殺人越貨：《尚書・康誥》：殺人越於貨，暋不畏死。

異曲同工：韓愈的〈進學解〉：子雲相如，同工異曲。

脫穎而出：司馬遷的《史記・平原君列傳》。

閉門造車：朱熹的〈中庸・或問〉第三卷：古語所謂閉門造車，出門合轍，蓋言其法之同也。

鳥盡弓藏：司馬遷的《史記・越王勾踐世家》。

掌上明珠：傅玄的〈短歌行〉：昔君視我，如掌中明珠，何意一朝，棄我溝渠。

椎心泣血：李陵的〈答蘇武書〉：何圖志未立而怨已成，計未從而骨肉受刑，此陵所以仰天椎心而泣血也。

焚書坑儒：司馬遷的《史記・秦始皇本紀》。

焚膏繼晷：韓愈的〈進學解〉：焚膏油以繼晷，恆兀兀以窮年；先生之於業，可謂勤矣。

無人問津：陶淵明的〈桃花源記〉：南陽劉子驥，高尚士也，聞之，欣然規往，未果，尋病終。後遂無問津者。

無足輕重：歐陽脩的〈答吳充秀才書〉：修材不足用於時；仕不足榮於世；其毀譽不足輕重；氣力不足動人。

無顏見江東父老：司馬遷的《史記・項羽本紀》。

猶豫未決：劉向的《戰國策・趙策三》：平原君猶豫未有所決。

琳琅滿目：柳宗元的《答貢士沈起書》：覽所著文，宏博中正，富我琳琅珪璧之室，甚厚。

短兵相接：屈原的《楚辭・九歌・國殤》：操吳戈兮披犀甲，車錯轂兮短兵接。

等閒視之：周密的《齊東野語》：視官爵如等閒。

萍水相逢：王勃的〈滕王閣序〉：萍水相逢，儘是他鄉之客。

集思廣益：諸葛亮的〈教與軍師長史參軍掾屬〉：夫參署者，集眾思，廣忠益也。

項莊舞劍，意在沛公：司馬遷的《史記・項羽本紀》。

業精於勤：韓愈的〈進學解〉：業務於勤，荒於嬉，行成於思，毀於隨。

歃血為盟：司馬遷的《史記・平原君列傳》。

滄海一粟：蘇軾的〈赤壁賦〉：寄蜉蝣於天地，渺滄海之一粟。

落井下石：韓愈的〈柳子厚墓誌銘〉：一旦臨小利害，僅如毛髮比，反眼若不相識，落陷阱，不一引手救，反擠之，又下石焉者，皆是也。

觥籌交錯：歐陽脩的〈醉翁亭記〉：宴酣之樂，非絲非竹，射者中，弈者勝，觥籌交錯，起坐而喧嘩者，眾賓歡也。

運籌帷幄：司馬遷的《史記・高祖本紀》。

鉤心鬥角：杜牧的〈阿房宮賦〉：各抱地勢，鉤心鬥角。

嶄露頭角：韓愈的《昌黎集・卷三十二・柳子厚墓誌銘》：雖少年，已自成人，能取進士第，嶄然見頭角。

蘭亭園「鵝池」二字為王羲之和王獻之父子二人的墨跡

敲門磚：曾敏行的《獨醒雜誌》卷五：一日，沖元自窗外往來，東坡問：「何為？」沖元曰：「綏來。」東坡曰：「可謂奉大福以來綏。」蓋沖元登科時賦句也。沖元曰：「敲門瓦礫，公尚記憶耶！」

網開一面：司馬遷的《史記‧殷本紀》。

聚精會神：王褒的《聖主得賢臣頌》：聚精會神，相得益章（彰）。

齊人攫金：呂不韋的《呂氏春秋》：用以比喻被利欲蒙蔽了心智，行事不顧後果。

價值連城：司馬遷的《史記‧廉頗藺相如列傳》：趙惠文王時，得楚和氏璧，秦昭王聞之，使人遺趙王書，願以十五城請易璧。

撲朔迷離：〈木蘭詩〉：雄兔腳撲朔，雌兔眼迷離；雙兔傍地走，安能辨我是雄雌？

膠柱鼓瑟：司馬遷的《史記‧廉頗藺相如列傳》。

醉生夢死：朱熹的《小學》卷五引程灝曰：雖高才明智，膠於見聞，醉生夢死，不自覺也。

醉翁之意不在酒：歐陽脩的〈醉翁亭記〉：醉翁之意不在酒，在乎山水之間也。

養虎遺患：司馬遷的《史記‧項羽本紀》：今釋弗擊，此所謂「養虎自遺患」也。

養尊處優：蘇洵的〈上韓樞密書〉：天子者，養尊而處優，樹恩而收名，與天下為喜樂者也。

黎丘丈人：呂不韋的《呂氏春秋》：黎丘鄉有奇鬼，常假扮人家子姪的模樣害人。有一丈人誤識自己的兒子為鬼所假扮的，竟把他殺了。後遂把迷惑於假象，不察真象而陷入錯誤的人稱為「黎丘丈人」。

積毀銷骨：司馬遷的《史記‧張儀列傳》。

融會貫通：朱熹的《朱子全書》：舉一而三反，聞一而知十，乃學者用功之深，窮理之熟，然後能融會貫通，以至於此。

諱疾忌醫：周敦頤的《周子通書‧過》：今人有過，不喜人規，如護疾而忌醫，寧滅其身而無悟也。

隨波逐流：朱熹的《朱子全書》：石林說王導只是隨波逐流底人，謝安卻較有建立，也煞有心于中原。

豁然開朗：陶淵明的〈桃花源記〉：極初狹，才通人。復行數十步，豁然開朗。

鍥而不捨：荀子的〈勸學〉：鍥而舍之，朽木不折；鍥而不捨，金石可鏤。

鞠躬盡瘁：諸葛亮的〈前出師表〉：鞠躬盡瘁，死而後已。

鴻門宴：司馬遷的《史記‧項羽本紀》：沛公旦日從百餘騎來見項王。至鴻門，謝曰……。

鴻鵠之志：司馬遷的《史記‧陳涉世家》。

覆水難收：《敦煌變之集‧伍子胥變文》：成謀不說，覆水難收。

顛沛流離：樓鑰的《攻媿集》：有人焉，業弓冶之餘，而弗能修播獲之職，顛沛流離，而叫呼攀援于門下。

霸王別姬：司馬遷的《史記‧項羽本紀》。

國家圖書館出版品預行編目資料

中學生跟我這樣讀古典散文 / 陳銘磻編著.
－－第一版－－臺北市：宇河文化出版；
紅螞蟻圖書發行，2012.3
面　公分－－(中學堂；3)
ISBN 978-957-659-877-7（平裝）

1.國文科 2.中等教育

541.31　　100021557

中學堂 03

中學生跟我這樣讀古典散文

編　　著／陳銘磻
美術構成／Chris' office
校　　對／楊安妮、朱慧蒨、陳銘磻
總 編 輯／何南輝
發 行 人／賴秀珍
榮譽總監／張錦基
出　　版／宇河文化出版有限公司
發　　行／紅螞蟻圖書有限公司
地　　址／台北市內湖區舊宗路二段121巷28號4F
網　　站／www.e-redant.com
郵撥帳號／1604621-1　紅螞蟻圖書有限公司
電　　話／(02)2795-3656（代表號）
傳　　真／(02)2795-4100
登 記 證／局版北市業字第1446號
法律顧問／許晏賓律師
印 刷 廠／卡樂彩色製版印刷有限公司
出版日期／2012年 3 月　第一版第一刷

定價 300 元　港幣 100 元

ISBN 978-957-659-877-7　　Printed in Taiwan